圖解

各國人事制度

汪正洋 著

自序

　　文官體制的發展，在 20 世紀末產生了翻天的變化！ 1980 年代興起的新公共管理，顛覆了過去百年來的官僚體制標準，如層級節制、依法行政、功績管理，以及白紙黑字……等等；取而代之的，是顧客導向、分權授能、績效成果，以及流程再造……等等。簡言之，就是從「防弊」走向「興利」。

　　有關文官的管理，基本上也是循著相似的理路，逐漸走上師法企業之路。並加之全球化及網路化的環境變遷，歐美的改革模式在文化與政治霸權的推波助瀾下迅速傳遞至各國，形成「政策趨同」現象。因此，傳統強調公部門獨特性的「人事行政」，也日漸吸收了企業管理的精神，而形成「公共人力資源管理」的觀念。

　　「各國人事制度」一科，就是「比較人事行政」，一般是以英、美、德、法、日等五國為學習範例。英國與美國在 19 世紀末率先建立功績制度的文官體制，又在 20 世紀末成為制度轉型的領頭羊，百年來因應環境追求革新的精神，比制度本身更值得學習。德國與法國是主導歐盟的國家，也是大陸法系的代表國，與我國的法學傳統相近，因此在文官體制上多有值得我國模仿之處；同時，相較於盎格魯‧薩克遜民族的國家熱情地擁抱新公共管理，德法等歐陸國則有較明顯的社會主義精神，對企業管理之道未必照單全收，而是在「有所為，有所不為」的前提下學習，並未拋棄自身原有的優秀傳統，這種態度也值得我們在學習外國的制度之前深自反省。至於日本，無論歷史傳統或是現代國情，都與我們有密切的關聯，尤其是社會結構的演變極為相似，故日本的各種人事對策可謂「前車之鑑」，亦值得參考學習。

　　除了前述五國，本書另有一章介紹中國大陸的公務員制度，並在最後一章加入韓國與新加坡的文官簡介，雖然他們並不是高考經常命題的範圍，卻也頗具特色，值得相互參看。

　　筆者曾在大學執教「各國人事制度」一科，深知該科學習之不易，若習者只是硬記各國制度，必味同嚼蠟。所以除了第一章介紹比較人事制度時會用到的基本觀念外，各國開篇之初均會引介影響該國文官制度的國情與史料，希望讀者能理解每個國家制度設計之初衷，也會儘量以有限的篇幅說明各種人事制度設計的環境因素與理論基礎，以求「知其然，更知其所以然」。

「各國人事制度」表面上似乎只有人事行政職系的公務員需要學習，但在今日全民政策參與的時代，文官制度也已成為公民參與的議題。可是臺灣的社會在討論諸如文官考選、待遇、權利、福利，乃至退休等等問題時，無論廟堂之爭或巷議街談，經常淪為意識形態或意氣之爭，政治的選擇總凌駕於理性的思辨。因此，筆者希望每位學習公共行政或關心政府運作的人，都能藉由本書一窺制度差異背後的形成原因，進而能獨立的判斷何為良善的制度，不要對國外的經驗囫圇吞棗，也不要被刻意塑造的輿論亂帶風向。

　　本書付梓首要感謝五南圖書公司法政編輯室副總編輯劉靜芬小姐及其帶領的團隊夥伴，經由他們的專業，讓原本枯燥的內容變得平易近人。更感謝高雄市政府地政局人事室林庭薇小姐提供許多寶貴的意見，填補本書撰文上不足之處。而在中國大陸一章，則要特別感謝農業農村部的蔣昕臻小姐指引筆者尋找資料的方向，此為成書的關鍵。最後，感謝長期給予筆者指導的曲兆祥教授、吳瓊恩教授、史美強教授、紀俊臣教授、許立一教授、陳銘薰教授、諸承明教授，以及蘇子喬教授。願眾人在疫情時代，仍歲月靜好。

汪正洋

本書目錄

自序

第 1 章 人事制度概論

UNIT 1-1 各國人事制度的意義 002
各國人事制度的意義與重要性
各國人事制度的類型

UNIT 1-2 政務官與事務官 004
政務官
事務官
政務官與事務官的界線

UNIT 1-3 功績制度 006
透過公開競爭的考試來任用人員
文官制度去政治化
職位的任期保障

UNIT 1-4 文官行政中立 008
界定公務員之責任、角色與立場
保障公務人員的工作權
限制公務人員參加政治活動、政黨活動之範圍或對象
限制公務人員參加競選或選舉活動

UNIT 1-5 部內制與部外制 010
部外制人事機關
部內制人事機關
混合制人事機關
人事機關設置的趨勢

UNIT 1-6 品位制與職位制 012
品位制
職位制

本書目錄

UNIT 1-7 職涯基礎與職位基礎 014

以職涯為基礎的文官體系
以職位為基礎的文官體系

UNIT 1-8 新公共管理改革 016

分權化與民營化
員額精簡
追求品質與績效
影響公務員的權益與身分
引進人力資源管理思潮

UNIT 1-9 高級文官職團 018

職位基礎的高級文官制
職涯基礎的高級文官制

UNIT 1-10 公部門勞動關係 020

第 2 章 英國人事制度

UNIT 2-1 國情概要 024

UNIT 2-2 文官制度概要 026

吏治改革時期之前
吏治改革時期
新公共管理改革時期

UNIT 2-3 人事主管機關 028

財政部
文官委員會
內閣辦公室

UNIT 2-4 公務員體制 030

公務員職位體制的演進
常次體制與文官長
高等文官新制

UNIT 2-5 公務員考選與任用 032
考選制度的變革
高等文官的考選與任用

UNIT 2-6 公務員俸給 034
俸給制度改革歷程
高級文官俸給制度

UNIT 2-7 公務員考績 036

UNIT 2-8 公務員訓練制度 038
文官學院時期
管理與政策研究中心時期
國家政府學院時期
文官訓練民營化

UNIT 2-9 公務員懲戒與申訴 040
公務員懲戒
公務員申訴

UNIT 2-10 公務員服務 042
行政中立規範
公務倫理規範
旋轉門規範

UNIT 2-11 公務員勞動權 044
結社權
協商權
罷工權

UNIT 2-12 公務員退休 046
傳統型計畫（Classical）
優質計畫（Premium）
傳統型加值計畫（Classic plus）
合夥型計畫（Partnership pension account）
Nuvos 計畫

本書目錄

第 3 章　美國人事制度

UNIT 3-1　國情概要　050
行政權是立法部門的執行機關
總統享有人事自主權，但受國會制衡
文官職位作為政治酬庸

UNIT 3-2　文官制度概要　052
仕紳制
分贓制
功績制

UNIT 3-3　人事主管機關　054
文官委員會時期
文官改革法以後

UNIT 3-4　公務員體制　056
功績制原則與禁止人事措施
職位分類制與政治任命職位
高級行政職

UNIT 3-5　公務員考選與任用　058

UNIT 3-6　公務員俸給　060
一般公務員俸給
高級行政職官員俸給

UNIT 3-7　公務員考績　062
一般公務員的考績方式
高級行政職官員的考績方式

UNIT 3-8　公務員訓練制度　064
訓練機構
訓練方法

UNIT 3-9　公務員懲戒與申訴　066
公務員懲戒
公務員申訴

UNIT 3−10 公務員服務 068

揭弊者保護

離職後再任規範

UNIT 3−11 公務員勞動權 070

結社權

協商權

罷工權

UNIT 3−12 公務員退休 072

公務員退休制度

聯邦部門受僱者退休制度

聯邦節約儲蓄計畫

第 4 章 德國人事制度

UNIT 4−1 國情概要 076

UNIT 4−2 文官制度概要 078

部內制

功績制

分權制

UNIT 4−3 人事主管機關 080

內政部

聯邦文官委員

UNIT 4−4 公務員體制 082

一般文官制度

政治職官員

UNIT 4−5 公務員考選與任用 084

考選

任用

晉升制度

本書目錄

UNIT 4-6 公務員俸給 086

傳統照顧原則

俸給內容

俸給制度改革

UNIT 4-7 公務員考績 088

考績的效果

考績種類

考評項目

考績結果

考績制度特色

UNIT 4-8 公務員訓練制度 090

UNIT 4-9 公務員懲戒與申訴 092

懲戒處分

懲戒訴訟

UNIT 4-10 公務員服務 094

權利與義務

旋轉門條款

UNIT 4-11 公務員勞動權 096

結社權

協商權

罷工權

UNIT 4-12 公務員退休 098

第 5 章 法國人事制度

UNIT 5-1 國情概要 102

UNIT 5-2 文官制度概要 104

二戰以前的制度初選

二戰以後的除弊興利

八〇年代的行政革新

UNIT 5-3 人事主管機關 106
二戰以前的中央人事機關
二戰以後的中央人事機關

UNIT 5-4 公務員體制 108

UNIT 5-5 公務員考選與任用 110
考試制度
任用原則與資格

UNIT 5-6 公務員俸給 112

UNIT 5-7 公務員考績 114
考績因素
考評方式
考評結果與作用

UNIT 5-8 公務員訓練制度 116
ENA 的設置與使命
ENA 的訓練種類

UNIT 5-9 公務員懲戒與申訴 118
懲戒
申訴

UNIT 5-10 公務員服務 120
政治中立規定
旋轉門規範
公共服務品質提升

UNIT 5-11 公務員勞動權 122
結社權
協商權
罷工權

UNIT 5-12 公務員退休 124
退休種類
退休金給與

本書目錄

第 6 章　日本人事制度

UNIT 6-1　國情概要　128
責任內閣
行政區劃

UNIT 6-2　文官制度概要　130
文官的優越性
內閣政權的反擊

UNIT 6-3　人事主管機關　132
人事院
內閣人事局

UNIT 6-4　公務員體制　134
二次大戰前
二次大戰後

UNIT 6-5　公務員考選與任用　136
綜合職考試
一般職考試
專門職任用考試
中途任用考試

UNIT 6-6　公務員俸給　138
日本公務員待遇特色
俸給制度改革
俸給調整程序

UNIT 6-7　公務員考績　140
評價類型
評價結果

UNIT 6-8　公務員訓練制度　142

UNIT 6-9　公務員懲戒與申訴　144

UNIT 6-10 公務員服務 146

政治中立規範

公務倫理規範

旋轉門規範

UNIT 6-11 公務員勞動權 148

結社權

協商權

罷工權

UNIT 6-12 公務員退休 150

退休給付

延長退休年限及過渡措施

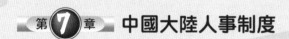
第 **7** 章 中國大陸人事制度

UNIT 7-1 國情概要 154

UNIT 7-2 文官制度概要 156

1960 年代前的幹部制度

文革時期的破壞

文官制度的重建

UNIT 7-3 人事主管機關 158

UNIT 7-4 公務員體制 160

黨管幹部原則

職級與職務並行

UNIT 7-5 公務員考選與任用 162

UNIT 7-6 公務員俸給 164

津貼

補貼

獎金

本書目錄

UNIT 7-7 公務員考績 166
考核原則
考核方式與結果
其他定期考核規定

UNIT 7-8 公務員訓練制度 168
培訓種類
培訓內容與方式

UNIT 7-9 公務員懲戒與申訴 170
處分種類
申訴
中國大陸的監察機關

UNIT 7-10 公務員服務 172
黨的領導
人員交流
服從
保障

UNIT 7-11 公務員退休 174
退休制度
退休年金（養老金）

第 8 章　專題比較

UNIT 8-1 各國人事主管機關比較 178
以人事主管機關的設置位置分類
以人事權的隸屬關係分類
分類方式的省思

UNIT 8-2 各國高級文官職團 180
完全獨立的高級文官體制
半獨立式的高級文官體制

UNIT 8-3 各國公務員考選與任用特色 182

UNIT 8-4 各國公務員俸給決定原則 184
以協商方式決定
以公式計算決定

UNIT 8-5 各國公務員核心能力訓練 186
英國
美國
法國
德國
日本
中國大陸

UNIT 8-6 各國公務員的行政倫理規範 188

UNIT 8-7 各國公務員的退休制度改革 190

UNIT 8-8 各國揭弊者保護制度比較 192
英國的揭弊者保護制度
日本的揭弊者保護制度

UNIT 8-9 韓國文官制度簡介 194

UNIT 8-10 新加坡文官制度簡介 196

參考文獻 198

第 1 章

人事制度概論

 章節體系架構 ▼

UNIT **1-1** 各國人事制度的意義

UNIT **1-2** 政務官與事務官

UNIT **1-3** 功績制度

UNIT **1-4** 文官行政中立

UNIT **1-5** 部內制與部外制

UNIT **1-6** 品位制與職位制

UNIT **1-7** 職涯基礎與職位基礎

UNIT **1-8** 新公共管理改革

UNIT **1-9** 高級文官職團

UNIT **1-10** 公部門勞動關係

UNIT 1-1 各國人事制度的意義

圖解各國人事制度

(一) 各國人事制度的意義與重要性

「各國人事制度」的原意是「比較人事行政系統」（Comparative Personnel System），即對不同國家的文官制度進行比較，透過瞭解他國的人事行政，以改善我國文官體制、精進我國人事行政業務，進而提升政府效能與國家競爭力。各國人事制度的比較對象通常包括：❶ 法制規範的比較，即有關人事行政的憲政體制與法令規章；❷ 體制結構的比較，即有關文官考試、任用，以至退休、撫卹等公務員管理體制；❸ 管理措施的比較，即政府人事管理的各種業務與措施。

研究各國人事制度的重要性，源於當前政府職能的日益繁雜與專精，卻同時必須強調政府的員額精簡；附以環境的科技化、專業化、自動化，對公務員素質的要求也日漸提高，因此激發公務員潛能與培育人力素質，已是刻不容緩的任務。另外，政治的民主化，帶動公務員重視自身權益與參與決策，以及民間人才參與公職等，均為現代政府取才用人的新課題。在諸般原因交互影響下，人事制度與機關的變革已是世界各國政府不得不面對的課題。

(二) 各國人事制度的類型

許濱松教授曾將各國人事制度大致分成四種不同的類型：

❶ 官僚型

官僚型的人事制度為歐陸發展的人事制度，以德、法兩國為代表，其人事制度帶有悠久的歷史色彩。以德國為例，普魯士在 17 世紀中葉就建立了有效的行政組織，被認為是現代人事制度的第一典範，也是韋伯（M. Weber）創設「官僚體制」（Bureaucracy）的基礎。在法國，法國大革命使原為國王臣僕的官員變成為民服務的公務員；拿破崙的行政改革則強調文官的理性、層級節制與服務才能，成為歐洲人事行政的範式。官僚型的人事制度特色包括：① 公開競爭取才；② 公務員代表國家，地位崇高；③ 重視專業才能；④ 永業化傾向，地位與任期受保障；⑤ 層級節制；⑥ 公務員自成體系，如同我國的職業軍人或警察一般。

❷ 貴族型

貴族型的人事制度以英國為代表，因為早期英國文官考選多以牛津與劍橋大學的課程內容為考試科目，故錄用者多為牛津或劍橋大學的畢業生，而該校又多為上層社會的子弟，自然排除了自修上進的學生，如同中國古時「上品無寒門、下品無士族」的現象。

❸ 民主型

民主型的人事制度彰顯人人可為仕途，展現民主色彩，以美國為代表，表現出較高的人員流動性、文官甄補非侷限於永業化的基礎、甄補考試著重職位所需要的專業技能、採用以事為中心的職位分類制度，但是也造成文官的地位以及聲譽較低。

❹ 共產型

共產型係少數之共產國家，其人事制度特徵為：① 共產黨一元領導而以黨領政，政治原則至上，政治與行政並無界線，故無「政務官」與「事務官」區分制，亦無所謂「行政中立」制；② 黨、政、軍人事交流或混合；③ 公務員特色為「既紅且專」（Red and Expert），「紅」為共產黨思想，「專」指專業的服務能力。

各國人事制度的範圍

許南雄教授認為，各國人事制度的研究範圍如下：

人事制度歷史演進

現代人事制度奠基於「政治行政分立」，確立責任政治與行政中立，使政治因素不致介入常任文官制度，再逐步發展文官制度的法制規範與管理措施，使永業制與功績制漸形穩固。

人事機關體制

人事機關是維護文官制度的樞紐，各國中央政府的人事機關之組織、職能、體制、管理方式，及演變過程等，亦屬人事制度之重點。依該機關與行政首長的隸屬關係，主要可分為「部外制」與「部內制」。

各國人事制度

永業制與功績制的實施

永業制包含文官考試任用，俸給福利、考績獎懲、訓練培育、退休撫卹等人事法規；及人事管理體制（品位制或職位制）、升遷方式、保障制度、勞動三權等。上述人事管理制度建立在才能成就取向之基礎上，即為功績制。

人事制度與法規的比較

現代各國文官法皆重視功績制，但各國用人實況仍有不同，皆需比較分析始能窺其堂奧。

西方國家文官制度的演進

儘管每個國家的文官制度發展依國情與歷史傳統皆不相同，但學者們普遍認為西方國家工業革命以來的文官體制發展可分為四個階段：

恩賜時期

17 世紀前的君主專制時代，官職多來自國王恩賜或賄買而來。

個人贍徇

17 至 18 世紀，政府官職常是資產階級權貴個人私相授受的贈品。

政黨分贓

英美政黨政治初期，政府官職是執政黨分送支持者的戰利品。

功績制時期

19 世紀後，現代化國家著重考試取才、永業保障，文官中立於焉形成。

UNIT **1-2** 政務官與事務官

(一) 政務官

政務官係指參與國家行政方針之決定，並隨政黨選舉進退，無任期之保障且無常任文官法定任用資格者。各國一般係以中央政府決策範圍之政務職，作為政務官之範圍，且多以政治任命或民選為主。廣義的政務官範圍通常包含三類：

❶ **核心政務官（狹義政務官）**：通常為一般所指政務官之範圍，其職務以中央部會內閣閣員為主，並包含部分非內閣閣員等重要政治職位，通常係為全國政策決定者。

❷ **政治任命人員**：在總統制的國家中，雖有許多政府官員透過政治任命，但並非所有透過政治任命者皆為核心政務官。如美國聯邦政治任命人員約5,000餘名，核心政務官僅800餘名。

❸ **政治角色職**：通常為高等文官或外補之高級幕僚，但以政治任命方式任命之。如法國「超類」中之「政治任命文官」（秘書長、司處長……）、德國「政治職文官」（常次、局司處長……）等。

政務官如院長、部長、政務次長等，多屬機關之首長或主管。事務官則受政務首長的領導，必須執行政務官的政策。因此政務官如果領導統御失當、政策失誤、監督不周，則必負起責任，如去職、自動辭職或被迫請辭。

(二) 事務官

事務官即常任文官，是行政管理的操槳者，僅負執行責任，並依循「永業化」原則任職，以維持行政安定持續，因此事務官通常任職期間長達20到30年。此外，公務人員之任用，以考試及格為主，其次為銓敘合格與考績升等。

然而，隨著新公共管理思潮襲捲全球，民營化、派遣工、勞力外包等做法盛行，使工業化國家的常任文官數量愈來愈少，政府的人事行政漸向企業靠攏，瑞士甚至已經取消文官的任期保障。此外，新右派主張分權，企業管理重視效率，二者加乘的結果，公私部門之間的人才流動性增加，機關首長也掌握更多的人事任免自主權，凡此都使事務官任免更有彈性。

(三) 政務官與事務官的界線

由於不同國家有不同的歷史與政治觀點，政務官與事務官的界線不一定十分清楚。中國大陸由於以黨領政的緣故，政務官與事務官沒有明顯區分。美國則有全世界數量最龐大的政治任命職位，除了高級行政職（Senior Executive Service）外，尚有一般文官職中的「C俸表」職位（多為中高級管理職），屬機關首長的政治任命。法國與德國因十分重視高級文官的養成，故高級公務員十分優秀，常成為政治任命職位的人才來源，其卸任後仍可恢復一般常任文官職，故政務官與事務官在高層的區分不甚明確。英國是最早建立現代文官制度的國家，不但嚴守政務官與事務官的界限，並設有「常務次長」作為政務官與事務官的橋樑。日本向來重視文官的培養，政務官與事務官的界線亦十分明確。

政務官與事務官的差異

	政務官	事務官
權責體制	居於黨政要職，權責體系高於事務官，負政治責任與法律責任。	居於行政職位，受政務官的領導，負行政責任，含懲處（戒）責任與法律責任。
任職期間	任期多屬短暫性或非久任性。	並無任期，多長達 2、30 年。
產生與離退	❶ 產生方式為政治任命、選舉提名經同意後任命。 ❷ 離退方式多為免職、撤職、退職、辭職、罷免等。	❶ 產生方式多為考試或資格審查。 ❷ 離退方式多為退休、資遣、撤職、休職、免職、辭職等。
職務保障	隨同政黨輪替或政治因素而有任免進退，並無「職務保障權」。	任職後受文官法與退休制度規範，享有「職務保障權」。
管理方式	除任免外，通常不需另訂人事管理專法。	必有專法規定各種人事管理措施。
政治權利	黨政取向，政治權利不受限制。	政治中立，政治權利極受限制。

英美法德日等國事務官人事體制

國家		事務官人事體制
英	高級文官職位	常務次長；副次長；司處長；副司處長；助理司處長。
	一般文官職位	優級科長；科長；優級執行官；高級執行官 A；高級執行官；行政見習官；執行官；行政官；行政助理。
美		以一般俸表（General Schedule, GS）為主，共區分 18 個職等。
法	A 類	為高等事務官，大學畢業，由國家行政學院與技術學院負責考選訓練後任用，參與決策及高層管理。代表性職位如：中央行政專員、部門正副主管、主任秘書。
	B 類	專科或高中畢業，通過考試及訓練後任用，負責執行與監督，可由用人機關自行甄選。代表性職位如：行政秘書、單位主管。
	C 類	低層級人員，初中畢業，可由用人機關自行甄選。代表性職位例如：行政速記、打字員。
	D 類	僅需小學學歷，無須專長，近年來人數逐漸減少。代表性職位例如：行政傳達、公文信差。
德	高級職	大學畢業（第一次考試），2 年以上之實習，通過高級職初任考試（第二次考試），試用期間 3 年而後成為正式公務員。共分 4 個職等（A13-A16），各職等再分俸級。代表職位如：各部會副司處長、組長、科長、副科長等。
	上級職	具有大學入學資格或同等學歷，實習 3 年並通過上級職考試，接受試用後任職。分為 4 個職等（A9-A12），其代表職位如：股長、資深科員等。
	中級職	中等或國小畢業而有職業訓練結業證明，1 年之實習並經中級職考試及格。分為 4 個職等（A5-A8），其代表職位如：助理、秘書、書記、稽核等。
	簡易職	小學畢業，具 1 年的實習經驗。分為 4 個職等（A1-A4），其代表職位如：雇員、工友、技工等。
日		一般職（17 種俸表），以「行政職俸表（一）」為主，適用從事一般職務之行政人員，分為 11 個俸等。

UNIT **1-3**
功績制度

圖解各國人事制度

功績制（merit system）是指，不論取材、用人、升遷、獎懲，乃至培訓等人事行政措施，均以「才能」（merit）與「成就」（achievement）標準作為權衡之依據，強調人員本身的學識才能與績效成就。功績制既強調人的才能與績效成就，則不考慮其人是否具有家世背景或特殊身分地位，也不受政黨分贓或恩惠體制的影響，故只有功績制之實施，始能維護政府機關的人力素質及民主效能。

現代化的文官制度即是以功績制為核心所開展的，其對於個人能力與成就的考核始自甄別人才，直至其退休。雖然文官考選制度最早可溯源自中國東漢末年的「九品中正制」，但當時的考選制度並不公允，仍充滿門閥階級色彩。真正以知識能力為文官選拔標準的現代文官考選制度源自英國，在 1833年時，英國「東印度公司」轉型為官署，因此赴印度服務之人員為國家公務員，必須經過考試，並在海勒貝瑞學院（Haileybury College）受訓後方可就任。至 1853 年時，英國國會要求改進東印度公司人事考選制度，並將所有東印度公司的職務對英國人公開，不受恩庇及特權影響，開啟公開與競爭考試之先。而且東印度公司取才的不只是英國人士，印度菁英及官員亦至英國受訓或考試，成為印度統治階層品質的依據。

所以英國功績制度的發展，是從 1853 年在印度開始的。由於嚴謹的考試取材，使當時英國派到英屬印度服務的文官都具有大學畢業的高水準，英國國會便主張國內任用的文官也必須經過嚴格的考試，至 1855 年 2 月，英國首相帕瑪司通（V. Palmerstone）成立「文官委員會」（Civil Service Commission），作為中央機關級的文官考選機構，專責辦理文官考選業務，文官考試制度正式建立，英國成為當世諸國考選文官的典範。

以功績制為核心的文官制度，具有下列特色：

(一) 透過公開競爭的考試來任用人員

公開競爭的考試制度乃是奠基於相信「考試成績的優劣」是評定未來工作績效的適切指標。凡參加公開考試者需先符合如年齡、學識，與公民資格等客觀要件；再依考試成績高低決定任用順序，優先任用成績優秀者，以防止執政者基於政治理由而安插人事。

(二) 文官制度去政治化

文官運作的主要精神是政治中立，即公職人員應基於專業能力以執行職責，其權威與合法性的基礎，來自本身的專業與技術能力，而非對政黨的忠誠。

(三) 職位的任期保障

公職的任期應植基於工作表現而非政治或政黨的酬庸，因此必須提供公職人員一個合法的任期保障；此即公務員常業化（永業）制度（career service），也就是公務人員一經考試任用後，非依法定事由不得使之降級、免職或令其休職；且在職期間，應給予適當的待遇及工作指派、提供升遷發展的機會，以及適切的保障、退休、撫卹等措施，使之能安心工作，視任公職為畢生事業。

今日現代化的文官制度，儘管與 19世紀功績制剛出現時已有許多差異，但皆是在功績制的基礎上進行改良。這種追求辦事績效的文官人事制度精神，百年來未嘗改變。

功績制精神的法制化

儘管功績制度自 19 世紀以來已是英美等先進國家文官制度設計的根本，但將功績制的精神直接形諸於法律規範的，則以美國為代表：

(一) 府際人事法（1970）標榜六項「功績原理」（Merit Principles）：

(二) 文官改革法（1978）明定功績制的原則與涉及違反功績制的禁止措施：

功績制九項原則	禁止的十一項人事措施
❶ 才能取向與公開競爭，以公平公開競爭方式從社會各階層延攬公務員，並以工作相關之學識技能為選任及晉升標準。 ❷ 人事措施對任何求職者與在職者均賦予平等地位，並應尊重其隱私權及憲法所訂權利。 ❸ 俸給應依同工同酬之原則並參酌企業薪資標準訂定之，對工作績效卓越者，應予獎勵表揚。 ❹ 公務員應保持高度正直清廉，維護公眾利益。 ❺ 公務人力之運用應具效率及效能。 ❻ 不稱職者應予糾正，不能改進者應予免職。 ❼ 公務員應施以有效的教育訓練，以提高組織及個人績效。 ❽ 公務員享有一定之保障以避免武斷處分或政治迫害；禁止以職權影響選舉提名或結果。 ❾ 保障公務員不因合法揭露真相而遭報復。	❶ 禁止因種族、膚色、宗教、性別、祖籍、年齡、殘障、婚姻狀況、政治結社等原因歧視公職應徵者。 ❷ 禁止對於請求為某種人事處分的個人進行關說。 ❸ 禁止利用職權強迫推展政治行動、要求政治捐獻，或報復拒絕者。 ❹ 禁止欺騙或阻撓任何個人參與競爭以取得的聯邦職位的權利。 ❺ 禁止對任何個人施予影響，使其退出競爭考試。 ❻ 禁止違法對職位應徵者或職員，給予任何特殊優惠待遇以及利益。 ❼ 禁止在本機關內任命、進用、調任或晉升其親屬。 ❽ 禁止藉採取或不採取人事行動，作為對於申訴、拒絕政治活動，或合法揭露違法不當情事者之報復。 ❾ 禁止對公務員或申請職位者因訴願、作證或揭露信息而採取不利的人事決定。 ❿ 禁止對公務員或申請職位者影響績效的行為有差別對待。 ⓫ 禁止其他任何違反與功績制有關法規的作為或不作為。

UNIT 1-4
文官行政中立

圖解各國人事制度

文官行政中立與「功績制」及「永業傾向」是相輔相成的觀念，唯有永業保障能使文官免受政治干預，而能在行政上維持中立，進而專注於行政事務執行才幹的精進，以落實功績制，提升行政績效。在歐美國家，行政中立多以「政治中立」（political neutrality）概念為主，即政黨與政治人物不可違法介入文官人事制度，文官亦不可逾越政治參與及從事政黨活動的界限，尤其不可涉入政爭當中。至於我國，由於歷史背景與歐美不同，慣以「行政中立」（administrative neutrality）稱之，除政治中立的概念外，尚有「依法行政」的意涵。

西方在 19 世紀後半興起行政中立之風，有三項原因：首先是美國社會對 19 世紀盛行的「政黨分贓制」造成行政效率低落與行政倫理淪喪感到深惡痛絕；其次是工業社會重視高效率組織，因而行政組織亦被要求應排除政治、人情等妨礙效率的因素；其三則是當時興起的公共行政研究與其他社會科學的方法論取向於價值中立之科學主義。而西方國家落實行政中立制度的方式有：

(一) 界定公務員之責任、角色與立場

如英國《埃斯塔法典》規定，公務人員對國家負有忠誠義務，並應留意其行為之高尚，而且應合於倫理，以期使公務人員獲得輿論讚賞。

德國亦於基本法中明確指出公務人員與其政府之間的關係，為「對國家服務與忠誠之特別關係」，此項關係最重要的是包含了許多義務，意圖確保穩定的行政與政治力量平衡；另於聯邦公務員法第 53 條有「慎重與節制義務」之原則性規定：公務員應對政治活動儘量自制、減少，或採取保守之態度。

(二) 保障公務人員的工作權

如英國將各部常任文官統歸常務次長負責管理，故常務次長有各部「文官長」之稱。政務首長與常任文官之間如有爭議，亦透過常務次長調解。此一設計之目的在使常任文官的管理，不致受到政治干涉，以保常任文官之行政中立。

美國亦設置「特別檢察官辦公室」負責調查侵害事務官工作權之不法情事，並對違犯者提起公訴。

(三) 限制公務人員參加政治活動、政黨活動之範圍或對象

英國依公務員的等級，將參與政治活動及政黨活動的限制分成「政治自由類」、「中間類」及「政治限制類」等三種，愈是高層的文官限制愈多。美國聯邦政府亦將文官分成「一般公務員」、「特定受較嚴格限制的公務員」及「受較寬鬆限制的公務員」等三種，各有其相關規定。德國原則上不限制，但禁止參加偏激性質之政治團體，表達政治意見時不得有計畫地煽惑或違背「忠誠義務」。

(四) 限制公務人員參加競選或選舉活動

英國一樣採用分級的方式予以規範。美國則要求公務員不得利用職權或影響力去干擾選舉或影響選舉結果，禁止公務員處理競選捐獻與從事選舉活動。德國則採保守態度，公務員參加選舉可請「選舉假」2 個月，如當選國會議員須離職，當選地方議員則可兼任。相較之下，法國對公務員競選活動較寬鬆，可自由參加公職選舉，在競選期間得自由發表政見，無須辭職，可以休假方式競選；如當選地方公職或議員，可先休職至任期結束再回任公職。

我國關於行政中立的名詞辯證

依法行政與行政中立		政治中立與行政中立	
二者相同	二者相異	二者相同	二者相異
依法行政是文官處理公務的最高準則,也是判別行政是否中立的指標,故中立的行政,就應是依法的行政。如王作榮先生曾言:「所謂行政中立,即是文官系統依法行政,依法律推行政務,不受各利益團體的影響,不受各黨派的操縱,中立的行政職權。」	依法行政只是立法機構控制政府行政的基本要求,故行政中立當然要依法行政,但依法行政卻未必可達到行政中立的境地;例如政黨分贓制度下的公務員也依法行政,但卻不是行政中立的文官體系,因此行政中立與依法行政不能等同視之。	賴維堯教授界定行政中立即為「文官不參與政黨政治,不受政治因素之影響,更不介入政治活動及政爭。進而免受政黨及政治之干預或壓迫,以圖文官身分、地位及工作之保障,不受長官源於政治考量之歧視、排擠或迫害。」	「政治中立」旨在保持公務員免受政黨因素左右,以獨立公平執行職務。至於行政中立,係指公務員執行政策、處理行政事務時,應秉持的態度與立場,較偏重於面對顧客時的中立性,並不一定會涉及政黨色彩及黨派的干預。

質疑行政中立價值的論述

無論行政中立是否等同政治中立,其價值均有可議之處:

奈格羅父子(F. A. Nigro & L. G. Nigro)認為行政中立是一種「價值中立的虛幻」(the fiction of value neutrality),因為人們的價值係其個人的社會與心理經驗的整合的結果,任何人都會將自己的價值觀帶到工作崗位上,所以公務員很難真正中立。	金斯萊(D. Kingsley)著《代表性官僚體制》(Represen-tative Bureaucracy, 1944),指出所謂「公務員中立化」無異是要公務「出家當和尚」,乃是錯誤與不切實際的。如英國的公務員從來就沒有中立過,對執政黨的政策總是忠誠的去執行。

行政中立的爭議或不切實際

「黑堡宣言」將公務員視為憲政精神之代表,故需賦予其較大的自由裁量權,以對抗利益團體的壟斷,輔助社會弱勢團體。然行政人員主動參與公共利益之分配,固然有助公共利益之提升,卻與「行政中立」之概念產生矛盾。	實證調查顯示公務員普遍認同行政中立,並非基於對民主政治的體認,而是來自保障己身的心態,以免在選舉上「押錯寶」而得罪政治人物。如此,行政中立只是作為粉飾的官僚體制惰性的說詞。

UNIT 1-5
部內制與部外制

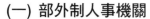

我國由於「五權憲法」的獨特分權方式，將最高人事主管機關「考試院」定位為與行政權不相屬的一種治權，為一種非常強調「防弊」的獨特機制。在多數「三權分立」的國家中，人事主管機關屬於行政權的管轄體系範圍之內，作為最高行政首長的人事幕僚機構。惟依此最高人事幕僚機構的獨立性高低，可區分為獨立性較高的「部外制」與獨立性較低的「部內制」；若一國有兩個最高人事機關，分屬部內制與部外制，則稱為「折衷制」。

(一) 部外制人事機關

部外制的設計是在最高行政機關之下，於各行政部會之外設立地位超然之最高人事主管機關，且獨立行使人事行政職權，但仍屬於行政體系範圍內，受最高行政首長之統籌與領導；各部雖有人事單位，卻需接受此最高人事機關之節制。此種制度設計將最高人事機構獨立於行政系統之外，使具有獨立超然的地位，受到行政首長或政黨的控制比較少。而人事機構的組織多採取委員制，委員多具備一定的聲望與學識，並排除政黨影響。委員會不僅具有行政的性質，同時還具有「準立法」（制定人事規章）與「準司法」（處理文官申訴與保障事宜）性質。

此種制度設計多出於防弊或防止政治干預的考量，因此先進國家走向功績制度的初期，多採此一設計；如英國專責文官考選之「文官委員會」（1855～1968）、美國之「聯邦文官委員會」（1883～1978）與日本「人事院」。

(二) 部內制人事機關

部內制的設計是強調各部人事權之行使應直接受該部最高行政首長之監督，在最高行政機關之下雖仍設立人事主管機關，但僅負責協調、監督、統籌、制度研究、訓練規劃、政策建議等幕僚工作，並不直接對各部行使人事權，而讓機關行政首長具有較完整的人事行政指揮與監督之權。

此種制度設計主要目的在維護機關行政權的完整，將人事權授予各部之人事部門，讓各部首長可以依本身需求設計人事政策，以追求行政效率。例如英國「內閣事務部」（下轄之「文官委員會」）、美國的「聯邦人事管理局」與德國「內政部」（下轄之「聯邦文官委員會」）等，僅為決策幕僚機關，實際人事行政工作由各部人事部門掌理。

(三) 混合制人事機關

混合制又稱為「折衷制」，通常是將某種特定的人事功能交由獨立的人事機構負責（部外制），其餘人事行政事項則仍歸各行政機關管轄（部內制）；故兼有部外制與部內制的性質。如英國在1968年之前，有專責文官考選之「文官委員會」，其他人事功能則由「財政部」統籌規劃，為混合制代表。日本目前有「人事院」（部外制）與「內閣人事局」（部內制）兩個人事機關，亦屬混合制。

(四) 人事機關設置的趨勢

由於新公共管理主張師法企業，故現今政府人事行政之趨勢為積極性及建設性；而部外制人事機構僅強調消極性之防弊功能，實不符時代之需求，因此工業化國家有日漸走向部內制的趨勢。

幕僚制與獨立制

幕僚制			獨立制
內閣各部（獨立性人事機關）	內閣各部（幕僚性人事機關／部門）	內閣各部	行政權之內閣各部　考試權之考銓各部
部外制	部內制	混合制	

三種體制的優缺點比較

	部外制	部內制	混合制
優點	❶ 獨立行使職權，立場超然公正。 ❷ 可集中人力對文官體制進行研究規劃。 ❸ 易延攬人事專門人才研究人事管理。 ❹ 公務員地位得到法律保障，可安心任事。	❶ 人事機構對本部的情形與需要比較瞭解，能對症下藥。 ❷ 業務推行無須迂迴往返，行動敏捷迅速。 ❸ 人事行政與實際行政合一，事權統一、符合管理效率原則。	❶ 文官考試獨立，可使考選客觀公正，有利於功績制的建立。 ❷ 其他人事行政事宜仍歸行政機關管轄，可使人事行政的措施配合行政機關的需要，不傷害行政責任的完整性。
缺點	❶ 人事機構不瞭解各部情形，易閉門造車。 ❷ 機關人事權被分離，破壞行政權完整。 ❸ 獨立的人事機構有準立法及準司法權，但政策不見得能獲得議會與法院的支持。	❶ 部內人事機構僅能處理例行性事務，對於革新往往缺乏作為。 ❷ 各機關人事業務各自為政，不利全國一致。 ❸ 機關首長易任用私人，難以行政中立。	文官考選與其他人事工作分由不同人事機構辦理，易形成協調困難。

★人事機關體制分類上的困難

　　將人事機關的設置分為部內制、部外制和混合制，是學理上簡化的分類方式，實際上每個國家對行政權和人事權的區分觀點皆不相同，不見得能完美的進行分類，茲以美國及我國為例說明如下：

（一）美國

　　美國 1978 年實施《文官改革法》，將原本部外制的單一人事機關「聯邦文官委員會」依不同功能拆解成數個獨立運作的機關，最重要者為「聯邦人事管理局」與「聯邦功績制保護委員會」，前者屬總統的人事幕僚機關，屬部內制；後者獨立運作，掌理文官權益保障事宜，屬部外制。國內有學者認為美國僅有「聯邦人事管理局」代表最高人事機關，故美國應為「部內制」的設計；但亦有學者認為「聯邦人事管理局」與「聯邦功績制保護委員會」同等重要，視美國為「混合制」。

（二）我國

　　我國考試院在此三種模式中較接近「部外制」，但學理上此三制皆視人事行政機關為行政權之一部分，與我國考試權完全獨立於行政權之外皆不相同。故有學者將前三者合稱「幕僚制」，意指人事機關為行政首長之人事幕僚；而將我國稱為「獨立制」，意指人事機關獨立於行政權之外而自成一權。

UNIT *1-6*
品位制與職位制

品位制（Rank Classification）與職位制（Position Classification）是人事行政中對於人員管理的基本制度，品位制是對「人」的分類，區分的是一個人所擁有的「品級」，如學歷或年資等。職位制是對「工作職位」加以分類，按該職位所需的能力與條件等給予合適的待遇。

(一) 品位制

品位制是以「人」的才能、資歷為中心的人事管理制度，決定一個人待遇的因素在於其個人能力與資歷，而非其工作的內容。品位制的最大優點在於簡單易行，雖不符合科學管理精神，也難以避免同工不同酬的問題，但能簡易明確的劃分文官品級，也能滿足個人追求名位的心理，具有相當的激勵效果。而品位制的彈性，則是其最大優點，因為待遇由品級決定，所以官員無論被派赴什麼工作，都不會影響其待遇，較能讓官員安心，故軍隊的軍階、大學教師的等級，與法、德等許多國家的文官制度，皆採用品位制。我國文官以「官等」區分為：簡任官、薦任官及委任官，即是一種品位制。

(二) 職位制

由於品位制鼓勵官員追求「名份」，重視年資而非工作內容，以至於無法建立以工作為中心的專業化人事制度，不利於行政專業化的發展。美國政府基於現代化人事行政的需求，自 20 世紀初期便向企業界學習工作分析與工作評價的觀念，採行與企業相仿的「職位制」，聯邦政府在 1923 年的「職位分類法」（Classification Act）中指出職位制植基於以下原則：

❶ 「職位」是歸類的對象，而非人員。

❷ 職位的職責乃區別一個職位與其他職位的主體。

❸ 職務性質決定執行職務所需的教育、經驗、知識與技能。

❹ 擔任職位者所具備的個人特色不應對職位之歸類有影響。

❺ 擔任相同職級職位者，應視為具有同等資格者，可擔任同一職級內之其他職位工作。

職位制是以「事」或「工作」為分類的基礎，員工本身沒有「品級」，待遇由職位的等級決定，等級則隨各職位的工作內容與責任大小來決定。換言之，等級愈高，代表工作愈複雜或責任愈重大，同時待遇也愈高。

這種制度符合「同工同酬」的精神，也鼓勵員工追求更多的責任或更大的挑戰，較有助於建立專業的工作環境。但相對的，此制的嚴謹與複雜導致其缺乏彈性，實施難度也較高。一般來說，此制的關鍵在正確的職位分類，其步驟有四：

❶ **職位調查**：包括職位的業務性質、工作量、工作時間和方法等。

❷ **職系區分**：將業務性質類似的職位劃歸同一職系，一個職系代表一種專業。

❸ **職位歸級**：為每個職位配屬恰當的職級。

❹ **制定職位規範**：撰寫描述一個職位的書面文件，其內容包括職位名稱、定義、編號、職責、工作舉例與擔任該職所需的資格。

品位制與職位制的比較

	品位制	職位制
優點	❶ 職務劃分簡單，人事工作相對易於實行。 ❷ 公務員的流動範圍較大，有利造就通才。 ❸ 強調教育水準，可吸收教育程度高的人員。 ❹ 重視年資，為公務員的升遷提供了較佳的機會，有利於工作穩定。 ❺ 官與職相對分離，公務員職位調動不影響其待遇，使結構富有彈性，適應性較強。	❶ 使雜亂的職位井然有序，形成合理的、科學的人事管理結構，為選擇人才提供了客觀具體的標準。 ❷ 職位制為考核工作提供了客觀的標準，為合理的獎懲、升降與培訓提供客觀依據。 ❸ 職位分類劃分了職門、職組和職系，使公務員的任用有確定的方向和範圍，避免學非所用的現象。 ❹ 職等與官等合一，責任與報酬能夠結合，體現同工同酬。 ❺ 便於節省經費、研擬退休退職制度、改進管理方法等。
缺點	❶ 缺乏系統性的分類，不利於落實科學管理。 ❷ 不強調專業，不利行政專業化發展，影響工作的效率。 ❸ 強調教育資歷，限制了學歷雖低但能力較強的人晉升的機會。 ❹ 強調年資，易使工作不積極的人也可依年資晉升。 ❺ 以官品定待遇，不符合同工同酬的原則，易出現官大職小的問題。	❶ 職位分類方法繁瑣，從計畫、組織籌辦到具體實施，相當複雜。 ❷ 員工需依職位的規範來工作，而導致非人性化的結果。 ❸ 工作評量是以職位的需求為考量，使人無法跳脫職位的框限，人在其中常生倦怠與疏離。 ❹ 科技和工作變遷的速度太快，致使若干職位規範無法趕上新技術的演變，而成為過時產物。 ❺ 產生「職等牛步」（grade creep）的升遷問題，使許多人久任某一職等，得不到更合理的待遇。
代表國家	德國、法國	美國

（側邊標記）第 1 章 人事制度概論

德、法兩國的事務官品位制設計

國家	品位之區分			
德國	高級職	上等職	中級職	簡易職
法國	A 類	B 類	C 類	D 類

UNIT **1-7**
職涯基礎與職位基礎

聯合國經濟合作發展組織（OECD）國家的高級文官養成體制，常被學者分為「職涯為基礎」（Career-based）和「職位為基礎」（Position-based）兩大類別。

(一) 以職涯為基礎的文官體系

「職涯」是「職業生涯」，也就是令一個人可將從事政府公職視為終其一生的職業生涯；如果努力，便有機會從基層員工升遷至高級文官。OECD 國家中最著名的例子就是法國的「國家行政學院制度」（ENA Graduated），從 1945 年以來就扮演了培養法國行政與政治經濟菁英的關鍵性角色。除法國外，德國與日本均為以職涯基礎之文官制度，其高級文官的選用通常採封閉式（內升制）為之。

職涯的培養從高級文官的篩選開始，透過競爭性的考試進入文官體系後，亦注重文官的發展和生涯，以便培養他們擔當高階主管的能力。對於高級文官的管理，經常採用中央集權的方式，並且具有清楚的職涯歷程，且由中央政府統一管理。

此種高級文官養成體制通常能建立一個和諧的文官制度，並使高級主管能夠有相同的文化，能打破政府組織的疆界而一起工作，有利於內部人事的流動。但此種文官制度的缺點是在高階職位的任用上缺乏來自外部的競爭性，偏向培養「通才」型的文官；同時因為職涯歷程的封閉性，高階文官盡皆來自文官體系本身的培養，易使高級事務官與民眾的想法與需求產生隔閡。

(二) 以職位為基礎的文官體系

以職位為基礎的文官體系，代表政府管理的對象是「職位」，高級文官的選用通常採公開競爭，職位對外開放，無論現職人員或非現職人員均可參加競爭，代表性的國家有英國、美國、荷蘭等。此制最大的優點是能產生比較多的候選人，因此能促進競爭與文化的更新，以及整個文官體系的適應調整。此制之下，高級文官的任命具有下列特點：

❶ 以職位為核心，將職位公開競爭，以候選人的工作職能為選才標準。

❷ 任用機關與任職者簽訂契約，包含一定的任期，明定績效目標，以及按績效給予薪俸。

❸ 由中央統籌管理高級文官團。

以職位為基礎的文官體系，可能會造成任命私人和升遷偏袒的問題，使文官制度的功績原則遭到破壞。因此，必須建立透明的任用機制與嚴格的程序規定加以防杜。但此制仍難以避免高階主管之間缺乏共同文化的問題，也不利於高階主管在組織間的流動性，以及政府高階職位易產生比較高的更迭頻率。

1980 年代以來，OECD 國家大多從傳統的職涯基礎體制轉向職位基礎體制的文官制度。一方面強調策略性人力資源管理，賦予各部會絕大多數的人事行政管理權責，針對各階層的職位進行彈性、競爭、適才適所的公務人力甄選；另一方面則為維持中央政府的整體人事行政價值，特別注重由中央負責統一管理高級文官的制度。

職涯基礎與職位基礎的比較

	職涯基礎	職位基礎
招募對象	具有學歷與潛力的優秀青年	具有經驗與技術的專業人士
對高階文官的管理與運用	採「無針對性管理機制」，乃按文官職等，採封閉式流動、注重年資、教育資格，具有常任永業化的特性。	採「有針對性管理機制」，乃按特定職位，採公開徵選、注重競爭性資格，依工作職能用人，採契約任期而較無保障。
對高階文官的培訓發展	職涯體系的文官制度主要在提供公務員職涯發展上需要的訓練，職前訓練和在職訓練都非常重要。主要原因是最初甄選進入政府服務的公務員，並沒有特定的公務專業，而職前訓練有助於融入文官體系，在職訓練則主要在提供公務員職務升遷調任的培訓準備。	職位體系的文官制度中，「職位制」所甄選出來的是專家，除了高級文官團的需要以外，一般不會特別為其規劃職涯發展。不過，專家雖然有其專業，但在其工作領域仍然需要不斷更新技能，訓練也就在所難免。
集權與分權管理的調適	在分權部分，各部門引進目標管理的制度；而對於徵募、升遷和訓練則採行集權的做法，由中央專責機構統籌。	在人員的任用、升遷和訓練方面採用部會分權的做法；但在任用標準、人才庫的建立以及跨部會的人員資料庫方面則偏向集權的中央統籌。
中央人事管理部門的角色	比較傾向授權給各部會負責高階人力資源管理的業務。	賦予中央人事管理部門較重要的角色，對高階人員採取比較中央集權化的管理。

內升制與外補制的比較

一般來說，職涯基礎的文官體制在升遷至高階文官的方式上多採「內升制」，由在職的常任文官中甄拔；職位基礎的文官體制在升遷至高階文官的方式上多採「外補制」。故觀察兩制的優缺點時，可比較人事行政上之內升制與外補制的優劣。

	內升制	外補制
優點	❶ 在職者升遷機會多，故能視公職為終身職業，不會見異思遷。 ❷ 新任高級人員熟悉機關傳統，易於保持機關安定，職員關係和諧。 ❸ 長期的服務過程，能觀察一人才能品行，易於因事選材、因材施用。 ❹ 行政經驗豐富熟練，對於新任的職務可以從容應付。	❶ 足以吸收卓越人才至政府服務。 ❷ 因事選材，因材施用，適材適所。 ❸ 有新份子加入，易有所改革進步。
缺點	❶ 不足以吸收民間卓越的人才。 ❷ 易陷於暮氣沉沉，難有創新改革。 ❸ 升遷選拔的範圍有限，可供挑取選擇的對象不多，自難「廣收慎選」。	❶ 公務員晉升困難，發展有限，工作情緒與效率降低，難安心服務。 ❷ 新的人員與原來人員毫無關係，難以合作。

UNIT **1-8**
新公共管理改革

自 19 世紀末葉起,各國紛紛制定「文官法」而奠定永業化與保障化之基礎,英、美、法、德、加拿大、荷蘭等國均實施「文官法」而穩固人事制度。至 20 世紀中葉,各國文官制度更趨向專業化與功績制,已為各國人事制度現代化之主要基準。直至 1980 年代後期,以新公共管理(New Public Management)為基礎的「政府再造」(Reinventing Government)對於各國人事制度產生相當明顯的衝擊。新公共管理以建構「精簡政府」為目標,引進「企業型」管理體制,實施「分權授能」與「民營化」措施,將「大政府」轉變為「小而美政府」。

新公共管理改革為傳統功績制帶來的新氣象包括:

(一) 分權化與民營化

在政府改造運動下,政府的決策部門與執行部門漸形分離,人事職權下授分權、人事機關趨向「部內制」、地方機關人事權限趨於擴大與自主,各級行政首長人事權責增強。公營事業與政府執行機構逐步民營化,非政府機關或社區組織亦加入公共服務行列,並引進「企業人力資源管理」機制(如績效管理、人力外包、委外服務),人事行政逐漸走向分權授能(empowerment)的型態。

(二) 員額精簡

由於大量推動授權與民營化,使政府組織與員額大幅度裁減,如中國大陸國務院由 40 餘部委縮減為 29 部委;英國自 1979 年至 1990 年約精簡公務員 25 萬;美國聯邦自 1993 年至 1998 年間精簡公務員超過 30 萬。

(三) 追求品質與績效

政府再造追求管理品質,如英國《公民憲章》(Citizen's Charter)強化公務員素質、提升服務品質、確立顧客導向服務制度。此外,在人事管理上亦實施全面品質管理、制定績效法令,如美國 1993 年之《政府績效成果法》(Government Performance Result Act, GPRA)和德國《人事改革法》(1997)。

(四) 影響公務員的權益與身分

政府再造將市場機制引入政府,導致大量的公營事業和行政機關被民營化,不少公務員遭受精簡或其身分轉變為「企業員工」,永業化與保障化之傳統文官體制漸受影響與改變。

(五) 引進人力資源管理思潮

傳統人事行政以韋伯(Weber)的官僚體制(Bureaucracy)為基礎,是一種「靜態理想型」,將人力視為組織的支出,重點在於依照人事法規進行管制與控制;而源自現代企業管理的人力資源管理(Human Resource Management, HRM)則是一種「動態理想型」,肯定人力資源為最重要的組織資產,管理的重點在於協助部門主管提供人力資源的專業服務,因而必須以策略性觀點充分運用,以達成組織目標。而 21 世紀以來,由於公務人力的裁減,使美國聯邦政府許多機關因為人力短缺,造成公共政策執行的失敗。面對此種人力困境,遂有諸多美國學界與實務界人士倡議應將人力資源管理重新界定為「人力資本管理」(Human Capital Management, HCM)。

傳統人事行政與人力資源管理的差異

區別標準	傳統人事行政	人力資源管理
管理哲學	❶ 科學與行政管理 ❷ 效率與合法性至上	❶ 人力資源管理與授能管理 ❷ 民主至上
政治行政關係	理論上可以截然劃分	實務上混為一體
組織層次	❶ 由上至下與集中化的決策過程 ❷ 機械的官僚機構 ❸ 規則取向的人事系統 ❹ 費用基礎預算 ❺ 改革重點為提升效率	❶ 兼採由上而下或由下而上、分權化或集中化決策過程 ❷ 專業的官僚機構 ❸ 任務取向的人事系統 ❹ 績效基礎預算 ❺ 改革重點為提升品質
個人層次	❶ 以個人責任為重點 ❷ 以特殊技巧為甄補標準 ❸ 強調 X 理論的管理角色 ❹ 追求自我利益	❶ 個人責任與權利並重 ❷ 以潛能為甄補標準 ❸ 強調 Y 理論的管理角色 ❹ 追求責任、利他主義與滿足感
社會環境	❶ 與社會環境無關 ❷ 人力的同質性 ❸ 官僚責任的倫理焦點 ❹ 多元性與非妥協性的集體協商模式 ❺ 公民責任與特權的公共服務認知	❶ 與社會環境息息相關 ❷ 文化的多元性 ❸ 作業責任的倫理焦點 ❹ 共識性與可妥協的集體協商模式 ❺ 公民權利的公共服務認知

新公共管理改革下的各國文官管理概念演進

人力資源管理
- 將人事行政工作從機關的保障者角色（避免管理濫權，強調控制與過程遵守）轉化為機關的促成者角色（提供滿意服務，重視彈性與成果）。

策略性人力資源管理
- 人力資源管理各項政策，要融入組織目標達成的策略之中，使人力資源管理扮演支持組織目標達成的策略角色。
- OECD 各國政府策略性人力資源管理，係以個別化（強調個人績效）、授權化、彈性化、績效化、契約化與強化高級文官領導能力，作為最主要的政策方向。

人力資本
- 指員工所擁有，能為組織解決問題，創造績效與價值的特質，這些特質包括技術、知識、技能、專業、創新，以及人際關係能力等。
- 組織必須超越人力資源的概念而趨向人力資本的概念，員工像是資本，端視投資多少，以及如何投資而決定其價值。

UNIT 1-9
高級文官職團

通常所謂的「高階文官」（higher civil servant）是泛指在政務官之下的事務官中的高階官員，在我國一般指的是簡任級的文官。但在新公共管理之風興起後，歐美有許多國家針對高階文官設計特別的管理制度，其原因或為加強人才晉用的彈性，或為強化政府領導人才的內聚認同，或為對高階職位進行更強而有力的績效課責等原因，而形成了獨立於一般文官管理制度之外的「高級文官職團」制度，不再僅僅是「高階文官」而已。

美國是第一個標榜獨立的「高級文官職」制度的國家，依據 1978 年的《文官改革法》，在 1979 年建立了「高級行政職」（senior civil service）。在這種獨立於一般文官制度的高級文官職體制下，「高級文官」是指身分獨特、職位確定的一群文官，他們身居重要政府機關的重要高階職位，在考選、任用、薪俸制度、訓練及發展上，受到一定程度的特別對待，即使在傾向部內制的人事體制中，他們多半也由中央統一規範，而成為文官體系明確的領導階層。

根據學者彭錦鵬的研究，聯合國經濟合作開發組織（OECD）的 30 個會員國中，有 8 個國家設計完全獨立於一般文官體制外的高級文官體制，其中以美國與英國為代表，可稱為「職位基礎」（position-based）；法國、德國與日本則是另一種半獨立式的高級文官制，可稱為「職涯基礎」（career-based）。茲說明如下：

(一) 職位基礎的高級文官制

以職位為基礎的高級文官制，是將各種政府高階文官職位中最重要的予以獨立出來，通常由中央人事主管機關另訂一套管理規則，規定哪些職位可被視為高級文官職，又應如何管理。惟實際的行政管理運作仍由任用機關為之。如美國將第 16 至 18 職等的文官職位列為「高級行政職」，並由「聯邦人事管理局」統一規定用人原則、薪資範圍，及任用名單核准等政策。其最大的特色，就是這些職位經常都開放民間人士與常任文官共同競爭，由於這些職位的薪資與任期常以契約方式與應徵者議定，故在吸引民間專業人士上頗有功效。代表性國家有英國、美國、荷蘭、比利時、澳洲與韓國等。

職位基礎的高級文官制特點為：❶ 以職位為核心，將職位公開競爭；❷ 以工作職能為選才標準；❸ 簽訂契約，明定任期、績效目標與績效薪俸；❹ 中央統籌管理。

(二) 職涯基礎的高級文官制

「職涯」是指「職業生涯」，中央政府在高級文官的篩選上，只從具有常任文官身分的人才中挑選。從高級文官的最初培養階段開始，不論是考試、訓練，或生涯管理等，都是由中央政府統一管理，德國、法國與日本在高級文官的考選與培訓上，都有一套冗長而嚴格的制度，以便培養他們擔當高階主管的能力；其中最著名的就是法國的「國家行政學院」，其扮演了培養法國行政乃至於政治菁英和經濟菁英的關鍵性角色。相較於將政府高階職位開放競爭的「職位基礎」制度，「職涯基礎」的競爭則只在政府內部的文官。

高級文官職團的位置

政務官

高級文官職

一般常任文官職

多為政府文官高層重要的常任職位，需由非常優秀的人才充任，故另訂一套有別於一般常任文官職的管理制度。例如以開放競爭、契約僱用、績效薪俸的方式任用；或以特定機關統一辦理考選、訓練與任用。

職位基礎與職涯基礎的比較

	職位基礎	職涯基礎
相同處	有獨特的招募、遴用、管理、訓練……等制度設計，並由中央人事機構統籌規劃。	
相異處	按特定職位，採公開徵選、注重競爭性資格，依工作職能用人，採契約任期而較無保障。	採封閉式流動、注重年資、教育程度，任職者必須具有常任文官資格。
優點	❶ 有較多的專業候選人。 ❷ 較能促進競爭與文官文化的更新。 ❸ 較能促進文官體系的彈性調整與適應。	能夠建立一個和諧的文官制度，而使高級主管能夠有相同的文化，能夠打破政府組織的疆界而一起工作，並有利於內部人事的流動。
缺點	❶ 在任命和升遷方面，未能基於功績制原則，需要在程序規定方面特別嚴格，以預防任用私人。 ❷ 缺乏高階主管之間共同的文官文化，以及較高的更迭頻率。	❶ 封閉的特性，使高階文官和社會的距離愈來愈遠，甚至於無法達到社會預期他們提供的服務。 ❷ 較缺乏對於高階職位的競爭性，比較偏向「通才」。
代表	❶ 美國的高級行政職（senior executive service）。 ❷ 英國的高級文官職（senior civil service）。	❶ 法國的 A 類文官、超類文官。 ❷ 德國的高級職文官、政治職文官。

第 1 章 人事制度概論

UNIT 1-10
公部門勞動關係

公務員的勞動權範圍和一般勞工相同，均為結社、協商、罷工等三者，合稱「勞動三權」。在臺灣社會，對於勞動權的看法還比較保守。根據美國國務院民主、人權及勞工局在 2021 年 3 月公布的《2020 年度人權報告》，關於臺灣的勞動權出現下列文字敘述：「罷工的權利仍受高度限制」；「法律禁止在調解或仲裁程序期間罷工或進行其他抗議活動。勞工團體表示這項禁令阻礙了勞工罷工權的行使」；「壓迫工會活動的案件……罰鍰的懲罰力道與涉及剝奪公民權利的其他處罰並不相當」；「大型企業常以各種方式阻撓員工成立企業工會」。由此看來，我國在勞動關係的發展上還有不少的成長空間。

而我國公務員的勞動權，較歐美國家更是相對不足，他們的公務員工會或對薪俸決定具有影響力（如英國、法國），或能協助公務員進行申訴（如美國），或能參與內部人事決定（如德國）；更不用說法國公務員在法令規範下可合法罷工（見單元 5-11）；美國聯邦公務員不可罷工，但部分州政府公務員可以；英國雖按照法律慣例不允許公務員罷工，但沒有罰則，因此公務員事實上會進行罷工。

事實上，公部門的勞動權發展確實落後私部門約 30 年，儘管二戰後勞動權觀念勃興，但聯合國國際勞工組織（International Labour Organization, ILO）直到 1978 年通過《公務員結社權與僱用條件決定程序保護公約》後，才首次將勞動權觀念引用至政府部門；1981 年通過《促進集體協商公約》時，也將公務員納入適用範圍。不過，公務員罷工權的行使，則並未得到普遍的認可。

公務員的罷工限制可以理解，除了國家安全人員不宜罷工外，一般公務員罷工也可能造成社會重大的公共利益損失，而且政府大多已經給予比企業更好的勞動條件，給予罷工權恐淪為政治人物的手段。然而，隨著民間參與公共服務普遍化，公務員在憲政上的「特別權力關係」拘束也得以逐漸修正，因此也有學者主張在法規約束下適度給予罷工權。

ILO 下的「結社自由委員會」（Committee on Freedom of Association）認為，剝奪罷工權的前提，是另有適當的作為以保護這些人的權益，例如快速而公正的調解與仲裁制度，並讓勞工能參與其中，且仲裁的結果必須具有執行力與拘束力。英國、德國、法國的公務員協商機制大都能滿足這些要求，可分別參見單元 2-11、單元 4-11 與單元 5-11。

總之，在公共服務日漸企業化的今日，公務員也如同企業員工一般，被要求愈來愈多的績效責任；那麼，給予更完善的勞動權利，也應該是人事主管機關該當相應思考的方向。臺灣的公務員除了沒有罷工權外，協商權與結社權也受到限制。事實上，當工會法納入教師，使教師能組織教師工會之後，不但沒有侵害學童的受教權，還促成許多教育行政的積弊被攤在陽光下，因而得到修正，如整併過多的校務評鑑、教師法的不適任教師認定等。在「公共人力資源」的概念下，政府實不應再將公務員視為「工具」，社會也不宜時常對公教人員進行「道德綁架」，建構一個良善合理的工作環境才是發展人力資源的正軌。

勞動三權間的關係

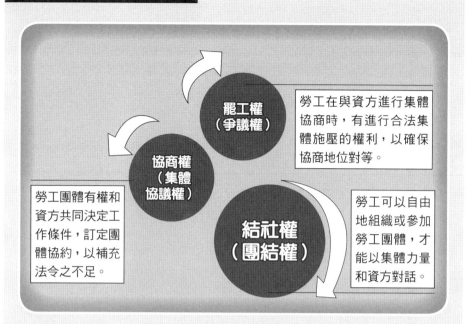

罷工權（爭議權）

勞工在與資方進行集體協商時，有進行合法集體施壓的權利，以確保協商地位對等。

協商權（集體協議權）

勞工團體有權和資方共同決定工作條件，訂定團體協約，以補充法令之不足。

結社權（團結權）

勞工可以自由地組織或參加勞工團體，才能以集體力量和資方對話。

公務員罷工權的弔詭

公務員應否享有罷工權，一直是學界爭議的論題。行政學者丹哈特（R. Denhardt）整理了雙方的觀點如下：

反對罷工理由：
❶ 傷害國家主權行使，讓行政權屈服於特定利益團體下。
❷ 私部門罷工屬經濟性，但公部門的罷工屬政治性，造成大眾不便，並導致預算的優先順序改變。
❸ 影響公共政策的管道已有工會，不需罷工。
❹ 公共服務是基本且不能中斷的。

公務員可以罷工嗎？

支持罷工理由：
❶ 公務員罷工早已存在。
❷ 罷工的衝突可視為社會建構性的溝通管道，使勞資雙方相互諒解並明瞭公共服務中斷的後果。
❸ 罷工權可強化工會作為協商單位的力量。
❹ 許多私部門的工作性質與公部門幾乎雷同，卻享有罷工權；但公部門卻沒有，顯失公平。

第 2 章
英國人事制度

● 章節體系架構 ▼

UNIT **2-1**　　國情概要

UNIT **2-2**　　文官制度概要

UNIT **2-3**　　人事主管機關

UNIT **2-4**　　公務員體制

UNIT **2-5**　　公務員考選與任用

UNIT **2-6**　　公務員俸給

UNIT **2-7**　　公務員考績

UNIT **2-8**　　公務員訓練制度

UNIT **2-9**　　公務員懲戒與申訴

UNIT **2-10**　　公務員服務

UNIT **2-11**　　公務員勞動權

UNIT **2-12**　　公務員退休

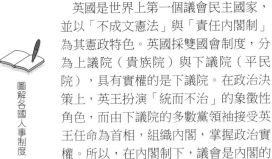

UNIT 2-1
國情概要

英國是世界上第一個議會民主國家，並以「不成文憲法」與「責任內閣制」為其憲政特色。英國採雙國會制度，分為上議院（貴族院）與下議院（平民院），具有實權的是下議院。在政治決策上，英王扮演「統而不治」的象徵性角色，而由下議院的多數黨領袖接受英王任命為首相，組織內閣，掌握政治實權。所以，在內閣制下，議會是內閣的權力來源。

英國的政府機關相當複雜，因為各部的設置與存廢由內閣全權決定，不需經過冗長的立法過程，所以機關的數量與名稱經常隨著需要而變動。例如英國為了準備退出歐盟，在 2016 年至 2020 年間成立「脫歐部」（Department for Exiting the European Union），該部並在 2020 年 1 月英國正式脫歐後解散。由於政府機關的裁撤、合併、新設等作業十分頻繁，致使英國行政部門數目非常多且複雜，甚至有一人兼任數個部會首長的情形。不過由於部長多來自國會的資深議員，對國政早有深入的瞭解，比起總統制之下各部部長常是來來去去的「政治候鳥」情形，更能落實責任政治。

時至今日，英國仍保有部分王室機構擔負儀式性的功能，其中較為重要的是「樞密院」（Privy Council）。該院全名為「女王陛下最尊貴的樞密院」（Her Majesty's Most Honourable Privy Council），自 11 世紀起即以國王最主要的諮詢機構的角色存在，而今日的內閣只是當時樞密院內的一個委員會。18 世紀議會政治確立後，樞密院的決策權遂讓渡於內閣，僅作為形式上的最高行政機關。今日英國樞密院主要的職權是發布皇家公告和樞密院令，其內容皆由掌握實權的內閣決定，並由內閣負責。形式上來說，出自樞密院的敕令即代表英王的批准，具有法律效力。樞密院也有 300 多名榮譽性質的「議員」，他們來自於現任或曾任的首相、閣員、主教、貴族，或是對國家有特殊功勳者。簡單來說，樞密院之於內閣，就相當於國王之於首相，前者是名義上最有權者，後者是實際上最有權者，故前者的作為都來自於後者的安排。

英國也是世界上第一個建立現代文官制度的國家。1701 年的《政治澄清法》（The Act of Settlement）規定「凡接受皇室薪俸的官吏，除各部大臣及國務大臣外，均不得為下議院議員」，確立了政務官與事務官兩種身分的區隔。1853 年，屈維廉（G. M. Trevelyan）與諾斯科特（S. H. Northcote）兩人向國會提出了著名的《常任文官組織報告書》（The Report on the Organization of the Permanent Civil Service）（又譯《吏治考察報告書》），主張一切文官考試都應公開。同年藉著英國東印度公司向政府提出展延「特許狀」的請求時，國會要求政府開始試辦仿效自該公司的任用考試，規定政府各部在出現職位空缺時需辦理競爭考試，且必須有 4 人以上應試，此為現代文官考試任用的濫觴。

英國政府各部的一般標準組織結構

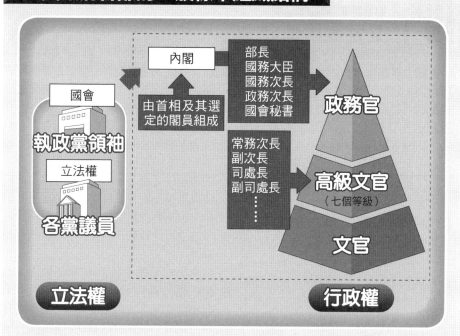

柴契爾夫人的新公共管理改革

英國保守黨的柴契爾夫人擔任首相期間（1979～1991），力行新右派的政治改革，也就是所謂的「新公共管理」，奠定英國成為 20 世紀末政府再造領頭羊的角色。她以著重市場經濟的「新古典經濟學」為基礎，翻轉傳統的政府角色，不再「大有為」，而是「小而能」。她的重要改革政策包括：

改革計畫	改革內容
1979 年的效率團隊（Efficiency Unit）	柴契爾夫人執政後立即成立直接向首相報告的「效率團隊」，由該團隊執行一系列迅速、小規模的提升效率方案，以激勵文官工作熱忱，改變政府部門的管理文化。
1982 年的財務管理改革法（Financial Management Initiative, FMI）	力行分權化的預算控制與績效評估，要求各政府機關均須備有目標明細表，活動與方案所配置的成本必須明確，所提出之績效指標與生產衡量標準，必須能夠被有效運用於評估目標之達成。
1988 年的續階計畫（The Next Steps）	將文官體制重組再造，分為政策制定與政策執行兩大系統，同時提出三 E 評估標準—經濟（economy）、效率（efficiency）及效能（effectiveness）。該方案將政府的執行部門切割出來，建立自給自足的半獨立性機構，稱為「政署」（Executive Units），由機構的管理者擔負績效管理責任。
1991 年的品質競爭白皮書（White Paper for Quality-Competing）	要求所有部會評估將其部分業務民營化，但在民營化之前必須經過「市場測試」（Market Testing），以確定是否可經由市場提供公共服務。進行市場測試時，由私部門和政府執行單位競標，看這項業務適合由政府機關執行還是由民間執行；如果仍由政府執行，則考慮是否要由契約外包方式進行。

UNIT 2-2
文官制度概要

英國人事制度古時亦為貴族所壟斷，後隨著 17 世紀代議政治的發展及平民政治的興起，才逐漸轉變為民主制、功績制的文官體制。若以建立功績制的「吏治改革時期」為核心，可分為三個時期：吏治改革時期之前、吏治改革時期，及新公共管理改革時期。

(一) 吏治改革時期之前

早期英國的官吏都是國王的僕人，代表英王統治人民，而且幾乎被教士們所壟斷。到 1688 年光榮革命，權力逐漸由國王轉移到國會，重要官員的任免權力被國會多數黨所掌握。喬治三世在位時（1760～1820），議會全面掌控國王的人事支出費用，反而成為恩庇分封權力的新來源。政黨糾眾營私、販賣官職及貪贓枉法情事不斷。

(二) 吏治改革時期

英國政府素來有「管錢兼管人」的傳統，故文官主管機關為財政部；1852 年時，英國財政大臣格萊斯頓（W. E. Gladstone）指派屈維廉（G. M. Trevelyan）與諾斯科特（S. H. Northcote）調查和研究英國文官的現狀，他們發現英國文官人力素質差，普遍存在「能力低落、態度怠惰、企圖心不足」現象，少數文官甚至來自於父兄裙帶關係；這種現象導致政府機關內部效率低落，風評不佳，故延攬優秀人才是當前文官的首要問題。可是英國政府缺乏競爭性甄選方法，進用恩惠化，部會又各自為政，致使人力進用無制度可言，能力與經驗都不足。

適逢 1853 年東印度公司向國會申請展延印度貿易的特許狀，而當時英國貴族常藉勢安插親友到印度工作，引發下議院議員的不滿，國會乃要求東印度公司改進招募制度，作為續發特許狀的條件。東印度公司只得將所有職位對全國開放，並採公開競爭考試擇優錄取，以不受恩庇及特權影響。由於東印度公司的考選成效卓著，於是屈維廉與諾斯科特同年提出的《常任文官組織報告書》中，也主張一切文官考試都應公開。惟當時克里米亞戰爭爆發，該建議被暫時擱置。

克里米亞戰爭於 1855 年結束後，首相帕墨斯頓（Palmerstone）請求英女王發布樞密院令，建立獨立的「文官委員會」（Civil Service Commission），任命 3 名委員專責辦理考試取才，開啟了文官的功績制度。

(三) 新公共管理改革時期

柴契爾夫人在 1979 年執政後，將英國帶向新公共管理改革之路，並於 1988 年實施「續階計畫」，開啟大規模文官改革。續階計畫成立許多只有執行功能的「政署」，而政署機構中大部分又陸續被民營化或轉變為「非機關化的公法人」（相當於我國所稱之「行政法人」），這兩種轉變均使其成員不再具有文官身分，而成為一般勞工性質的工作者，使英國文官體制大幅瘦身。此外，由於人事權大多下放至各部，即使在仍具有公部門性質的決策機關工作，薪俸、考績、訓練等人事管理制度也因機關差異而各不相同，使英國的文官制度日漸呈現彈性化、績效化與部內制等特色。

吏治改革時期的重要改革歷程

常任文官組織報告書
- 諾斯科特與屈維廉於 1853 年提出，主張進行公開競爭考試以甄補文官，促成專責考試的「文官委員會」於 1855 年成立。而考選以外的其他人事權仍屬財政部。

養老年金法
- 1858 年國會通過養老年金法（The Superannuation Act），規定公務員養老年金由政府負責籌措，但沒有文官委員會頒發的證書者不得領取。

1870 樞密院令
- 1870 年格萊斯頓政府頒布樞密院令，規定大部分文官均需通過公開競爭考試，擇優錄用，確立公開競爭的考試制度，剝奪了貴族壟斷官職的特權。

傅爾頓報告書
- 1966 年傅爾頓（Fulton）勳爵接受首相任命組織委員會，研究文官改革計畫。他們認為獨立的文官委員會難以及時甄補人才，且考試著重理論知識而忽略專業技術，使高階文官菁英化與社會缺乏聯繫。
- 1968 年委員會提出《文官改革建議報告》（傅爾頓報告書），建議重新設計人事制度、建立「文官事務部」、加強專業分工，並成立文官訓練學院，以提升政府績效。

新公共管理時期的重要改革歷程

續階計畫
- 區分核心部門與執行機構（政署）；前者負責決策，後者職掌執行，由聘任或選任的執行長主持。
- 政署的人事管理著重績效，由官僚文化轉變為企業文化。
- 政署的執行長掌握人事權、財政權與管理權，聘任以契約為依據。

1995 樞密院令
- 將原由財政部職掌之人事權，歸由各部首長管理，部長得制定人事規則或命令，如分類等級、考選資格、薪給、假期、工時、輪調、退休、行為規範……等，均回歸各部部長職掌。

高等文官制
- 1996 年 4 月 1 日起建立高等文官制（Senior Civil Service）。各部高等文官之任免須由「高等文官遴選委員會」初選，而後經首相或部長核定，其管理體制由「內閣事務部」統籌規劃。

文官制度改革方案
- 由首相卡麥隆（D. Cameron）於 2012 年提出，致力於縮小文官規模、提升決策與工作能力、加強績效課責、推動線上訓練以及跨部會的服務共享計畫。

UNIT **2-3** 人事主管機關

圖解各國人事制度

由於英國的行政機關由內閣全權設置，不用經過立法程序，所以變動非常頻繁，人事機關亦是如此。大體來說，在 1855 年文官委員會成立前，是充斥恩庇任命的混亂時期；文官委員會成立期間，建立獨立的考試權，與財政部共同形成兼具部外制與部內制的「折衷制」；但隨著 1968 年傅爾頓報告改革，文官委員會併入首相管轄的「文官部」，再經歷多次改組及財政部在 1995 年「文官樞密院令」（Civil Service Order in the Council）的人事權下放，現在的英國人事主管機關已呈現「部內制」特色，所以論及英國人事機構，除了實質上以各機關的首長及人事部門為主外，按其出現的順序，尚有下列三種：

(一) 財政部

財政部職掌人事行政，是英國的傳統，因首相兼任財政大臣，理應兼管人事，此為「管錢兼管人」的制度精神。

在 1968 年基於專業分工的精神成立文官部後，財政部將人事與組織方面的職能交給文官部掌理，仍保留人力管理、俸給福利、安全與離職管理等職權。至 1995 年樞密院令，有關公務員職等及待遇等管理事項均授權各部自理，財政部只負責監督，因此財政部已在人事行政上逐漸淡出，只負責管理高級文官的薪資及公務員俸給、效率規劃、人力訓練、公共服務品質與退休給與等涉及人事預算的事務；相較於 1990 年代以前，已有天壤之別。

(二) 文官委員會

為防止政爭影響文官任免，文官委員會（1855～1968）是隸屬於內閣的獨立考試機關，故國內常譯為「文官考選委員會」。1968 年文官部成立後，由首相兼任文官部長，文官委員會併入文官部。

文官委員會存續期間的重要職掌包括：審查文官任用資格、訂定任用標準與考試規程、辦理公務員考選分發，以及決定公務員年齡、健康、能力等資格條件。

(三) 內閣辦公室

自 1998 年起，英國形式上最高人事主管機關為內閣辦公室（Cabinet Office），由於其為首相的幕僚機構，名列政府部會之一，國內也常譯為「內閣事務部」。內閣辦公室主掌內閣事務的聯繫與管控，並兼有人事決策職能，如文官改革、人力資源政策、人事數位化、高等文官管理等。內閣辦公室由首相兼「文官大臣」、內閣秘書長兼「文官長」，其下設有文官事務委員會、文官委員會（非 1855 年設立的那個文官委員會）、文官改革處、文官人力資源處、高階領導委員會……等等人事決策部門，職掌高等文官考選與管理、人事行政決策與改革、各部人事制度的監督與受理申訴等事項。

總結而言，財政部的人事權除了涉及預算事項外所剩無幾；帶領英國走向功績制的文官委員會已在歷史洪流中消失；內閣辦公室只負責訂定文官制度的規範原則並監督成效，和統一管理高等文官與快速升遷方案；真正掌握人事實權的，是各部或各機關的首長及其指揮下的人事部門。

英國人事機構的演進

	階段	人事行政機構	概要
折衷制 ⬆	階段一 （1855-1968）	● 文官委員會 （Civil Service Commission） ● 財政部（首相兼任財政大臣）	早期主管人事行政的機構，為「文官委員會」與財政部。但早期財政部內沒有專責的人事機構。在一次大戰期間，各機關人事及薪資浮濫，形成財政浪費。因此財政部於1918年設立公職司，負責考試以外的人事行政事項。
	階段二 （1968-1981）	文官部 （Civil Service Department）	根據傅爾頓報告的建議，1968年成立「文官部」，接辦原來由財政部掌管的人事與組織業務；並將文官委員會併入。
	階段三 （1981-1987）	❶ 管理及人事部／局 （Management and Personnel Office） ❷ 財政部	1981年，首相撤銷文官部。成立「管理及人事部」，其中部分職權歸還財政部。1983年降低管理及人事部的層級，成為「管理及人事局」，隸屬內閣辦公室（或譯為內閣事務部）。
	階段四 （1987-1992）	❶ 文官大臣辦公室 （Office of the Minister for the Civil Service） ❷ 財政部	1987年，「管理及人事局」改組為「文官大臣辦公室」（或譯為文官大臣事務局），仍隸屬內閣辦公室管轄。
	階段五 （1992-1995）	❶ 公職與科技局 （Office of Public Service & Science） ❷ 財政部	1992年「文官大臣辦公室」改組為「公職與科技局」（或譯為公共服務及科技局）。財政部只掌理公務員的分類、任免政策、組織編制、俸給以及福利等事項。
	階段六 （1995-1998）	公共服務局（Office of Public Service, OPS）（首相兼任文官大臣）	1995年樞密院令將財政部掌理的人事行政業務移轉給各部；並將公職與科技局改為「公共服務局」（或譯為公職局），仍隸屬內閣辦公室，由首相兼文官大臣（人事行政首長），職掌公職局業務。
部內制 ⬇	階段七 （1998-2000）	內閣辦公室 （Cabinet Office）	1998年公共服務局裁撤，原有的組織功能分配至各部會。內閣辦公室成為最高人事主管機關，首相兼任文官大臣暨財政部第一大臣。

UNIT **2-4** 公務員體制

作為現代文官體制的先驅，英國不僅有與時俱進的文官體制改革，也有不變的「常次體制」優良傳統，以及師法自美國的高等文官制度。

(一) 公務員職位體制的演進

英國自1870年開始區分文官等級，最初只有「高級」與「低級」兩種，1920年發展出較為精細的「行政級」、「執行級」、「書記級」、「助理書記級」等四個由上而下的等級。不過，等級之間的流動非常困難，多數公務員都是在一開始任用的等級做到退休為止。

1968年的傅爾頓報告指出這種分級制僵化且不公平的缺失，促使英國進行一連串的文官改革。首先是1970年區分「開放架構職級」與「閉鎖架構職級」，前者是組織中的高階職位，出缺時可進用其他機關的各種職系人員，以顯現高階的通才性與流動性，後者是較基層的文官等級，出缺只能由本機關同性質的人員當中升補，該職級中包含數個「競爭級」的職位，必須以公開競爭方式對外招考。

自此之後又經過數次的研究改進，尤其是1996年英國開始實施「高等文官」新制，此後便區分為「高等文官職級」與「一般文官職級」；至2010年時確定「高等文官職級」與「一般文官職級」各為7個。

(二) 常次體制與文官長

英國文官制度中最關鍵的4個角色是：首相、部長、文官長（Head of the Home Civil Service）與常務次長（Permanent Secretary，簡稱「常次」），前兩者為政務官之首腦，後兩者則為事務官之

最高職。是以有句政治諺語謂：「英國係由首相與常次所治理」（Britain is governed by the Prime Minister and the Permanent Secretary）。常次是各部事務官最高職，英國財政部於1805年率先設置常次一職，到1830年，英國主要的部均設置常次職位。由於財政部常次的傳統地位特殊，位居各部常次之首，其與內閣秘書長（Cabinet Secretary）同被稱為「超級常次」（Super Permanent Secretary）。

文官長是英國常任文官之最高職代表，作為首相之人事行政幕僚長，直接向首相與內閣辦公室報告，由首相任命而不與首相同進退。文官長是首相與全國事務官的橋樑，可確保首相命令之執行以及事務官之中立角色，過去100年常由財政部常次或內閣秘書長兼任；自2014年迄今，均由內閣秘書長兼文官長。

(三) 高等文官新制

鑑於1988年實施政署制後，文官的集體認同感日漸消失，取而代之的是只剩下對各自所屬機關的認同。因此英國仿效美國1978年建立高級文官團的做法，於1996年實施高等文官制度（Senior Civil Service, SCS），將原本屬「開放架構」的7個職級納入「高級文官選任職位群」，由內閣辦公室的「高級文官遴選委員會」（the Senior Appointments Selection Committee, SASC）決定任命職位是否必要，人選是否由內部成員競爭而來、或向全文官體系公開徵才、抑或全面公開競爭；如果不公開競爭，則向文官長建議適任人選，然後由文官長向首相推薦。

英國各部主要的政務官與事務官的職責

政務官

部長（1人）：
該部最高負責人。

國務大臣（1人以上）：
負責領導本部中某一部分的職務。

政務次長（1人以上）：
維持本部與國會的聯繫並領導部分部務。

事務官

常務次長：
事務官之首，領導該部文官並提供決策諮詢。

副次長：
協助常次督導本部各司業務。

司長：
負責部內各司的政策事宜。

現今英國文官體制分類

職級	職務	
高等文官職級（原本的「開放架構職級」）	常務次長（一等）	
	副次長（二等）	
	司處長（三等）	
	副司處長（四等）	
	助理司處長（五等）	
	優級科長（六等）	
	科長（七等）	
一般文官職級（原本的「閉鎖架構職級」）	優級執行官	
	高級執行官 D	
	高級執行官	
	行政見習官	競爭級（對外招考）
	執行官	
	文書官	
	助理文書官	

註：高等文官的甄選、俸給、訓練等事項均由內閣辦公室統一規劃，而與一般文官皆由各部自行管理有所不同。

UNIT 2-5 公務員考選與任用

(一) 考選制度的變革

自文官委員會成立後，即由其主持考選事宜，以筆試並配合學校教育，測驗應考人一般知能。1919年起除筆試外再增加口試，以瞭解應考人之個性、反應、背景、適應等特性。1939年後又增加心理測驗，常識測驗、體能測驗等科目。

二戰時期，大量青年失學，政府為此於倫敦市郊的達本生大廈舉辦以口試為主的救濟性考試，稱為鄉墅測驗（Country-House Test）。1945年後基層文官以甄試為主，中上層文官則採行三階段考試，包括第一階段的文學與論文筆試、及格後進入第二階段的專業才能考試（包括心理、性向、智力等測驗及面談），以及最後階段的決選，由「決選委員會」（Final Selection Board）進行35分鐘口試，以決定是否錄取及排列名次。但自1995年人事權下放後，一般文官不再集中考選，而是由各部在文官委員會的監督下依法自行辦理考試；惟高等文官的考選由內閣辦公室的「遴選委員會」（Senior Appoints Selection Committee, SASC）主持。

總括來說，英國的文官考選堅持下列原則：

❶ 公平原則：文官遴選程序所強調的公平，即是考慮各別候選人所具有的條件，並給予充分表現的機會後，依用人機關的需求，遴用最適人員。

❷ 公開原則：文官職位出缺應公告周知，每個人都能公平、合理地接收與出缺職位相關的訊息，不得刻意將某人排除在遴選程序之外。

❸ 功績原則：各部及政署的應考資格，包括年齡、知識、能力、專業成就、性向與潛能等，應確保能遴選出真能勝任的人才。

(二) 高等文官的考選與任用

傳統的英國高等文官帶有強烈的中立色彩與菁英色彩，對1980年代英國政治領袖推動的政府再造意興闌珊，故柴契爾夫人將部分政署的執行長開放民間人士競爭（1994年已有68%的政署執行長來自企業界），以契約的方式聘用，此舉固然引進了企業精神，卻也導致高級文官之間各自為政，喪失整體精神。梅傑繼任首相後，於1995年以公開競爭的方式任命比查德（M. Bichard）為教育部常次，開啟一般部會高等文官開放競爭的先例，至1996年4月，高等文官新制（SCS）全面落實。現今英國高等文官的考選可分為內部升遷與開放競爭兩種，內升制由機關自行產生人選後提報SASC審核；開放競爭則經歷四個階段：

❶ 前置作業期，用人機關俾應就是否開放民間人士競爭向文官委員會提出諮詢，並瞭解其程序是否符合「高級職位甄補指導準則」的規定。

❷ 開始考選前，用人機關應公告職缺、組成獨立的遴選小組（通常邀請文官委員擔任主席）、決定遴選標準與方法（以面試為主）。

❸ 進行正式遴選過程，包括初步面談、評鑑中心測驗、專業面談（由職業心理師諮商評估）、機關參訪及個別面談。

❹ 最終決選，由遴選小組產生決選名單，再與決選名單中的人選進行最後面談，按最終成績高低排列候用名冊。

遴選完成後，遴選小組主席以書面通知用人機關甄選結果並推薦最適人選，用人機關再據以辦理任用。正式用任前，再由機關與錄取者商談僱用條件；任用後，應將結果向文官委員會提交報告。

快速升遷制度

快速升遷（Fast Stream）即「擢升」，源起於鄉墅測驗，其目的係希望為有才能、有潛力晉升至高等文官職位的大學畢業生，能更快的填補高等文官職缺。因此，快速升遷的甄補制度成為培養高等文官人力的搖籃。該制度演進歷程如下：

1939「鄉墅測驗」	1971「行政見習官方案」（Administration Trainee Scheme）	1982「快速升遷方案」（Fast Stream Scheme）

該方案希望遴選優秀青年進入政府，提升高等文官水準。甄選的對象包括大學畢業生及在政府工作2年以上的現職人員。

該方案實施6年後檢討發現入選者全來自社會中上階層，且現職人員錄取的機會明顯偏低，遂以快速升遷方案取而代之。

現今快速升遷方案亦對大學畢業生及在政府現職人員開放競爭，有一般快速升遷、分析快速升遷、人力資源快速升遷、商業科技快速升遷、歐洲快速升遷及北愛爾蘭快速升遷等六種方案；大學畢業生需成績優異，現職人員需獲所屬機關推薦。考試內容以內閣辦公室公布的核心職能為主，遴選過程分為三階段：

線上資格測驗	● 選擇欲參加的快速升遷方案類別。 ● 進行線上自我評估（含情境測驗、數字及語文推理）。 ● 電腦自動篩選（淘汰率約 1/2）。 ● 入選者再至地區測驗中心參加進階測驗（含數字及語文推理、籃中演練）。
評鑑中心	● 通過進階測驗者至倫敦「文官遴選委員會」（CSSB）的評鑑中心進行一天的筆試與口試。 ● 測驗內容包括分析、報告、團體練習、自我評估、面談等。 ● 目的在觀察應試者是否具備高等文官的核心能力。
決選委員會	● 由 CSSB 通知合格者至各類方案的「決選委員會」（FSB）接受面試。 ● 通過者由 FSB 推薦進入政府機關成為行政見習官，進入快速升遷路徑。

整個快速升遷路徑如下：

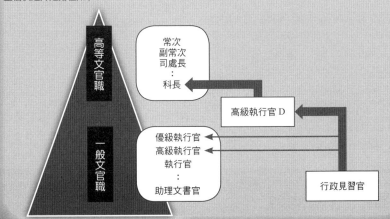

UNIT *2-6* 公務員俸給

自柴契爾夫人於 1980 年代推動新公共管理以來,英國公部門的薪俸制度朝向定俸權限分權化與定俸機制彈性化、多元化的方向變革。在財政部對各部會及政署的營運成本總額調控下,容許他們自行決定適當的俸給制度。因此,英國政府的俸給制度已由傳統以年資為中心,轉變到以個人績效為取向的彈性薪俸制度,已與企業的做法類似。

(一) 俸給制度改革歷程

英國在 1987 年將「管理及人事局」改組為「文官大臣辦公室」時,便廢止按「功績俸」(merit pay)的統一敘薪制度,從部分人員開始實施集體協議制;翌年「續階計畫」實施,「政署」陸續成立,財政部也開始研擬「績效關聯薪俸制」(performance related pay),設計適合政署使用的績效俸,並逐步將人事管理、薪俸、津貼等管理事項授權各部會及政署。

大規模的俸給改革發生於 1995 年,文官樞密院令將原屬財政部職掌之人事權交給由各部首長,部會與政署得自訂人事管理規則,包含考選、薪俸、工作職位分類等。1996 年國會再訂頒兩項重要法規,一是《文官服務法》(Civil Service Code);另一是依 1995 年文官樞密院令新訂的《文官管理規則》(Civil Service Management Code),明訂薪俸分權化、彈性化,並全面授權各部會政署自訂俸表,同時實施高等文官新制及其新俸給架構。至此,完成俸給制度的全面改革。

(二) 高級文官俸給制度

由於高等文官政策仍由內閣辦公室統一規範,因此自常次起以下共七個職等的高級文官定俸權限並未授權,各部會與政署仍需依據由中央統一訂定的高級文官薪俸列等來擬訂高等文官的俸給。英國中央訂有《高階職位工作評估法》(Job Evaluation of Senior Posts, JESP),將高級文官之工作,依所管理之人數、職責程度、裁量權限、影響力及專業能力等五大衡量指標,計算每個職位的分數,以作為任用、升遷、薪俸等人事管理之依據;其 JESP 分數列等自 7 分至 28 分,例如常次職列為 23～28 分。而常次與其他 6 個職等的高等文官又有不同的定俸機制:

❶ 常次級定俸機制

常次級俸給由「常務次長薪俸委員會」(Permanent Secretaries Remuneration Committee, PSRC)訂定,該委員會由國內文官長、財政部常次,及「高階薪俸評鑑委員會」(Review Body on Senior Salaries, SSRB)的主席及 2 名委員等共 5 人組成,他們參考企業高階主管薪資水準,做出常次級文官薪俸建議,提交首相核定。

❷ 常次以下高等文官定俸機制

常次以下 6 個等級的高等文官俸給由「高階薪俸評鑑委員會」(SSRB)負責審訂。該委員會由民間企業經營者、大學教授、律師等 10 至 11 人組成,就常次以下高等文官、將官、法官及國會議員之薪俸進行獨立審議,並向首相、首席大法官及國防大臣提出具體建議。

整體而言,高等文官的薪俸更強調市場競爭性,以便和民間企業爭取人才;也更傾向績效取向,採用本俸與績效獎金,使高階文官的俸給與績效密切結合。

分權化的俸給決定機制

英國的俸給決定機制大致分成四類：獨立薪俸評鑑制（review bodies）、分權式集體協議制（decentralized collective bargaining）、集權式集體協議制（centralized collective bargaining）與指數連結制（index linking）；各有其適用對象與程序：

	獨立薪俸評鑑制	分權式集體協議制	集權式集體協議制	指數連結制
定俸機制	由各相關之獨立「薪俸評鑑委員會」負責審議	中央各部機關及政署	全國架構協議（framework national agreements）	隨特定指標連動
適用對象	高等文官、高階政務官、軍職人員、一般教師、護理人員、醫事人員等	中央政府一般文官	地方政府文官、國家健康署、大學、監獄署服務人員等	警察和消防員
定俸程序	❶ 由各該公務人力組成的工會或專業協會，向各該獨立薪俸評鑑委員會提出薪俸建議。 ❷ 由財政部、各用人機關代表政府向各該獨立薪俸評鑑委員會提出薪俸建議。 ❸ 各該獨立薪俸評鑑委員會針對勞僱雙方所提意見進行調查、審議，做出具體薪俸與勞動條件建議。	❶ 各實際用人的部會、政署，自行訂定薪俸水準、薪俸結構、俸表等薪俸相關制度。 ❷ 各個部會或政署之官方代表，與各該公務員工會，在各自的部會或政署內進行集體協議。	地方政府薪俸調整的集體協議，係由代表僱方（各地方政府）的「地方政府管理委員會」與代表勞方的地方政府公務員工會，進行集體協議，協議結果適用於所有地方政府。	❶ 警察薪俸之年度調薪依據私部門非體力勞動者薪資協議完成後的平均調幅而定。 ❷ 消防員薪俸之年度全面調薪依據最新薪資調查報告中有關體力勞動者薪資分配結果的前四分之一指數調幅而定。

英國文官層級與定俸機制對照

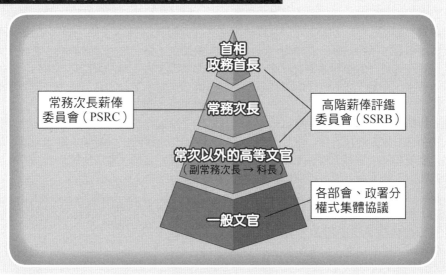

UNIT 2-7
公務員考績

歐美先進國家常將公務員考績視為該員工訓練需求的指標，而非如我國將公務員考績視為其獎懲的依據，因此多未訂定考績專法；而英國亦復如此。不過在 1996 年人事大規模分權之前，英國仍保有較為一致的文官考績制度，即在《傅爾頓報告書》的建議下，依文官等級採取兩種不同的「考評報告表」，其中包括有關見解力、洞察力、判斷力、文字表達能力、口頭表達能力、責任心、衝勁和決心等十多項能力，並對每種能力自最高之 A 級至最低之 F 級，最後該員的考評結果依其各項能力表現優劣依序分為傑出、優良、尚佳、普通、不良及劣等六種。

自 1996 年 4 月起，依據《文官管理規則》，各用人機關有權決定高級文官以外人員之考績制度。所以英國現行公務人員之個人考評，係由業務部門主管實施，每年至少辦理一次，主管評定考績分數與等第後，會與員工進行個人績效面談，經過面談後決定最後評定，並以其作為訓練發展計畫的依據。評分上強調才能與成就、工作績效表現、潛能發展考評、經驗、忠誠、守法及專業倫理等項目。考績結果分為特優、甚佳、良好、普通、欠佳五個等次，前三等次為合格（一至三級），後二等次為不合格（四、五級）。

總結來說，現今英國的文官績效考評特色在於用人機關有權評定其所屬之績效表現和個人潛力；針對工作表現不佳或能力不足人員，用人機關能以適當程序處理，當事人可請工會或同事出席聽證，如表現不佳原因與健康因素有關，可按規定申請提前退休，若狀況未改善，可以將其解職。而中央統一的要求則是各機關的績效評估制度必須能夠辨別表現的滿意程度，以助於薪資給付與退場機制之運作。

至於高等文官的績效考核，係建構在「績效協議制度」（Performance Agreement）上，意即該制度是經過主管與部屬間的對話與協調而建立。基本上，機關與每位高等文官會達成五至六項績效協議目標，這些目標能反映其成果表現、工作能力，以及核心能力的運用標準。在績效考核的方式上，自 2001 年後採取「雙階段」考核過程，第一階段為「年中考核」，主要以主管與部屬的非正式對話方式，就其績效協議目標有一個持續性檢討及修正的機會。第二階段則是「年終考核」，主管與部屬共同討論後，由部屬完成自我評量，並經主管記錄，部屬對這些文字紀錄報告必須簽字，對不同意見也要敘明不同意的理由。最後由主管向各該機關之「高級文官俸給委員會」（Senior Civil Service Pay Committee）提交報告，並就該部屬之俸給及獎金提出建議。

對達成績效目標的高等文官，俸給委員會可就其基本俸給，給與最高 6.5% 的獎金。綜合來說，對於績效表現優異的高等文官，會以調高基本俸給、發給獎金、給予更大的自主權等，作為激勵的工具。而對於表現欠佳的高等文官，會先透過績效改善計畫的設計，協助其突破工作績效上的瓶頸，惟如持續無法達成績效目標，亦可能解除其高等文官的職位。

早期英國文官考評的 A、B 表（1972-1996）

		A 表	B 表
適用對象		適用於文書官以上，副司處長以下的文官。	適用於助理文書官職級以下人員。
記載內容	一般項目	受考者姓名、受考評期間、現任職級、到職日期、最高學歷、專門職業或技術資格。	受考者姓名、受考評期間、現任職級、到職日期、最高學歷、專門職業或技術資格。
	現有職務	工作說明、評估工作表現、受考人能力分析評估、訓練需求、調整工作看法、晉升的可能性、發展潛能、綜合考評、覆評者考評報告。	工作說明、評估工作表現、受考者能力分析評估、訓練需求、未來任用與晉升之可能性、綜合考評、覆評者考評報告。

英國文官職能架構

英國文官的核心能力是其績效考核時的重要依據，「文官職能架構」（The Civil Service Competency Framework）即為其核心能力的標準。該職能架構自 2013 年實施，共分為三個群組，包含十項核心職能：

策略類（設定方向）

- 願景視野：瞭解自己在組織中的定位，及應如何協助組織達成目標及回應公眾需求。
- 變革與精進：具回應及創新，並創造有效變革。
- 制定決策：具客觀性，運用合理判斷、證據與知識，提供正確與專業的建議。

人員類（人員共事）

- 領導與溝通：能在前方領導，以清晰、具信念與熱忱的方式進行溝通，並維護機會平等原則。
- 合作與夥伴關係：與文官團隊內部及外部人員，建立正向、專業、信任的工作關係。
- 建立能力：聚焦於自身、他人及組織的持續性學習。

績效類（傳遞成果）

- 實現成果：對業務活動維持具經濟性及長期的關注。
- 傳遞金錢價值：以有效率、效能、經濟的方式，妥善運用納稅人的錢。
- 服務品質：兼顧多元顧客需求，達成服務目標，並追求服務品質的改善。
- 即時傳遞成果：於時效內有效率地達成績效，並對品質負責。

目前英國文官所採行的核心職能架構稱為「成功輪廓」（success profiles），其中包含能力（ability）、技能（technical）、行為（behaviours）、優勢（strengths）及經驗（experience）。

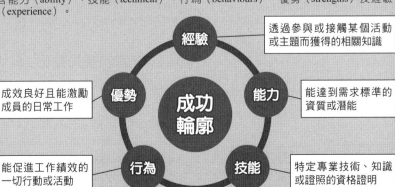

經驗：透過參與或接觸某個活動或主題而獲得的相關知識

能力：能達到需求標準的資質或潛能

技能：特定專業技術、知識或證照的資格證明

行為：能促進工作績效的一切行動或活動

優勢：成效良好且能激勵成員的日常工作

UNIT 2-8 公務員訓練制度

從 1980 年代以後，新公共管理思維成為英國文官改革主流，人事制度分權化、企業化成為最明顯的標誌，而在公務員訓練機構與方向上亦如此。

(一) 文官學院時期

1945 年以前，英國文官多只有工作中訓練，由其直接主管資深人員指導學習。1945 年，英國政府在財政部內設置「訓練與教育司」，1963 年於倫敦設立「行政研究中心」。1968 年傅爾頓委員會提出將上開「行政研究中心」發展為新的文官學院建議，為威爾遜政府所接受，並於 1970 年 6 月 26 日正式成立英國文官學院（The Civil Service College, CSC）。

1988 年柴契爾夫人推動「續階計畫」，建立「政署」制度，1989 年 6 月英國文官學院轉型為政署，成為顧客導向的機構，配合政府的需要，提供公部門專業訓練課程；並開始以受訓者付費（由機關或受訓者個人支付）方式達到財務獨立自主。1997 年布萊爾執政後，意識形態自右派向中間移動，將過去分散由各部主管的業務加以統整。布萊爾內閣辦公室於 1998 年 7 月提出的《1998 年文官學院評估報告》（Civil Service College Review 1998 Report），建議在政府核心部門，成立新的文官管理和組織發展中心，以致力於知識管理、提供國際學習機會和經驗交流、評估訓練發展需求，並實施訓練發展計畫。

(二) 管理與政策研究中心時期

1999 年 4 月 1 日內閣成立管理與政策研究中心（Centre for Management and Policy Studies, CMPS），作為政府智庫；並監督指導文官學院的運作。2000 年 4 月 1 日則將文官學院併入該中心，作為執行部門，負責文官訓練與發展工作，以使用者為中心，經由創新去改善行政績效使政府組織成為學習型組織，並協助各部和各機構改善領導和政策執行能力。

然而，「管理與政策研究中心」成立 6 年來，雖因「部長級發展課程」及「360 度回饋」方案等獲得好評，但仍無法就文官能力與技能發展訂出最佳方案，且其應為「政署」或是「學校」的角色定位不明，以至於 2005 年再度轉型。

(三) 國家政府學院時期

2005 年 6 月英國實施文官改革計畫，將「管理及政策研究中心」改制為「國家政府學院」（National School of Government, NSG），透過「政府專業技能方案」及「部門能力檢測」，先瞭解行政機關的目標，再提供其需要的技能訓練。2007 年布朗政府上任，國家政府學院此時配合「政府創新中心」方案，建立以技能及政策專業的績效管理為主的第一線文官訓練，並加強國際交流與線上學習課程。

(四) 文官訓練民營化

由於政府財政赤字不斷擴大，英國政府在 2012 年 2 月透過公開招標的方式招商，將文官訓練體系民營化，以刺激競爭，壓低成本；後由卡皮塔服務公司（Capita Workplace Services）得標，並啟動以線上學習為主的文官學習（Civil Service Learning, CSL）課程。

文官訓練機構的沿革

	文官學院	管理與政策研究中心	國家政府學院	民營化
時間	1970～2000	1999～2005	2005～2012	2012～
變革	1989年之前為政府機構，1989年之後為政署。	2000年後吸納文官學院，將其成為本中心所屬之政府訓練機構。	2007年後成為部會級的獨立機構。	卡皮塔服務公司得標，並將大部分的業務外包給其他訓練公司，使訓練多元化。
訓練重點	❶ **行政管理：**提供與行政及管理有關的主要訓練課程。包括行政見習官的預備課程、政府專業的行政管理課程，以及即將成為高級文官之管理進階課程等。 ❷ **短期訓練：**提供廣泛的短期訓練課程，以更經濟的集中訓練代替分散的各部訓練。 ❸ **行政研究：**對行政管理問題從事研究，並接受政府委託從事專案研究。	❶ **專業能力：**滿足民眾需求，培養高品質及結果導向的策略思維，並具備預見問題、企業經營、危機管理、媒體溝通及蒐集資訊等能力，也要改進服務品質，發展知識管理能力、財務管理能力，以及契約採購能力。 ❷ **領導才能：**培育未來領導人才，並作跨部會的思維以共享訓練發展資源。 ❸ **組織文化：**重新審視文官的核心角色及文官倫理、價值，以因應時代變遷。 ❹ **學習型組織：**文官必須有終身學習觀念，知識管理技巧必須深植於各組織。	❶ 規劃提升創新能力課程、規劃協助機關在永續經營基礎上建立新的績效管理模式及組織管理架構等課程。 ❷ 致力於遠距教學、線上課程、建立虛擬學院，以擴大訓練效果並節省支出。	建立文官學習課程，重點包括：如編寫簡報與意見、法律邏輯與概念、政策專業課程等方面的學習，以協助文官具備足夠專業能力處理職務上的工作。 ❶ **文官工作：**協助文官具備處理工作的能力，如政策專業、法律概念、編寫簡報等。 ❷ **核心技術：**對於文官將工作完成並提供良好公共服務的技術提供基礎，包含專案管理、財務和資訊科技、策略思考、溝通和商業技能。 ❸ **領導與管理發展：**包括各級公務員所需的領導力、人員與企業管理技能，及管理變革議題。

UNIT 2-9
公務員懲戒與申訴

我國考銓制度區分「懲戒」與「懲處」，但西方國家通常並無此種區分，英國亦如此。歷史上的文官的懲戒權是國王的特權，由首相行使。近代由於人事權下放，懲戒權已屬於機關首長的管理權責，故宜從人力資源管理的角度來理解。

(一) 公務員懲戒

一般英國公務員的懲戒事由可分兩種，一是一般行為不檢之情形，包括公務員之非法行為、破產、不名譽行為、賭博、洩漏公務機密、不注意遺失公物三次以上、逃避兵役、收受賄賂及違反紀律行為等；二是工作情形不良，如公務員不經請假而不到公、經常遲到或在辦公室虛耗時間、服務成績低劣等。懲戒的方式則包括申誡、停薪、減薪、罰金、調遷、停職、降級、提前退休與免職等。

懲戒時，視情節輕重而有不同程序；若屬情節輕微者，由其直屬長官施以口頭申誡；如未見改善，則給予書面警告；如仍不改善，則考慮進行正式懲處。情節較嚴重者，則由各部自行組成「懲戒委員會」，透過調查證據，確定事實，而後作成結論，再提報部長予以懲戒。但若情節重大，則應先將違法失職內容及事由，以文書通知受懲戒對象；受懲戒者收受通知文書後，應在限期內提出答辯，並得以口頭陳述立場。若公務員在違法失職情節重大時，涉及進行中的刑事或懲處程序，或為司法機關羈押時，得予以停職。原則上，英國公務員的懲戒程序是採「刑先懲後」，當公務員違反規定而涉及刑事責任時，懲戒程序進行中，司法機關又因其涉及刑事責任而作司法偵查時，懲戒程序應即停止，待刑事責任部分確定後再進行懲戒程序。

至於高等文官的懲戒，應事涉高等文官團的統一管理，故用人機關懲戒時需向內閣辦公室報備並獲得同意。

(二) 公務員申訴

關於申訴的部分，也就是救濟權的行使，視申訴的案件可分為兩種情況：

❶ 文官服務法中有關服務行為的申訴事項

在一般服務行為的懲戒之申訴上，通常屬於輕微的懲戒，此時得向原處分長官的上級長官申訴；或向公務員工會申訴，以請求工會進行協商斡旋。若未獲得滿意回覆，則可向文官委員會提出申訴，由文官委員會調查並核定。

❷ 文官服務法規範的行為以外的申訴事項

如違反政治中立，或涉及停職、免職、退休給與等情節較為嚴重的處分，除了向上級長官申訴或向公務員工會申訴外，還可向「文官上訴委員會」（the Civil Service Appeal Board）及「文官仲裁法院」（Civil Service Arbitration Court）訴請救濟。文官上訴委員會設於各部與各執行機關，為獨立運作的部門，由 3 人組成，除設置主席外，另外 2 名委員分別從官方名冊及工會名冊中產生；該會之運作無一定程序，一旦文官上訴委員會受理案件後，會先進行調查，然後向懲戒機關提出建議案，但最終決定權仍在機關首長。文官仲裁法院則屬行政法院性質，該法院之裁決就會對原處分機關產生實質的拘束力。

一般文官申訴權利的行使

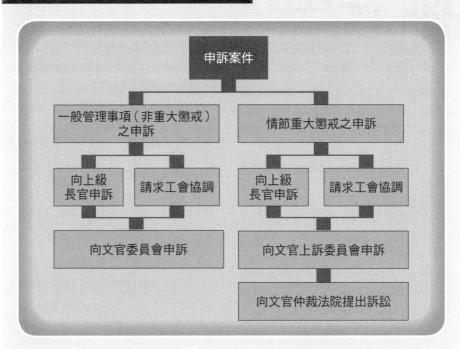

申訴案件

一般管理事項（非重大懲戒）之申訴

向上級長官申訴　請求工會協調

向文官委員會申訴

情節重大懲戒之申訴

向上級長官申訴　請求工會協調

向文官上訴委員會申訴

向文官仲裁法院提出訴訟

文官被要求從事違法行為之申訴程序

依文官管理法規定，公務員被要求下列情事時可提出申訴：❶不合法、不適合或不合倫理；❷破壞憲法傳統或專業守則；❸導致可能的惡政；❹不符合文官法典的其他情事。其申訴程序如下：

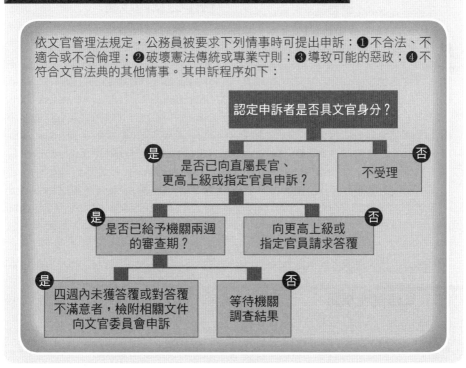

認定申訴者是否具文官身分？

是　是否已向直屬長官、更高上級或指定官員申訴？　否　不受理

是　是否已給予機關兩週的審查期？　否　向更高上級或指定官員請求答覆

是　四週內未獲答覆或對答覆不滿意者，檢附相關文件向文官委員會申訴　否　等待機關調查結果

UNIT 2-10
公務員服務

圖解各國人事制度

(一) 行政中立規範

英國的文官制度發展史，到 20 世紀中葉之前幾乎都與行政中立的追求有關。除了前文已經提到的《吏治澄清法》（1701）、「文官委員會」（1855），以及作為「文官政治消毒」（Political Sterilization of the Civil Servant）的「常次體制」外，1884 年即規定公務員欲為下議院議員候選人，必須先行辭職；1910 年亦頒布樞密院令，禁止公務員公開參加政治紛爭。然而，最重要的，是 1953 年財政部發表白皮書，將公務員的政治自由度由高至低區分為三種：

❶ 政治自由類（politically free group）：包括實業人員、基層操作人員，以及由各部門自行任用但須經財政部同意之人員等。

❷ 中間類（intermediate group）：包括打字、文書或與其類似具官員身分之人員。

❸ 政治限制類（politically restricted group）：包括全體高級文官及其他在職務上不宜參加政治活動之人員，如科長級以上、行政見習官及高級執行官等。

原則上，公務員層級愈高，政治活動自由度愈低，例如公務員欲競選國會議員者必須先行辭職；但若未能當選，僅限於政治自由類及中間類的公務員可以復職，政治限制類則不得復職。

1960 年時，英國又以樞密院令，規定任何公務員均不得向選舉人發表演說，或以公開的方式，自行或透過第三者，宣布自己為目前或未來選舉之候選人。

(二) 公務倫理規範

英國公務員的倫理規範，從新進公務人員的《公務人員指引》開始，介紹公職生涯、行政倫理等概念。另外，形諸法令者如：公務人員的薪俸與服務法規中，強調公務人員的忠誠、公益、誠信及行政中立；《文官服務法》、《政務官守則》（Ministerial Code）等，視政策倫理與行政倫理為政務官與事務官的服務條件，對於執行職務應保持廉潔與品格，服從長官、保守公務機密，以公共利益為服務前提等。而公務員工會亦編輯《道德倫理守則》（Code of ethics），以砥礪公務人員之專業服務行為。

不過，最重要的，還是內閣辦公室頒行的《公職七項守則》（The Seven Principles of Public Life）：去私（selflessness）、正直（integrity）、客觀（objectivity）、負責（accountability）、公開（openness）、誠信（honesty）、領導力（leadership）。

(三) 旋轉門規範

英國在《文官管理法典》中分別納入 1995 年訂定的《卸任部長任職民間企業守則》（Guidelines on the Acceptance of Appointments or Employment Outside Government by Former Ministers of the Crown）和 1975 年訂定的《離職公務員任職民間企業規則》（Rules on the Acceptance of Outside Appointment by Crown Servants）。這兩項規則由一個獨立的「任職民間企業獨立顧問委員會」（Independent Advisory Committee on Business Appointment）負責掌理，該委員會直接向首相負責。然而，儘管離職事務官必須獲得該委員會准許後才能再任職民間企業機構（政務官不用），但該獨立委員對公務員的再任職行為並無法定拘束力，守則和規則中也無罰則規定。因此，英國在官民人才交流上的彈性是相當大的。

文官行政中立上的類型

政治限制類：不得從事全國性政治活動，但是對於地方性政治活動，經過核准仍得以參加。不過，在允許參與時，活動須適度而審慎，尤其是事關其所屬部門時。此外，他們可自由投票，並與合法政黨取得聯繫，或加入為其黨員，但不能代表該政黨。

中間類：除不得為國會議員候選人外，如合於某些規定及條件並經服務部門的核准，得參加全國性及地方性政治活動。不過，某些在部長私人辦公室工作及經常與民眾面對面接觸的人員，將無法獲得上項核准。

政治自由類：除必須遵守《公務機密法》之規定，不能於上班時間內從事政治活動，並以採取適當的措施，避免使其部長及部門受窘外，可以自由地從事全國性及地方性的政治活動。

註：1949年時，英國成立「麥斯特曼委員會」（Masterman Committee），區分政治活動為「全國性政治活動」及「地方性政治活動」。所謂「全國性政治活動」是指：作為國會或歐洲議會（European Assembly）的候選人、擔任政黨組織的職務、作為競選國會或歐洲會議候選人的代表或政黨代表，以及關於全國政治爭論事項公開發表演說或以書面表示意見。而「地方性政治活動」則是指，與地方事務有關之相類似的政治活動。

任職民間企業獨立顧問委員會的審查標準

	政務官部分	事務官部分
規範對象	《卸任部長任職民間企業守則》規定卸任部長須於離職後2年內向該委員會提出審查其任職民間企業之申請，徵詢意見。	《離職公務員任職民間企業規則》僅規範身居要職且離職2年內之高等文官。
審查要點	❶ 該員是否有與未來雇主或未來雇主的競爭者接觸。 ❷ 該員是否有接觸其未來雇主競爭者的交易機密或提供政府未公開的技術知識給未來雇主，而產生不公平的利益。 ❸ 是否有特定理由引起社會大眾對該員任職工作之關注，而應建議該員延後或提出其他條件才就職，或不適合該項工作。 ❹ 委員會必須平衡以上標準與該員至企業任職的意願，或建議該員是否有需要再開始另一工作生涯。 ❺ 委員會可能建議該員離職2年後再任職或在這2年不參與未來雇主的某些活動。	❶ 離職前2年內，與未來雇主的正式交往情形。 ❷ 在職期間，與未來雇主未間斷的公務交往情形。 ❸ 在職期間職務上曾接觸未來雇主之競爭對手商業敏感資訊之情形。 ❹ 離職前2年職務上有利於未來雇主的建議或決策，或被解釋為任職該民間企業之酬庸，或參與形成有利於未來雇主之政策的情形。 ❺ 擔任企業顧問或自營顧問公司，是否於離職2年內，曾與政府外之團體或組織間，從事商業上之交易行為。

UNIT **2-11** 公務員勞動權

一般對勞動權的觀念包含結社（組織工會）、協商（勞資集體協議）與罷工等三種相輔相成的權力，而三種權力的核心就是工會的發展，故探討公務員的勞動權，亦先從結社權開始。

(一) 結社權

英國是工業革命與工人運動的起源國，工會一向呈現高度的多元性與複雜性，在 1979 年工會的高峰期，曾有 453 個工會，1,300 多萬工會成員。在英國，除了警察、國安與情報工作人員不得加入工會外，一般文官得自由設立或加入工會組織，但不得因此而違背對國家的忠誠與中立義務。

英國公務員工會發展的轉捩點在一次世界大戰，由於倫敦生活成本飆漲到戰前的兩倍，公務員的薪水完全不夠用，而戰前公務員工會種類太多而力量分散，因而政府可輕易打壓工會訴求，終導致包括警察在內的公務員在 1918 年發動突襲式罷工。1919 年時，政府仿效企業勞資協議成立全國惠特利會議制度（The Staff Side of the Civil Service National Whitley Council），以進行更有效的集體協議。「惠特利會議」分為全國、各部及各區等三個層級，均由代表官方（僱主）與職員（受僱者）之代表所組成。在全國惠特利會議，代表官方的委員從主要部會之常務次長及內閣辦公室的高級官員中任命；代表職員的委員則由工會團體中選舉產生。各部的惠特利會議組織情形，則視各部狀況而定，原則上都是僱傭雙方以相同人數的代表參與。

1980 年，全國惠特利會議中的各工會共同組成「全國文官聯盟委員會　」（Council of Civil Service Unions, CCSU），各部惠特利會議則設部級文官聯盟，以更專業的方式發展勞僱雙方的協議關係。

(二) 協商權

惠特利會議中，雙方共同協商事項包含一切影響公務員服務之各種問題，如人員選用、工作時間、職位保障、薪給協商、紀律獎懲、退休金籌劃等，惟惠特利會議並非人事權力機關，故僅能討論、研究與提供諮詢；當政府與公務員間如發生爭議時，亦由該會議協商解決。惠特利會議的決定，再簽呈內閣認可，交人事行政機關施行。但若對報酬、工時與假期等問題不能妥協時，得由一方提請「文官仲裁法院」解決。

(三) 罷工權

雖然英國沒有明文禁止公務員罷工的法律，但基於公務員不罷工的慣例，以及罷工可能損及公共利益，又容易演變成政治鬥爭等特性，公務員工會通常不輕易發動怠工或罷工等抗爭行動。

儘管如此，英國公務員可不是沒有罷工過，1918 年倫敦警察就曾經發動大罷工，才催生公部門的惠特利會議制度。1980 年代柴契爾夫人執政後刻意削減工會力量與公務員人數，曾引發公務員在 1981 年大罷工，持續了 5 個月，造成政府 3 億 5,000 萬英鎊的損失。2011 年美國公務員為抗議退休給付改革，亦發動了一天的罷工。

英國公部門工會的類型

公部門工會的種類繁多，王松柏教授以「招募對象」將其分為三類：	
招募對象	**舉例**
❶ 廣泛招募各種公部門受僱者。	公務員工會（Civil Service Union, CSU），廣泛招募各種地方政府員工、全國醫療服務勞工、大學受僱者等。
❷ 招募特定領域的公部門受僱者。	消防工會、教師工會、稅務人員協會、第一級文職人員協會。
❸ 不論公、私部門的勞動者皆可加入的一般性工會，再依會員的職業性質區分各種支部。	一般市政及鍋爐工會（General Municipal and Boilermakers）

女性工作權利保障

英國公部門增進女性工作權益的相關措施包括：

設置機構	● 1976 年設置公平機會委員會（Equal Opportunities Commission），消弭性別歧視，並檢視《性別歧視法》及《公平報酬法》的實施成效。該委員會在 2007 年擴大為平等暨人權委員會（Equality and Human Rights Commission），成為政府基金支持的非政府部門。 ● 內閣辦公室設置婦女處（Women's unit），負責跨部會協調以增進婦女利益，並直接與女性員工溝通，關注於招募、訓練、升遷、考評、員工抱怨及申訴、小孩臨時托育安排及發展友善家庭等。
相關立法	● 1975 年通過性別歧視法（Sex Discrimination Act），設置公平機會委員會，杜絕僱傭關係中來自於性別或婚姻狀況之任何歧視。 ● 1975 年實施公平報酬法（Equal Pay Act），使女性擁有強制權力與男性同工同酬。 ● 1980 年實施僱傭法（Employment Act），使女性有產假、產假期間給付及復職的法定權力。
政策方案	● 1984 年推出婦女行動計畫（Programme of Action for women），建立一個和諧沒有騷擾的工作環境，所有的人員皆不會因性別不同而有差別對待。 ● 文官服務管理規則（Civil Service Management Code）要求各機構必須指定公平機會官員（equal opportunities officer）去推動自己的公平機會政策、監督實施情形及檢討進展成效。

此外，由於內閣辦公室 1999 年調查發現文官團隊中女性雖略多於男性，但幾乎集中在基層，高等文官中女性只占兩成，仍可能存在「玻璃天花板」問題，因此推動促進女性保障措施的廣泛參與，除了內閣辦公室、平等暨人權委員會外，非官方的地方政府協會（Local Government Association）、第一級文職人員協會（First Division）及全國婦女協會（Women National Organization）等組織，都參與了提升公部門女性工作權的行動。

知識補充站 ★文官仲裁法院

英國於 1917 年組成「文官仲裁委員會」，以處理公務員與政府間的糾紛案件，在 1919 年惠特利會議制度成立後，「文官仲裁委員會」即被併入為其一部分。但 1922 年英國認為文官仲裁委員會與惠特利會議的工作不相協調，乃下令取消文官仲裁委員會，但受到公務員團體的極力反對，政府便於勞資仲裁法院內另設「文官特別庭」，以審理惠特利會議所不能解決的有關薪給、工作時間及工作環境的糾紛案件。1936 年 11 月，「文官特別庭」脫離勞資仲裁法院，成為獨立的「文官仲裁法院」。

第 **2** 章 英國人事制度

UNIT 2-12
公務員退休

英國公務員的「屆齡退休」年齡是 60 歲,並得延長至 65 歲。過去政府鼓勵公務員按時退休,甚至為了配合組織精簡政策還鼓勵「提前退休」;但近年來,隨著國內人口老化,退休政策的走向與 1980 年代形成鮮明的對比,開始鼓勵勞動者延緩其退休時間,不僅取消了強制退休年齡,對於 70 歲以後才退休的公務員甚至給予高達 2 萬英鎊的獎勵。至 2020 年,政府將軍、警和消防人員以外的公務員屆齡退休年齡延長到 66 歲,並繼續逐步延長,至 2046 年時,領取退休金的年齡將提高到 68 歲。

影響退休年齡的除了人口結構,再者就是退休金的籌措;英國事務官退休金制度可追溯至 1858 年的《養老年金法》(Superannuation Act)。近年來英國政府也推動一系列年金改革,如 2002 年起提供基本保障給付,建立保證最低年金制度;2007 年政府除維持原有制度之確定給付制(Defined Benefit, DB)外,亦彈性採用確定提撥制(Defined Contribution, DC),鼓勵公務員累積提撥一定比例金額供未來退休領取之用。現在英國的公務員退休金制度可說是在一個過渡期,在公部門中依其適用對象不同可分為五種:

(一) 傳統型計畫(Classical)

2002 年 10 月 1 日前任職的公務員適用。適用人員服務期間,每月提撥薪資的 1.5%;政府依公務員薪資層級相對提撥薪資的 12% 至 18.5%。可選擇兩種領取方式:以「年金」方式領取,每年退休金為退休年資最後 3 年中最高的 12 個月薪額乘以採計年資再除以 80,最高以 40 年 50% 為限;延長退休者到 45 年,最高可至 56.25%。若「一次領取」則給付每年退休年金的三倍,並完全免稅。

(二) 優質計畫(Premium)

2002 年 10 月 1 日至 2007 年 7 月 1 日前任職的公務員適用。適用人員服務期間,每月提撥薪資的 3.5%,並享有稅賦優惠;雇主提撥則依現況定期調整。若以「年金」方式領取,每年所領取的退休金為可計算退休金的薪資乘以可採計年資再除以 60。另可自行選擇放棄一定金額的退休年金以換取一次付款金額。

(三) 傳統型加值計畫(Classic plus)

適用於 2002 年 10 月 1 日前任職的公務員。參與人員在 2002 年 9 月 30 日之前服務年資的退休金,仍以「傳統型計畫」計算;2002 年 10 月 1 日之後服務年資的退休金,則以「優質計畫」計算。

(四) 合夥型計畫(Partnership pension account)

適用於 2002 年 10 月 1 日以後任職的公務員。政府每月提撥一定金額到公務員的退休基金,公務員可選擇提撥或不提撥,亦可自行選擇退休基金提供者(需經政府核准可經營此種型態計畫之公司)。公務員退休時可自行選擇購買退休年金或領取部分金額。

(五) Nuvos 計畫

適用於 2007 年 7 月 30 日後任職的公務員。公務員每月提撥薪資的 3.5%,政府提撥率則取決於退休金支付情形。請領退休年金時,若滿 65 歲,全額領取;若從 55 歲起提前請領,每提早 1 年扣 5%;若為 65～75 歲請領,每延後 1 年有增額獎勵。

國民基礎年金與退休金

由於先進國家多面臨人口結構老化的問題，退休金成為國家沉重的財政負擔，OECD 乃建議一國的退休給與機制應包括「社會基礎年金」、「職業退休金」和「個人商業投資年金」三個部分。所以，英國公務人員退休給與，除有專屬公務員的退休金制度外，尚可領取國民基礎年金。

個人商業投資

公務員退休給與

國民基礎年金

傳統型計畫／優質計畫／傳統型加值計畫／合夥型計畫／Nuvos 計畫。

由政府所提供的強制性計畫，凡繳交保險費而屆齡退休的國民，不論投保薪資高低，皆可領取定額年金。目前國民年金的替代率為 13.56%。

英國公務員退休金給與制度整理

	舊制已不開放加入			現行新制	
	傳統型計畫	優質計畫	傳統型加值	合夥型計畫	Nuvos 計畫
任職時間	2002.9.30 前	2002.10.1～2007.7.1	2002.10.1 前	2002.10.1 後	2007.7.30 後
制度特色	確定給付制	確定給付制	確定給付制	確定提撥制	確定給付制
計算基礎	最後薪資	最後薪資	最後薪資	年齡、月薪	整個服務期間薪資按年個別計算
提撥率	員工：1.5%，有稅賦優惠。雇主相對提撥12～18.5%。	員工：3.5%，有稅賦優惠。雇主相對提撥由精算定期調整。	2002.9.30 前年資依「傳統型」計算；2002.10.1 後年資以「優質計畫」計算。	員工可選擇是否提撥，無稅賦優惠；雇主相對提撥最高3%。	員工：3.5%，有稅賦優惠；雇主相對提撥以運作成本考量計算。
退休年齡	法定 60 歲	法定 60 歲	法定 60 歲	55～75 歲	55～75 歲
退休給付	退休年金與一次給付；可放棄一次給付以增加退休年金。	退休年金與一次給付；可放棄一次給付以增加退休年金。	退休年金與一次給付；可放棄一次給付以增加退休年金。連結物價指數調整通膨。	自由提領，並可選擇退休金提供者。	受物價指數與「計畫積累率」影響。年金給付逐年增加。

第3章 美國人事制度

● 章節體系架構 ▼

UNIT 3-1　　國情概要

UNIT 3-2　　文官制度概要

UNIT 3-3　　人事主管機關

UNIT 3-4　　公務員體制

UNIT 3-5　　公務員考選與任用

UNIT 3-6　　公務員俸給

UNIT 3-7　　公務員考績

UNIT 3-8　　公務員訓練制度

UNIT 3-9　　公務員懲戒與申訴

UNIT 3-10　　公務員服務

UNIT 3-11　　公務員勞動權

UNIT 3-12　　公務員退休

UNIT 3-1
國情概要

　　美國是世界上第一個民主立憲及「聯邦制」的國家，依聯邦憲法的分權精神，各州享有高度的自治權，聯邦的人事行政法令僅及於聯邦政府的公務員，各州的公務員屬各州政府自行管理，因此論及美國人事制度時，多指聯邦政府的文官制度，不含各州。

　　美國的憲法精神源於 1620 年的《五月花號公約》，如同威爾遜（Woodrow Wilson）所言，美國建國的動力，始於擺脫君主專制，建立民主共和國；18 世紀美國制憲代表們，多關注政府機關界限與權力的制衡關係，未多思索文官體制問題。換言之，美國自建國及制憲會議起，就著重於探討政府的組成及部門的功能，並關注由誰來立法以及法的內容是什麼，鮮少觸及政府如何運行，法律由誰以及如何以開明、公正與有效率的方式執行；所以文官體系的設計一開始就沒納入制憲的考量。無怪乎「行政學之父」威爾遜曾語重心長地說到：「行憲比制憲重要而困難」。美國憲法精神對聯邦文官制度的影響包括：

(一) 行政權是立法部門的執行機關

　　美國三權分立體制中，國會制定法律、行政執行國會通過的法律、司法依法律從事審判，國會是國家意志表達者，總統及其行政部門是國家意志執行者。美國憲法中的「行政」是權力機關的 "the executive branch"，而對於政務官與事務官的概念也無過多區分。這種情形，後來在 19 世紀到 20 世紀總統的權力逐漸擴大才有了改變。

(二) 總統享有人事自主權，但受國會制衡

　　美國憲法賦予國會較優越的地位，行政是政策執行者，但總統與國會議員同樣有民意基礎，因而擁有相當的行政自主性。美國總統作為最高行政首長（注意：美國的「總統」是行政首長，行政核心是「白宮」；而「國務卿」的性質比較接近「外交部長」；「國務院」的職能是「外交部」），對行政官員（政務官及文官）有任用權，以執行法案及貫徹政務；如美國憲法第 2 條第 2 項、第 3 項賦予總統任命官吏之權，但又規定重要人事任命，必須尊重參議院的禮遇權力（senatorial courtesy），所以總統非絕對掌握人事任命權，而是總統與國會議員共享文官任命權的局面。而實際上，由於預算編列及審查過程全由國會支配及主導，總統經常必須以人事任命或其他資源來換取預算案的通過。

(三) 文官職位作為政治酬庸

　　由於美國總統採直接選舉，為酬謝勝選有功人士，總統通常安插政黨及相關人士任官。18 世紀華盛頓用人為官著重品格考察及民間聲望，頗似我國東漢末年的「察舉」制度；但 19 世紀時隨著政府的規模擴大及兩黨政治的形成，聯邦用人為官往往僅以政黨忠誠與貢獻為唯一考量，政黨選舉「贏者全拿」的情形，以及行政與立法間的妥協議價，讓文官任用的過程備受爭議。直到 1883 年「聯邦文官委員會」成立，才日漸改善。但時至今日，美國聯邦文官體系中，政務官與事務官的區分仍不似英國這般嚴謹，政治任命的文官人數在先進民主國家中乃屬最高。

五月花公約

　　1620 年 9 月 23 日，載著 102 名清教徒及冒險家的「五月花號」帆船從英國出發，前往當時英國在北美洲的殖民大陸。航行至 11 月 11 日時，陸地已經在望，船上的 41 名男子開始討論登陸後如何團結在一起以便在這片陌生且荒蕪的土地上求生。在激烈的討論後，他們決定建立一個自治團體，因此在船艙中共同簽署一份公約，追求創立一個自治社會，而這個社會必須奠基在被管理者的同意而創立，且將依法而行自治。這份公約是新大陸移民最重要的政治性契約，也是後來美國立國、制憲，乃至壯大的精神基礎，史稱《五月花號公約》。

　　以上帝的名義，阿門。我們這些簽署人是蒙上帝保佑的大不列顛、法蘭西和愛爾蘭的國王信仰和捍衛者詹姆斯國王陛下的忠順臣民。

　　為了上帝的榮耀，為了增強基督教信仰，為了提高我們國王和國家的榮譽，我們漂洋過海，在維吉尼亞北部開發第一個殖民地。我們在上帝面前共同立誓簽約，自願結為一民眾自治團體。為了使上述目的能得到更好的實施、維護和發展，將來不時依此而制定頒布的被認為是這個殖民地全體人民都最適合、最方便的法律、法規、條令、憲章和公職，我們都保證遵守和服從。

聯邦制的運作

　　19 世紀法國政治思想家托克維爾（Tocqueville）造訪美國時，曾形容聯邦制的國家是「大機器中有兩組截然不同的齒輪但卻並行不悖的同時運作」。因為「美國」是聯邦制，而各「州」卻是單一制，即郡、市政府都必須聽命於州政府。

	單一制	聯邦制
形成背景	權力有集中的天性，故傾向集權的單一制為政治組織的基礎，亦受多數國家採用。	源自美國的憲政設計；通常是因族群、地理、文化、宗教或歷史等特殊原因才形成。
權力圖示	憲法 → 中央政府 → 各地方政府 → 各地方次級政府	憲法 → 聯邦政府／各地方政府 → 各地方次級政府
特色	中央政府擁有最高統治權，地方政府必須得到中央政府的授權或許可。例如我國憲法將五種治權皆歸屬中央（五院），地方政府的權力需來自「地方制度法」要求中央授予。	憲法將權力分別賦予聯邦與地方政府，使其均可對民眾直接行使權力。如美國聯邦政府和州政府均有實權；瑞士憲法則將國防、外交授予聯邦，其他均授予地方。
優點	❶ 國家政策明確，權責分明。 ❷ 避免國會、官僚制度、政策計畫的疊床架屋，行政較有效率。 ❸ 較不致引發垂直性財政失衡。	❶ 鼓勵政策的差異和實驗，可促成問題爭辯，易形成漸進的政策。 ❷ 較能考量不同的族群或文化，以及少數族群或弱勢團體；並鼓勵治理過程的區域參與。
代表	我國、英國、法國、丹麥、日本、紐西蘭等。	美國、加拿大、澳洲、瑞士、印度等。

UNIT 3-2
文官制度概要

美國聯邦文官制度的發展，就觀念來說，經歷三個時代：仕紳制（gentleman, 1789～1828）、分贓制（spoils system, 1829～1882），以及功績制（merit system, 1883～今）。

(一) 仕紳制

美國立國之初，華盛頓提出「良質適用論」（fitness of character）作為用人的原則，任命公務員講究「合適的品格標準」，故多為仕紳名流出任公職。在這樣的要求下，文官雖然缺乏政府職位所需的技術能力資格，但由於仕紳本身在社會上擁有崇高的聲望，政府將之延攬其中，即可提高政府的合法性。

此種「類分贓」的仕紳制，求職請託多基於私人情誼，較少賣官鬻爵的交易；而仕紳們多為有產階級且有較高的道德要求。但文官招募缺乏穩定甄選管道，鮮少考試取才者，任期不定並缺乏考核淘汰機制。

(二) 分贓制

仕紳制在 19 世紀漸漸變成獨占的貴族制，導致平民出身的戰爭英雄傑克遜（A. Jackson）深感厭惡，他在 1829 年當選總統後便倡導由公民擔任公職，所有的文官職位都由執政黨安排，開啟了政黨分贓制。而隨著 19 世紀美國政黨政治的深化，美國社會發展出「恩庇─侍從關係」（patron-client relationship），建立統治者、政黨有力人士及基層選民間的合作與分贓關係，文官職位便順理成章成為總統勝選後，執政黨答謝酬庸的戰利品之一。

傑克遜將「政黨分贓」制度化以後，雖然終結了聯邦文官貴族化的現象，但產生政治上更大的腐敗，也就是文官都會為了保住自身的職位而袒護執政黨，至此行政倫理與效率也就蕩然無存。

(三) 功績制

19 世紀末歐洲的「進步主義」傳到美國，美國社會開始反省政治上的腐敗，分贓制尤其受到檢討，最具代表性的就是 1880 年伊頓（D. Eaton）著《英國文官》一書，推薦英國的功績制。而在 1881 年總統加菲爾（J. Garfield）遭求職未遂者槍殺後，文官改革成為 1882 年國會期中選舉的頭號議題，後由俄亥俄州參議員潘德頓（G. Pendleton）聘請伊頓參考英國文官改革經驗，並納入美國憲政體制，起草法案，以建立美國文官的功績制。1883 年 1 月 16 日，繼任總統的亞瑟（C. Arthur）簽署《文官法》（又稱潘德頓法），成立「聯邦文官委員會」，作為獨立的人事機關，負責一切聯邦人事行政事務，終於使人事行政在美國成為一門政治中立的專業，奠定美國現代文官制的基礎。

聯邦文官委員會是「部外制」人事機構，在經歷數十年運作後，發現其無法顧及各機關對效率的追求，而委員會在總統的壓力下也不見得能確保政治中立；更糟的是，對於 1960、1970 年代全美掀起的種族平權與行政倫理風潮顯得無回應能力。終於在卡特（J. Carter）總統任內通過《文官改革法》（Civil Service Reform Act, CSRA），仍強化「功績制」精神，但拆解「聯邦文官委員會」，將人事行政分成管理、政治與法律三個層面，分置於不同的官署負責，形成美國現行的人事制度。

政黨分贓的恩庇侍從社會

美國在 19 世紀政黨政治、恩庇侍從與分贓體制三者的交互作用下，擔任公職者無不盡其所能的討好執政黨以保住官位，甚至同意部分薪資「被樂捐」作為政黨的基金；這種亂象直到《潘德頓法》實施後才終止。

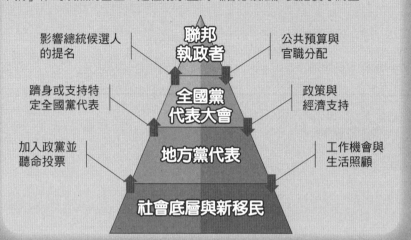

 ★加菲爾總統命案

1881 年 7 月 2 日，共和黨改革派的總統加菲爾在參加完一個私人晚宴後信步走回官邸，遇到支持者古提奧（C. Guiteau）律師，他向加菲爾總統索討巴黎公使一職遭到拒絕，遂向加菲爾開了兩槍。古提奧被逮捕後宣稱自己有長久心智疾病病史，並說是上帝叫他射殺總統的。加菲爾總統在兩個半月後，於 9 月 19 日宣告不治，而古提奧企圖以患有精神疾病脫罪的說詞也沒有成功，在 1882 年 1 月 5 日被處以絞刑。

★潘德頓法

潘德頓法的全名為《潘德頓文官改革法》（Pendleton Civil Service Reform Act），為避免與 1978 年的《文官改革法》混淆，國內多譯為《文官法》。該法的重點包括：
❶ 設置聯邦文官委員會，辦理公職考試並建立職務分類的統一標準；以及有關俸給、實習、升遷、調轉、請假、獎懲、離職、糾紛處理事宜等人事政策和標準程序，以及有關人事行政的研究等。
❷ 總統在參議院的同意下，有權指派 3 名文官委員會委員。
❸ 聯邦政府公務員應採取公開競爭考試錄用。
❹ 規定公務員在錄用上「不提供任何基金或承擔任何義務」，以維持公務員的政治中立性格。

UNIT 3-3
人事主管機關

圖解各國人事制度

(一) 文官委員會時期

美國 1883 年制定文官法，設置地位超然獨立的文官委員會（Civil Service Commission）掌理人事行政。該委員會為部外制的人事機構，由 3 人組成，均由總統提名、參議院同意後任命，首任主席就是後來成為美國第 26 任總統的老羅斯福（Theodore Roosevelt, Jr.）。文官委員會的職掌包括：聯邦公務員之考選、任用、保障等人事行政事項，制定聯邦文官規章等人事立法事項，以及辦理聯邦公務員申訴等人事司法事項；可謂集完整的人事權於一身。

文官委員會的出現主要是為了打破政黨分贓的陋習，提高行政效率與清明。但這種以防弊為主的設計，後來也面臨了一些新的問題，如委員會同時擁有人事行政、立法與司法的職權，形成角色衝突；總統的人事管理職權被分散，缺乏人事職能的幕僚機關，以及形成不必要的高度中央控制等問題。

(二) 文官改革法以後

1978 年的《文官改革法》，促使美國的人事行政朝向分權化與部內制發展，文官委員會被拆解為數個獨立的人事機構：

❶ 聯邦人事管理局（Office of Personnel Management, OPM）：為現行美國聯邦人事行政主管機構，也是總統最主要的人事幕僚機構。設局長 1 人、副局長 1 人，由總統提名，經參議院同意後任命，任期 4 年。該局負責聯邦總體人事管理政策之規劃、制定，並執行總統之人事管理作為，包括考選、任用、績效評估、俸給福利、訓練、獎勵、政治活動規範、退休撫卹、保險、勞資關係等各項政策、法制之訂定；並監督各機關依據相關法令辦理人事管理工作，同時提供各機關在甄選、任用、升遷、考評、訓練、績效管理、人力資源及組織設計等方面的協助。近年更著手研訂策略性人力資源計畫、退休及福利計畫、高級文官訓練等全面實行的人事規章。

❷ 聯邦功績制保護委員會（Merit Systems Protection Board, MSPB）：功績制保護委員會為準司法性之功能，在對於功績制度與公務員權益保護間取得平衡，對抗濫權及不公的人事處分，發揮監督作用。該委員會為一合議制的獨立機關，委員 3 人，其中同一黨派者至多 2 人，採交錯任期，任期 7 年，不得連任；只有因執行職務無效率、怠忽職守或瀆職，總統才能將其免職。舉凡公務員之申訴與抱怨案件，均由功績制保護委員會進行聽證、調查及決定，並保護揭發政府機關弊端的公務員，免於受到報復。

❸ 聯邦勞工關係局（Federal Labor Relation Authority, FLRA）：委員制的獨立機關，設委員 3 人，總統提名經參議院同意後任命，任期 5 年。另設檢察長 1 人，處理有關勞工關係、爭議與集體協商、申訴及訴訟案件。

❹ 平等就業機會委員會（Equal Employment Opportunity Council, EEOC）：美國 1964 年通過《民權法案》（Civil Rights Act），禁止基於種族等因素在就業上有不平等對待，並設立「平等就業機會委員會」負責企業的平等就業事宜，聯邦政府則由當時的文官委員會負責。1978 年文官改革法將原有的雙軌主管機關改為單一制，使平等就業機會委員會成為負責公私部門的主管機關；其在人事方面促使「公平就業機會」與「代表性文官體制」結合，並強化申訴制度的成效。

除了上述機關，1989 年從 MSPB 中獨立出來的「聯邦特別檢察官辦公室」以及從 OPM 中獨立出來的「政府倫理局」，一般也被視為聯邦的人事行政機關。

美國聯邦政府的「獨立機關」名稱釋疑

「獨立機關」這個名詞可以廣義地指涉所有「不隸屬於特定部會管轄的行政機關」，美國聯邦政府大概有六十幾個這種「獨立機關」。但是在行政法學的討論脈絡或我國行政院的組織架構中，「獨立機關」多指「獨立性管制委員會」（independent regulatory commissions, IRCs），是一種「不受行政首長直接指揮監督的行政機關」；若依照這種意義，美國聯邦政府中大概只有十幾個「獨立機關」。以下分別說明之：

❶ 獨立機關

一般美國政府所謂的「獨立機關」，不是指我國行政院下如 NCC、中選會、公平會的那種「獨立機關」，而是指一種「單一功能的重要組織」，可謂之「獨立執行機構」（independent executive agency）；像是我國人熟知的美國航太總署（NASA）或是環境保護局（EPA）……等等。

❷ 獨立性管制委員會

美國政府的「獨立性管制委員會」才是我國政府的「獨立機關」，代表一種基於專業功能避免政治干預，所以雖然屬於行政權，卻不受內閣首長指揮控制的獨立行政部門。這種設計源自 1887 年美國的州際商務委員會（Interstate Commerce Commission, ICC），是美國憲政制度的特色；其他為人熟知的如食品藥物管理署（FDA）、聯邦貿易委員會（FTC）與證券交易委員會（SEC）……等等。

在聯邦人事機構中，只有聯邦勞工關係局是「獨立性管制委員會」，其他都是第一種「獨立機關」。

美國聯邦人事機關演變

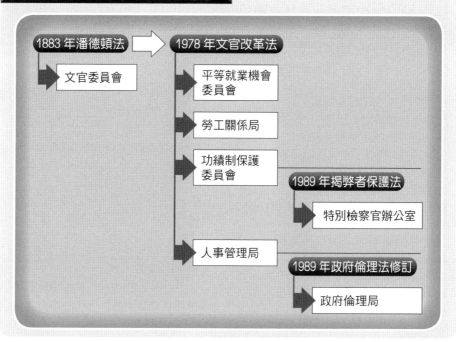

UNIT 3-4
公務員體制

美國在內戰（1861～1864）後聯邦公務人力快速膨脹，到 1930 年代，為配合羅斯福總統的新政，聯邦公務人力已成長到 60 萬人，二戰後的 1945 年，更擴充到近 400 萬人，無怪乎政治學者瓦爾多（D. Waldo）稱其為「行政國現象」。美國的公務員體制有三項特徵，一是對功績制的重視，二是採用職位分類制且政治任命職位比例偏高，三是率先實施「高級行政職」（Senior Executive Service, SES）。

(一) 功績制原則與禁止人事措施

美國文官的功績制設計雖然晚於英國，但在 1978 年《文官改革法》中，將功績制的原則以及依功績原則所制定的「禁止性人事措施」（Prohibited Personnel Practices）明文載於法律，仍屬世界先例。

(二) 職位分類制與政治任命職位

美國於 1923 年實施《職位分類法》，乃運用當時流行的科學管理思潮所建立科學化的人事管理制度，藉此達成有效管理與同工同酬的目標；詳見單元 1-6。

而在美國文官體系的職位中，政務官與事務官界限並不明確；一般國家政務官多為各部會政務次長或副部長以上職位，而事務官則指常次以下職位；但美國除政務官職位含括各部會司處長以上層級外，即便事務官中亦包含「政治任命職位」，如「C 俸表」以及由總統與部長政治任命的 SES 人員。「C 俸表」係指機要性或決策性之職位，雖為政治任命，但卻是事務官等級；自 1953 年設置以來，不經考試，只需執政黨認可即任用。「C 俸表」提供總統更多政治任命職位以領導各部會，貫徹總統政策。另 1978 年設置 SES，取代原來包含多數行政文官的「一般俸表」（General Schedule, GS）16 至 18 職等的等級，其中約 10% 是由總統逐予任命的「非常任 SES」。所以可以說，「C 俸表」是 7 至 15 等級的中階職位，是一種基於政治回應的設計。由於 SES 等級高於「C 俸表」，因此總統的政治性任命人員中，與一般文官層級最接近的就是「C 俸表」人員，他們也是總統政策決定的主要傳達者。政務官與其他政治任命人員總數近 5,000 人，約占公務員總數 0.18%，比率明顯高於其他國家。

(三) 高級行政職

美國 SES 法理上屬高等事務官職位，但卻有完全獨立的一套管理制度；其包括原為高級事務官的「一般俸表」16 至 18 職等的職位，以及原為政務官身分的「行政首長俸表」最低兩層級（第 4、5 級，通常是副局長或委員）。SES 的職位型態計有兩類、四種：

❶ **永業性保留職位（career reserved position）**

根據功績制用人的程序公開遴用，僅限由常任文官身分者出任，依人事管理局核定的資格標準，總人數不得低於 SES 總額的 85%。

❷ **一般性職位（general position）**

指永業保留職位以外的 SES 職位，採完全開放式競爭，包括：

①限期緊急任用人員：因緊急或非預期需要而任用的 SES 人員，最長任用 18 個月。

②限期任用人員：任用期間最多為 3 年的 SES 職位人員。

③非永業任用人員：指其他由機關首長政治任命之人員。

文官改革法中的功績制原則與禁止性人事措施

<table>
<tr><td rowspan="9">功績制原則</td><td>❶ 招募與升遷依循才能取向與公開競爭。</td></tr>
<tr><td>❷ 對任何求職者與在職者均賦予平等地位，並應尊重其憲法所賦予之權利。</td></tr>
<tr><td>❸ 俸給應同工同酬，並給予績優者獎賞。</td></tr>
<tr><td>❹ 公務員應保持正直清廉，端正行為，並維護公眾利益。</td></tr>
<tr><td>❺ 力求人力運用及工作效能。</td></tr>
<tr><td>❻ 取優汰劣與賞罰分明。</td></tr>
<tr><td>❼ 健全訓練培育措施。</td></tr>
<tr><td>❽ 防止瞻恩徇私與保障公務員不受政治迫害及選舉干預。</td></tr>
<tr><td>❾ 保障公務員不因合法揭露真相而遭報復。</td></tr>
<tr><td rowspan="13">禁止性人事措施</td><td>❶ 歧視員工或應徵者。</td></tr>
<tr><td>❷ 在人事決定上徵求或考量任何書面或口頭推薦，以遂行政黨或政治干預。</td></tr>
<tr><td>❸ 強迫他人從事政治活動，或對拒絕之員工或應徵者予以報復。</td></tr>
<tr><td>❹ 欺騙或故意妨礙任何人競爭工作的權利。</td></tr>
<tr><td>❺ 影響任何人退出任何職位之競爭，以提高或損害其他人被雇用的機會。</td></tr>
<tr><td>❻ 未經授權，給予現職者或應徵者不公平優待或優勢。</td></tr>
<tr><td>❼ 以裙帶關係獲得同一政府機關職位之雇用或升遷。</td></tr>
<tr><td>❽ 向揭弊者進行報復。</td></tr>
<tr><td>❾ 對合法行使抱怨、申訴、上訴權者進行報復。</td></tr>
<tr><td>❿ 其他非工作因素的歧視。</td></tr>
<tr><td>⓫ 違反退伍軍人優待政策。</td></tr>
<tr><td>⓬ 違反功績制原則之法規。</td></tr>
<tr><td>⓭ 禁止揭弊之保密協議。</td></tr>
</table>

美國一般行政職文官體系

聯邦政府中從事行政工作的事務官大都歸屬於「一般俸表」（GS）的1～18職等，政務官則多歸屬於「政務官俸表」（Executive Schedule, ES）；二者合成主要的聯邦文官體系。

ES-1：部會首長
ES-2：部會副首長
ES-3：部會次長
ES-4：部會助理次長
ES-5：署、局頂層

政務官 ── ES 俸表

高階文官（16～18職等）── 高級行政職（SES）（另有特殊規範）

中階文官（7～15職等）── C 俸表

基層文官（1～6職等）

GS 俸表

UNIT 3-5
公務員考選與任用

美國公務員考試的演變路徑相當曲折；美國自 1883 年《文官法》成立聯邦文官委員會，才實施公開考試以杜絕政治分贓。1974 年時，美國聯邦政府採用一種「專業與行政永業人員考試」（Professional and Administrative Career Examination, PACE），測驗言詞、判斷力、歸納、演繹、數學等五種能力，並區分 5 職等與 7 職等兩類考試，為美國聯邦政府自外界甄補人才最為重要之途徑。

然而，在 1980 年，聯邦人事管理局（OPM）卻因執行這項考試，被控告到聯邦法院，該訴訟案控告 PACE 考試具有歧視性，白人及格率（42%）明顯高於黑人（5%）及西班牙人（13%），且僅有 0.3% 的黑人與 1.5% 的西班牙裔分數高於 90 分，白人卻高達 8.5%，可見考試的設計與內容對非洲裔、拉丁美洲裔的美國人構成「不利影響」（Adverse Impact）。該案在 OPM 同意暫停舉辦 PACE 4 年，以發展更縝密的測驗考試下，於隔年以庭外和解協議的方式落幕。但在 1982 年，雷根政府卻下令直接廢止 PACE 考試，改以「除外職位」（政治任命的事務官職位）的「B 俸表」（Schedule B）方式替代；「B 俸表」原本是美國聯邦機關自 1910 年起，採行的一種機關與大學「建教合作」的方式，延攬優秀的大學生出任「除外職位」；而在 1982 年至 1989 年之間，由於缺乏考試制度，當機關現有內部人力中缺乏合於職位資格條件之候選人時，即得循「B 俸表」直接任命；隨後不久，總統又允許前述方式任用之人員無需經過競爭方式，直接轉任「競爭職位」。

1982 年至 1989 年的「B 俸表」用人方式，導致公務員的素質降低，遂於 1990 年 5 月起實施「行政永業人員考試」（Administrative Careers With America, ACWA）。ACWA 考試注重邏輯推理、文字能力、數字能力，並經由「個人成就紀錄問卷」將應試者的學校或工作經驗併同考量，以預測其未來之發展。此外，還同步實施「傑出學者方案」（Outstanding Scholar Program），招募大學或研究所成績優異者，如合於擬任職位資格要求，各機關可不受競爭考試程序規定所限，逕行任用。

ACWA 考試著重職位所需的素養條件與應試者的發展潛能，且統計發現並未構成前述 PACE 考試在種族上的「不利影響」，是一種相當合宜的考試制度。但隨著人事權下放各機關的趨勢使然，原本每年兩次的全國性統一筆試，在 1994 年底停辦。現在的美國聯邦政府文官初任考試，已經由 OPM 授權用人機關自行辦理，各機關的人事部門與 OPM 簽訂協議書後，即可由該機關人事部門內通過 OPM 授證認可的職員承辦 ACWA 考選業務，OPM 與功績制保護委員會（MSPB）負責監督其是否遵守公告、招募、遴選的相關法規與政策，並從旁提供技術協助。

現在美國聯邦政府的文官考選原則主要有二：一是「公開競爭原則」，凡聯邦職位出缺，應以與所任職位有關之知識、技能與能力為基礎，從事選拔與提升，並使用公平與公開競爭的方法，以確保平等機會。二是「優惠僱用行動」（Affirmative Action, AA），例如因公受傷致殘的退伍軍人，在遴選過程中享有優先被錄用的機會。

美國聯邦政府近百年初任文官考選之演進

聯邦新進人員考試	專業與行政永業人員考試（PACE）	B俸表晉用	行政永業人員考試（AKWA）
• 1955～1973 • 聯邦文官委員會辦理 • 大專以上報考 • 依學歷區分報考等級	• 1974～1981 • 聯邦人事管理局辦理 • 分為5職等與7職等兩類考試	• 1982～1989 • 用人機關自行決定人選 • 缺乏監督，造成初任文官素質降低	• 1990～ • 原由聯邦人事管理局辦理，現多授權用人機關自行辦理 • 錄取者多為5～7職等任用

政治任命人員之任用

受早年政黨分贓時期的影響，美國政治首長（總統）向來重視本身的人事權，復於1978年文官改革時，強調代表性與管理性的平衡，因此聯邦政府中的「政治任命職位」遠多於德、法等歐洲國家。

政治任命職位（Political Appointee）	核心政務官	多數由總統提名、國會同意任命，少數由總統直接任命，適用政務官俸表（ES俸表）： ❶ ES俸表第一級：含國務卿在內的部會首長。 ❷ ES俸表第二級：以內閣機關副部長為主。 ❸ ES俸表第三級：以各部次長及相關職位為主。 ❹ ES俸表第四級：以各部助理次長及委員、顧問等為主。 ❺ ES俸表第五級：以署、局首長、顧問等為主。
	次要性政務官	包括駐外大使、聯邦法官、聯邦檢察官、聯邦警長（Marshal）、非永業性SES人員。
	機要性政務官	職務列等比照「一般俸表」7～15職等的C俸表人員，屬於事務官中的「除外職位」，是政治任命的事務官。多從事機密性或參贊性工作，總數約2,000人。

事務官任用之競爭職與除外職

就美國聯邦政府的事務官等級任用方式而言，可再分為「競爭職位」與「除外職位」：

事務官職位（適用功績管理）	競爭職位（competitive service）	❶ 採用公開競爭考試進用，或非以競爭考試進用，而以檢覈方式進用之人員。 ❷ 採用職位分類人事制度，根據工作內容區分為「一般俸表」的1～15職等。
	除外職位（excepted service）	❶ 渠等工作性質特殊，無法經由考試程序羅致合適人員，可免除考試。 ❷ 通常包括：勞務工人、機要、制定政策人員、部分時間或臨時人員等。 ❸ SES亦可算作除外職位，但由於其性質過於特殊，亦有學者將SES單獨視為一類。 ❹ 除外職人員主要包括A、B、C三種俸表的職位，見單元3-6。 ❺ 由於其用人彈性大，在一定條件下又可轉為一般職，近年已成聯邦機關招募主流。

UNIT 3-6
公務員俸給

圖解各國人事制度

(一) 一般公務員俸給

美國聯邦政府的公務員俸給，基本上強調「外在衡平性」，包括年度調薪、地區比較薪給、特別薪俸等制度；「內在衡平性」，即同工同酬的觀念；與「個人衡平性」，即功績俸或績效俸的觀念。不過，聯邦文官在美國資本主義社會中並不是令人羨慕的高薪工作，尤其是 1970 年代後期至 1990 年間，為削減通貨膨脹、降低預算赤字、改善經濟問題，導致聯邦公務員薪俸只有民間待遇的四分之一，且在物價水準較高的地區，薪俸差距更進一步的惡化。

為解決聯邦政府待遇太低而難以吸引人才的問題，美國 1990 年通過《聯邦公務員俸給比較法》，列出兩項重要的薪俸調整原則：

❶ 用人費指數（Employment Cost Index, ECI）

ECI 係由美國勞工部勞動統計局測量全美員工待遇的變動率指數，該指數計算待遇成本的項目包含工資、薪資及福利，並涵蓋私人部門的非農業部門、州政府及地方政府的所有職業及機構，可完整分析一個國家的勞動成本變動情形。自 1994 年起，各法定俸表內的各俸級基本俸額依 ECI 的增幅百分比減去 0.5% 自動調整。所以只要 ECI 變化比例超過 0.5%，就自動根據其間的差距比例調整。只有在對外國宣戰或國家經濟情勢惡劣（國民生產毛額連續 2 年負成長）等特殊情形下，方可變動上述待遇調整幅度。

❷ 地域性俸給（Locality Pay）

聯邦政府自 1994 年起，授權在一般民間薪資高於聯邦公務員薪資地區，可適用不同地域俸表，以拉近聯邦政府公務員與非聯邦政府員工間的薪資差距。實際做法是在同一地區內，待遇差距逾 5% 時，可因地區差異支付不同待遇標準，此即「比較性待遇」（comparability payment）原則。美國全國分為 135 種薪俸給付地區（超過 5,000 名員工，即可單獨列一區域俸表），得制定區域薪給標準，如紐約、洛杉磯與舊金山等高物價地區，即實施分區待遇。此種比較性待遇亦由聯邦勞工統計局每年進行薪資調查，以瞭解各該地域公務員俸給是否須特別調整。

(二) 高級行政職官員俸給

為強化各機關高階人才的競爭力以及向企業競爭人才的吸引力，聯邦政府高級行政職（SES）的高階文官的待遇不適用一般文官的俸給規定，而採「開放式薪水幅度」（Open Pay Range），一般簡稱「Pay-Band 薪帶制」或「寬幅制度」。以「一般俸表」第 15 職等第 1 級的 120% 為年薪下限（約 124,400 美元），「行政首長俸表」第 3 級為年薪上限（約 172,000 美元）。SES 人員薪水的高低在這個幅度之間，由於有高額獎金，所以實際能領多少端視個人以及組織的具體績效而定，也不似一般文官有全體一致加薪和地區加給的權利。

若該機關的績效評估制度經人事管理局核可，並得到預算管理局同意，其年薪上限可提高至行政首長俸表第二級（約 187,000 美元）；另績效優異的機關，經專案申請核准，其待遇總額（包括薪資及獎金）上限更可達副總統年薪（約 230,700 美元）。

美國聯邦重要的俸給改革法案

法案名稱	重要意涵
1962 年 《聯邦待遇改革法》 （Federal Salary Reform Act）	❶ 比較原則（comparability principle）：政府與企業同等級人員待遇之平衡，由勞工部的「勞工統計局」每年提供民間薪資調查以供政府調整待遇之參考。 ❷ 均衡原則（alignment principle）：基於同工同酬訂定俸給數額，並對優秀人才給予薪俸的彈性。
1963 年 《無歧視俸給法》 （The Equal Pay Act）	不得因性別歧視而有待遇差別，以保障婦女的酬勞不受歧視。
1970 年 《聯邦薪資比較法》 （Federal Pay Comparability Act）	❶ 確立同工同酬、政府與民間企業薪資力求平衡及聯邦政府各不同俸給體制之間保持均衡原則。 ❷ 由「聯邦人事管理局」與「管理及預算局」局長主持「聯邦俸給諮詢委員會」（The Advisory Committee on Federal Pay），提供薪資調整建議，總統再向國會提出調薪案。
1990 年 《聯邦公務員俸給比較法》 （Federal Employees Pay Comparability Act）	❶ 同一地區之待遇水準應符合同工同酬之原則。 ❷ 同一地區之待遇水準差距應與工作及績效之差距結合。 ❸ 同一地區之聯邦公務員待遇調幅應與非聯邦同等級人員待遇相互比較。 ❹ 應排除聯邦公務員與民間企業員工待遇之差異。

第 3 章 美國人事制度

美國聯邦政治任命事務官的主要俸表

俸表	目的	意義
A 俸表	基於考試取才不切實際，而採簡便的雇用方法，但並非否定功績原則，而是為了甄補的經濟效率，是一種技術取向的設計。 基於政治回應或行政領導，將總統的理念與影響力延伸到機關基層。	屬非機要性或決策性之職位，亦非高級行政主管職職位，而採考試甄補人員顯得不切實際的職位。這類職位所涵蓋的範圍依行政命令不斷調整，如：總統任命無需參議院同意之職位、政府牧師、檢察官、翻譯員、心智或體能障礙人員擔任的職位、部分時間或間歇性時間的非臨時性職位、臨時性或間歇性任用的專家職位、各地方依契約雇用或按次計酬的醫師、當無適合本國公民而經人事管理局同意後改由外國人擔任的職位等。
B 俸表		自 1910 年設立，主要指非機要性或政策決定的工作，而採用公開競爭或一般性競爭考試程序甄補人員係不切實際的職位。這類職位所涵蓋的範圍亦隨行政命令不斷調整。B 俸表職位的雇用方式，曾在 PACE 考試停止後，到 1990 年使用 ACWA 考試之間，成為聯邦政府新進人員最主要的雇用管道，詳見單元 3-5。
C 俸表		指機要性或政策性決定性質之職位，1953 年由共和黨的艾森豪總統以行政命令所設立，用來清除占據高級行政職位的民主黨人，屬一般俸表 14 至 18 職等之高級職位，不經考試進用，只要經執政黨認可即可任用。至 1978 年文官改革法設置 SES，其中包含一般俸表 16 至 18 職等，C 俸表職位便退居 7 至 15 職等的職位。所有 C 俸表任用者，其直屬長官需為政治任命主管，包括總統任命者、非永業 SES 人員或 C 俸表任用人員。

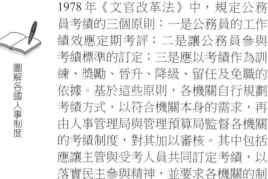

UNIT 3-7
公務員考績

　　美國聯邦政府並無考績專法，在1978年《文官改革法》中，規定公務員考績的三個原則：一是公務員的工作績效應定期考評；二是讓公務員參與考績標準的訂定；三是應以考績作為訓練、獎勵、晉升、降級、留任及免職的依據。基於這些原則，各機關自行規劃考績方式，以符合機關本身的需求，再由人事管理局與管理預算局監督各機關的考績制度，對其加以審核。其中包括應讓主管與受考人員共同訂定考績，以落實民主參與精神，並要求各機關的制度達成四個目標：一是使職員瞭解其工作的關鍵因素為何；二是建立明確的工作標準，以達到精確的考績；三是透過考績能改善公務人員之工作情形；四是應對表現不佳者進行工作調整、降貶或免職，但須先予改進機會。

(一) 一般公務員的考績方式

　　每個職位都應先確定其「績效標準」與「關鍵因素」；「績效標準」作為衡量受考人成就水準的基礎，由各機關依據該職位的業務執掌訂定，其內容必須客觀、與工作績效相關、清楚且易於溝通，並容易瞭解。建立每一個績效指標時，應盡可能採量化方式，如達成率、正確率、節省成本、花費天數、完成數量等。至於「關鍵因素」則是決定任職該職位者達到工作成效的最重要因素，也就是任職者應具備的工作資格與條件。機關亦可訂定某些關鍵因素，但也與工作有關的重要「非關鍵因素」作為考核項目，一樣應以具體描述、可量化的方式陳述之。

　　至於工作績效標準應由主管與工作人員會商訂定，以落實「目標管理」的精神。考績分為「平時考核」與「年度考績」兩種，「平時考核」1年三次、每3個月一次，即考績年度前9個月中，主管對部屬每3個月作一次定期考

核，填具考核檢查表，並與受考人面談溝通，對未達工作標準之人員予以督導及糾正。第四次考核檢查即併入年度考績辦理，相當於三次「期中考」及一次「期末考」的情形。考評完畢後，主管應即訂定時間與屬員商談，進行成果鑑定討論，透過雙向意見溝通，可使受考人者瞭解其工作優點與缺失，並使受考人有機會提供改進意見，商討應採取的行動。

　　年度考績分為五等：極優／傑出（outstanding）、優／極為完全成功（exceed fully successful）、良／完全成功（fully successful）、尚可／不甚滿意（minimally satisfactory）、劣／不滿意（unsatisfactory / unacceptable）；各有其獎懲結果。

(二) 高級行政職官員的考績方式

　　SES考績制度的設計原理與一般文官類似，也是根據與職位相關的明確「關鍵因素」作為標準，亦得包括非關鍵性面向，但關鍵性面向績效應有較高的權重，且各SES人員的個人績效計畫也應先與其主管諮商後再訂定。各機關可依據SES的工作特性建立不同的考績制度，惟整個SES考績內容與程序均應納入機關的「績效管理計畫」中，經人事管理局同意後方得實施。績效管理計畫尚應包括說明如何結合績效、薪俸與獎金制度以達成組織目標。

　　年度考績等級至少應有三個等級，即「不成功」、「剛好成功」和「完全成功」等級，但機關可在「完全成功」等級以上再加上最多兩個等級，與一般文官相同。考績結果是可否再留任和領取績效獎金的判斷基礎，也是薪俸調整、訓練、獎勵、工作重新指派、留任和免職的決定基礎。

考績作業程序

研訂確認績效標準與關鍵因素 ▶ 3次平時考核（每3個月一次）▶ 會商決定年度考績 ▶ 依考績進行訓練、獎懲或申訴

考績結果之獎懲

一般文官

考績列等	獎懲結果
傑出	可晉俸級；得發年薪 20% 獎金獎勵。
極為完全成功	可晉俸級。
完全成功	可晉俸級。
不甚滿意	應予警告；若連續 2 年則調整職務或降等。
不滿意	不晉俸級；並予以輔導，如未改善即應予調職、降等或免職。

SES 官員

SES 官員的考核採「重賞重罰」，以下為永業性 SES 文官的考績列等及獎懲效果：

考績列等	獎懲結果	
傑出	頒發績效獎金鼓勵：由服務機關核發一次性獎金，獎金數額是基本俸額的 5% 至 20% 間，由各機關首長考量內部績效審核委員會所作建議後決定如何核發。	
極為完全成功		
完全成功		
不甚滿意	得調整職務或調離 SES 職位	3 年內 2 次即應調離 SES 職位
不滿意		5 年內 2 次即應調離 SES 職位

註❶：「完全成功」等級以上需列有書面的績效標準說明，考評標準主要係視其對機關目標達成度的貢獻，和符合弱勢優惠方案目標和平等就業機會要求。

註❷：永業 SES 人員除可支領績效獎金外，尚可爭取由總統核發之「品位獎金」，係由各機關每年向人事管理局推薦人選，人事管理局審查後再向總統推薦應獲此獎勵的人選名單。總統在每一會計年度中依人事管理局之建議，得核頒 1 萬元的「優秀主管獎金」及 2 萬元的「傑出主管」獎金給工作極為優異的人員。

註❸：永業 SES 人員遭調離 SES 職位後，仍有轉任其他非 SES 職位的權利。轉任職位需為一般俸表第 15 職等或相當職等以上，且仍具有原來的任用類別資格之職位。轉任後依下列較高者敘其薪俸：❶改任職位的目前基本薪俸；❷擔任高級行政主管職職位前原職位的目前基本薪俸；或❸遭免職前所支之基本薪俸。

UNIT **3-8**
公務員訓練制度

美國聯邦文官的訓練屬用人機關的權責,但由聯邦人事管理局(OPM)負責總體規劃,且愈往高層(GS-7 以上),OPM 涉入愈深。故本單元以 OPM 涉入較多之中階與高階行政主管為對象,分述其主要訓練機構、訓練計畫與訓練方法。

(一) 訓練機構

OPM 設有「領導才能發展中心」(Center for Leadership Development, CLD),專責為美國培養具有遠見的領導者,提供現任及未來高階行政主管於公職生涯中跨部門的領導發展課程,並形成專業社群,以協助高階行政主管面對挑戰及因應未來的需求。此外,OPM 針對各層級領導者,以上開四大類課程為架構,規劃相關認證課程並形成「領導教育發展認證方案」(Leadership Education and Development Certificate Program, LEAD),規劃「領導者養成之路」。

領導才能發展中心下設有負責中階行政主管(GS-13 至 GS-14)訓練的「管理發展中心」(Management Development Center, MDC),其分設東部管理發展中心(EMDC)—位於華盛頓特區近郊;與西部管理發展中心(WMDC)—位於科羅拉多州丹佛市。MDC 課程以高階行政主管核心能力為設計依據,規劃以學習者為中心,強調公務應用的短期領導課程,開設「評估」、「核心發展」、「政策覺察」及「技能專精」等四大類課程。

而負責高階主管(GS-15 與 SES)培訓的則是位於維吉尼亞州的聯邦行政主管學院(Federal Executive Institute, FEI)。該學院主要為高階行政主管人員提供發展性領導訓練,協助聯邦政府高階主管人員成為卓越領導者。由於美國公務人員的訓練經費係編列在各機關,機關也可以自行決定訓練方式與地點,FEI 沒有國會核撥的年度預算,而是採自給自足的方式運作,因此 FEI 必須與其他公、私訓練機構競爭,也因而更重視學院的品牌,訓練亦更加紮實。此外,FEI 下設有聯邦人力資源學院(Federal Human Resources Institute, FHRI)提升聯邦政府人力資源管理者的能力,消弭各聯邦政府機構人力資源管理者間的技能落差。

(二) 訓練方法

美國高階主管的訓練較少課堂式教學,多採用以下方式:

❶ **輔導員帶領教學**:FEI 的師資是由具有實務經驗的資深官員及學院團隊領導者所組成,採小班制,在師資帶領下討論當前國際局勢到各自機關內部的問題。

❷ **情境模擬**:透過真實經驗情境,刺激學員思考決策之判斷及可能結果,提供學員實際面對複雜政策情境前之有效演練。

❸ **角色扮演**:利用角色扮演使學員親身感受與組織成員互動之各種可能。在此類型的討論會上,受訓學員都有扮演主管、下屬與觀眾的機會。

❹ **實地練習**:將學員送到企業、非營利組織或公部門去探索和實踐領導議題與能力。

❺ **個案研究**:引導學員就某一政策問題或管理問題,在課堂討論中形成解決問題的思路與方法,培養學習者獨立思考能力,鼓勵將知識應用到實際的工作中。

❻ **工作坊**:將一群在相似工作環境的人,聚集在一起分享工作經驗和技能,以提升個人能力、擴展專業知識或解決工作問題。

領導教育發展認證方案（LEAD）的過程

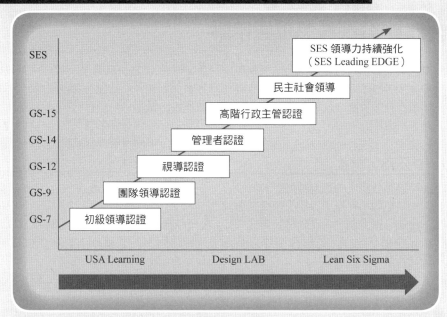

著名聯邦文官領導訓練方案

課程	內涵
精實六標準差黑帶認證（Lean Six Sigma Black Belt Certificate, LSS）	此係 FEI 與陸軍合作發展的一個專案管理認證課程，以充實受訓學員建立關於精實六標準差法的品質管理知識技能，每月上課一週，共計四週；期間學員需將所學用於自身機關導入六標準差法，並可諮詢學院的教師，完成之後並可獲得精實六標準差的黑帶認證。
創新實驗室（Design LAB）	為 OPM 內執行機構之一，以「設計思考」（Design Thinking）進行腦力激盪，採用創新及多樣的方法，提升聯邦政府機關創造力，以跨機關構協力模式，解決政府內的問題。其運作方式為： ❶ 領導：將創新者集合一起，分享見解，透過創新策略與客製化的方案以滿足個別的需求。 ❷ 執行：基於以人為中心的設計，取得突破性的創新成果。 ❸ 教學：透過專案導向的訓練課程，建立以人為本、解決問題和創新的技能，並期望參與者將以人為本的設計應用於政府。
USA Learning	這是一套包含註冊、課程、問卷、書籤、討論等功能的公務員線上課程平台，可依機關需求客製化。學員可透過網路獲取許多學習資源，包括職能管理、技能落差分析、職能分析、後續計畫與檔案管理等，以創造一個職能發展與學習支持的環境。
總統管理實習計畫（Presidential Executive Fellows and Presidential Management Fellows, PEF & PMF）	此相當於企業的「接班人計畫」，自 1977 年開始，每年 OPM 公開甄選約 400 名具大學以上學位的人才進入聯邦政府，並施以在職訓練與職務輪調等為期 2 年的實習計畫。該計畫於 2003 年以行政命令擴展為高階主管實習計畫（Presidential Executive Fellows, PEF）及一般管理實習計畫（Presidential Management Fellows, PMF），合稱「總統管理實習計畫」。實習人員表現優異者可直接轉任為常任文官，即 B 俸表的「傑出學者方案」。這些實習人員從「一般俸表」9 職等（GS-9）開始，一年後升至 GS-11，第二年結束後通常為 GS-12。

UNIT 3-9
公務員懲戒與申訴

由於美國聯邦政府視懲戒為一種管理上的作為，因此沒有公務員懲戒的專法，也沒有如我國的「懲戒」與「懲處」之分，兩種用詞皆可。

(一) 公務員懲戒

美國聯邦公務員的懲處權屬於各部長官；通常免職、降職與停職等較重之懲處，由任命權者為之；而較輕之懲處如警告、申誡等，通常授權由監督之直屬長官為之。至於懲處程序上可區分為「績效不佳的懲處」與「行為不當的懲處」：

❶ 績效不佳的懲處

受處分的公務員應於 30 日前接獲書面通知，其中載明擬予處分、工作表現欠佳的具體事實，及該現職所應具備之「關鍵要素」。而在懲處行動正式進行前，應給予合理的時間使其改正工作表現，如果仍無法達到績效要求，才進行懲處行動。如果仍未達成績效標準，此時應允許該員提出口頭或書面答辯，並以書面決定載明採取懲處的理由，並送達被懲處者，處分書中應載明表現不佳之事實、處分之內容、更高一級之長官之同意等，並教示救濟程序，如得選擇向「功績制保護委員會」（MSPB）申復，或利用工會協商式的苦情（grievances）程序尋求救濟。但若擬受處分之公務員在改正期間內工作表現顯有改進，且在自預知之日起 1 年內始終維持良好表現者，則該機關應將原表現不佳而擬予處分之紀錄自其人事檔案中銷毀。

❷ 行為不當的懲處

如擅離職守、遲到、午餐逾時、不能與機關程序配合等，均得採取紀律懲處，如警告、停職、減薪、降職或免職

等。受處分之公務員至少於 30 日前接獲書面通知，通知書上應載明處分之具體理由，當事人可進行答辯，受處分之公務員亦得委任律師或其他人代理。而後由處分機關以書面作成處分，處分書中應載明具體理由，並教示當事人得向 MSPB 申復。

(二) 公務員申訴

聯邦政府的公務員申訴途徑相當多元，不僅隨著案件的不同而有不同的管道，也讓公務員可以享有一些選擇權；依案件種類分述如下：

❶ 經由「特別檢察官辦公室」（OSC）向 MSPB 申訴

作為聯邦行政部門之獨立調查及起訴機關的 OSC，負責受理及調查「被禁止人事措施」的申訴案，包括揭弊及揭弊者保護案，並可自行主動調查，不須以接獲申訴為前提。OSC 調查後如認為案件屬實，則可能直接發函要求機關採取改正措施或懲處違反者，或提請 MSPB 予以紀律處分，抑或同時採取糾正措施及紀律處分。

❷ 直接向 MSPB 申訴

凡不利人事處分，如免職、降級、減薪、停職超過 14 日等，或以績效為基礎之免職、裁員、停止試用等，還有退伍軍人優待權益受損之救濟，當事人可直接向 MSPB 提出申訴。

❸ 透過工會進行協商

由於避免耗時調查或高成本訴訟，實務上，機關與申訴員工常經由調解程序解決爭議。調解為非正式程序，自由參加，最後決定由各方參與當事人共同決定。目前多數爭議經由調解獲得解決，大部分案件可在 8 小時內完成。

美國聯邦政府之文官懲戒程序

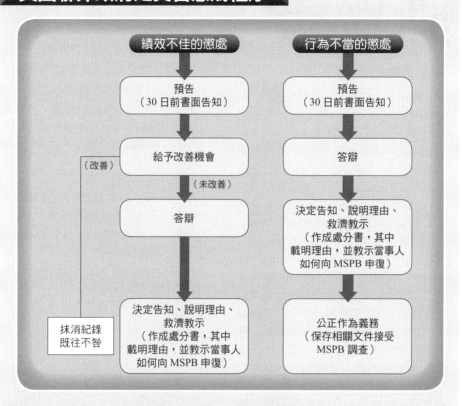

績效不佳的懲處 → 預告（30 日前書面告知）→ 給予改善機會 →（改善）抹消紀錄 既往不咎 ／（未改善）答辯 → 決定告知、說明理由、救濟教示（作成處分書，其中載明理由，並教示當事人如何向 MSPB 申復）

行為不當的懲處 → 預告（30 日前書面告知）→ 答辯 → 決定告知、說明理由、救濟教示（作成處分書，其中載明理由，並教示當事人如何向 MSPB 申復）→ 公正作為義務（保存相關文件接受 MSPB 調查）

美國聯邦政府之文官申訴程序

❶ 單純不利懲處案件：如考績不佳、免職、停職、降等、減俸，以及停職等。

> 向 MSPB 申訴 ＞ MSPB 駁回或接受並審查 ＞ 不服 MSPB 裁決者，向聯邦上訴法院提起上訴

❷ 受歧視之混合案件：行政機關作出考績不利處分時，若涉及歧視或揭弊報復時，即所謂「混合案件」（Mixed Case），先尋求 MSPB 救濟，不服者再向平等就業機會委員會（EEOC）請求審查，申訴之終局管轄權，屬於 EEOC。

> 向 MSPB 申訴 ＞ 不服 MSPB 裁決者再向 EEOC 申訴 ＞ EEOC 向 MSPB 提出審查結果 ＞ 如雙方無共識，則提交總統特命委員會裁定 ＞ 不服裁定者，向聯邦上訴法院提起上訴

❸ 苦情協商程序：上述申訴程序皆可由當事人選擇以工會苦情協商程序代替。

> 由工會代表當事人向所屬機關首長提出申訴 ＞ 不服首長裁定者向聯邦勞工關係局（FLRA）提請仲裁 ＞ 對仲裁結果不服者可再提出司法救濟

UNIT 3-10
公務員服務

(一) 揭弊者保護

美國採「公部門與私部門分立」的揭弊保護政策，私部門的揭弊保護法制以 2002 年的《沙賓法》（Sarbanes-Oxley Act）確立美國上市公司揭弊者保護制度。公部門的部分自美國聯邦政府之《文官改革法》率先將弊端揭發保護列為功績制原則後，因 MSPB 認為《文官改革法》對公務員揭弊之保護不足，再於 1989 年推動制定《揭弊者保護法》（Whistleblower Protection Act, WPA），此法為全球保護弊端揭發正式立法的里程碑。整體來說，美國聯邦文官體系之揭弊者保護法制在「保護範圍」、「救濟制度」與「保護機制」等三個面向的特點：

❶ 保護範圍應盡可能的擴大，以免抑制公務員的揭發意圖；但揭發的內容必須是特定、具體的弊端，而非政策歧見。

❷ 救濟制度以實質證據為揭弊的合理標準，並將損害賠償列入救濟項目。而因揭弊遭受報復的公務員，即便不服特別檢察官辦公室決定，仍有權向 MSPB 申訴，進而向聯邦上訴法院聲請司法審查。

❸ 建立保護機制，要求各機關督察辦公室指定揭弊保護監察員（Whistleblower Protection Ombudsmen）負責公務員的教育訓練、政府績效審計署（Government Accountability Office, GAO）進行揭弊案件造成的績效影響、MSPB 就揭弊保護案件向國會進行年度報告。

(二) 離職後再任規範

此即一般所謂之「禁止旋轉門」規定，美國聯邦政府對離職公務員的利益迴避規定主要依據 1978 年的《政府倫理法》及 1989 年的《政府倫理改革法》，其約束按公務員任職其間的身分不同而有不同的行為規範，並由政府倫理局（Office of Government Ethics, OGE）負責政策指導監督。就其約束年限而言，分為：

❶ 終身不得從事之行為

① 所有聯邦公務員或法官就曾參與的涉及美國政府重大利益案件，不得代表任何個人和現任聯邦公務員聯絡或見面，以企圖影響相關決策。

② 高階政治任命人員在離職後不得為外國政府或外國政黨工作。

❷ 離職 5 年內不得從事之行為

① 高階政治任命人員不得對原服務機關之公務員進行遊說；而曾於白宮任職者，更不得與曾和原職務有業務關係的任何機關之公務員進行遊說。

② 貿易談判代表不得協助美國政府以外任何人，企圖影響公務員之決定。

❸ 離職 2 年內不得從事之行為

所有聯邦公務員不得就其離職前 1 年內所瞭解的任何涉及美國政府重大利益之案件，代表任何人與任何現職公務員接觸。

❹ 離職 1 年內不得從事之行為

① 除非經過 OGE 許可，行政機關及國會部門人員，在離職前 1 年內曾代表美國政府參與談判者，不得運用所接觸之機密資訊，協助或提供建議給予任何美國以外之人。

② 國會部門人員不得與任何現職國會議員及職員溝通或接觸，企圖為美國政府以外任何人士，影響國會議員或職員關於職權事項之決定。

③ 高階政治任命人員不得與離職前 1 年內任職機關之公務員或法官接觸，以企圖為美國政府以外任何人士，影響原服務機關主管事項之決定。

彈性工時制

　　聯邦公務員的正常工時為每週 5 天、每天 8 小時（含 1 小時內的休息時間）。但由於婦女勞動者增加及《平等就業機會法》的規定，美國自 1974 年起試辦彈性辦公時間，1978 年訂《聯邦公務員彈性與緊縮工時法》，並自於 1982 年起授權各機關在一週維持 40 小時的工時下，可自定工時型態。

彈性工時（Flexible Work Schedules）	緊縮工時（Compressed Work Schedules）
各機關自行設定彈性工時計畫，提供公務員選擇上下班時間。例如 8:00 上班者於 16:00 下班，9:00 上班者於 17:00 下班；則 8:00～9:00、16:00～17:00 為「彈性時間」，9:00～16:00 為「核心時間」。	以兩週為規劃單位，10 天內完成 80 個工作小時；如每週工作 4 日，每日工作 10 小時，所有工時皆需預先規劃固定。

政治中立規範

規定維護公務員免受政黨政治的控制，由文官委員會制定文官違反政治活動後之懲罰。	禁止公務人員積極參與政治活動與政黨經營，後於 1993 年依職位特性彈性放寬政治參與。	政治中立列入「功績原則」及「被禁止人事措施」。由 MSPB 及聯邦特別檢察官辦公室貫徹執行與維護。
1883 年文官法	1939 年赫奇法	1978 年文官改革法

　　《文官法》使聯邦文官體制朝向政治與行政分立方向發展，但 1930 年代新政（New Deal）時期，政府逐漸擴張，設置 300,000 個恩庇的職位；國會唯恐政黨分贓再現，故於 1939 年通過《聯邦政治活動法》，稱《赫奇法》（The Hatch Act），禁止公務員積極參與政治活動或宣傳、不得運用職權影響選舉、不得參加政黨經營或競選活動，也禁止政治捐獻的請求或收受。由於其動機為防止文官影響政治，故嚴格上應稱「政治中立」而非「行政中立」。至 1993 年修正《赫奇法》，允許多數公務員可以積極參與政治活動；新法將聯邦文官分為三類：

高 ↑ 政治限制 ↓ 低	受嚴格限制的公務員	職務需強調獨立、超黨派、涉及執法或國家安全，例如：聯邦選舉委員會、聯邦調查局、中央情報局、國家安全局、國防情報局、MSPB、特別檢察官辦公室……等 14 個機關，以及 SES 人員、契約仲裁委員……等。
	一般公務員	可積極參與黨派性政治活動和助選，有權自由投票，並就政治議題表達看法；但仍有禁止行為規定，如影響選舉結果、尋求或接受政治捐獻、擔任或競選黨派性政治職位、鼓動或阻卻他人參與政治活動、使用職稱募款、向部屬尋求自願性協助、在執勤或穿著制服時從事政治活動，以及使用政府財產從事政治活動。
	受寬鬆限制的公務員	他們的工作無一般上下班時間或工作崗位界線，不受參與政治活動應受之基本限制，如受僱於總統行政辦公室的公務員，或受僱於總統而於美國境外的公務員。

UNIT 3-11
公務員勞動權

美國聯邦公務員勞動權的發展，較企業勞工為晚；最早可溯自 1820 年代聯邦造船廠的技術員工為爭取工時而採取的結社與罷工行動；1883 年《文官法》賦予國會認定聯邦文官的工時、報酬、工作條件的權力，也間接促使公務員產生組織工會以影響國會決定的誘因。而 1978 年的《文官改革法》更列有專章規定勞資關係，為現今勞動三權之基礎。其主要規定包括：賦予文官結社權（含自由參與工會）、集體協議權、勞工組織成員免受處罰或報復、勞工組織向機關首長與國會提出建議並進行集體交涉之權；至於政府機關之管理權則不受勞資關係影響，管理權之行使亦不得妨礙勞工組織之依法進行交涉；而聯邦政府亦設立「聯邦勞工關係局」（Federal Labor Relations Authority, FLRA）以處理勞資關係。不過，勞工組織不得進行罷工、停工或怠工。

(一) 結社權

1912 年美國通過《羅德─拉弗立特法》（Lloyd-La Follette Act），正式承認聯邦政府受僱者享有憲法所保障之結社權，隨即海關人員即組成全國性工會。爾後，指標性的全國文官工會紛紛成立，如「聯邦受僱者全國聯盟」（National Federation of Federal Employees, NFFE; 1917）、「美國政府受僱者聯盟」（American Federation of Government Employees, AFGE; 1932）與「政府受僱者全國協會」（National Association of Government Employees, NAGE; 1932）。目前除了這三大工會外，還有全國航空管制員協會（NATCE）、全國農務員工協會（NAAE）、全國財務事務員工工會（NTEU）、全國氣象人員聯盟（NWSEO）與聯合電力員工聯盟（UPTO）等。此外，約有三分之一的聯邦公務員加入勞工工會。

(二) 協商權

工會組織有權代表員工參與勞資雙方有關申訴、人事措施或工作條件之討論。但《文官改革法》亦明列「不得協商事項」，包括：公務員俸給、福利，以及屬於機關管理權的範圍，如組織之編制、職務、預算、員額等。

(三) 罷工權

《文官改革法》禁止聯邦公務員罷工、怠工或妨礙政事推展等行為，公務員參與罷工將立即免職，並處以 1,000 美元或 1 年以上徒刑。但美國也有 12 個州將公務員罷工合法化，可見美國公務員罷工的標準寬嚴不一。學者丹哈特（R. Denhardt）歸納反對與贊成公務人員具罷工權的主張，各有四個，反對罷工的理由包括：❶罷工違反國家主權，將行政權威屈服在任何特別利益團體之下；❷私部門罷工屬經濟性質，但公部門的罷工屬政治性質，造成大眾不便，甚至改變預算的優先順序；❸文官工會已可影響公共政策，不需再有罷工權；❹公共服務是基本且不能中斷的。至於主張公務員擁有罷工權的理由也有四個：❶公務員罷工的存在已是不爭的事實；❷勞資衝突為溝通管道，具有社會建構性，使勞資雙方相互諒解並明瞭公共服務中斷的後果；❸罷工權可強化工會作為協商單位的力量；❹在民營化趨勢下，許多私部門的工作性質與公部門幾乎雷同，卻享有罷工權；但公部門卻沒有，顯非公平。

美國公務員勞動權的發展進程

學者焦興鎧將美國公務員勞動權的發展分為三個階段：

萌芽期（1820～1962）

- 1840 年在聯邦造船廠員工的罷工威脅下，聯邦政府成為第一個倡導每日工時 8 小時的雇主。
- 老羅斯福總統在 1902 年頒布行政命令禁止聯邦政府員工以個人或組織的力量影響國會。
- 1912 年通過《羅德─拉弗立特法》，承認聯邦政府受僱者享有憲法所保障之結社權。
- 三大工會 NFFE、AFGE、NAGE 成立。
- 各機關工會力量差距甚大，也無統一運作標準。

總統行政命令期（1962～1978）

- 甘迺迪總統在 1962 年以行政命令保障聯邦員工結社權。
- 尼克森總統在 1969 年設置「聯邦勞動關係委員會」（Federal Labor Relations Council, FLRC），作為聯邦政府勞資爭議仲裁機構；另為處理勞資協商僵局，在該委員會內設有「聯邦部門僵局小組」（Federal Service Impasse Panel, FSIP）。

正式法制期（1978～今）

- 1978 年《文官改革法》第五章規範聯邦政府勞動關係。
- 設置獨立性管制委員會 FLRA，處理工會選舉及不當勞動事宜。

★聯邦勞工關係局（Federal Labor Relations Authority, FLRA）

　　1978 年《文官改革法》將 1969 年的 FLRC 改為 FLRA，並在 1979 年正式成立，由 3 位委員組成，其中至多 2 位屬同一政黨，委員由總統提名經參議院同意後任命，總統應就委員之一任命為主席，主席與委員任期現均為 5 年；另設檢察長 1 人，以檢察不公平勞工措施，並依法提起控訴。

　　FLRA 內仍保有「聯邦部門僵局小組」（FSIP）的設置，對談判事項予以考評或仲裁雙方協議。FSIP 由 10 名兼任的專業委員組成，當事者提出訴訟請求後，FSIP 將對該請求進行初步調查。如果 FSIP 主張管轄權，則有權建議、指導使用各種爭端解決程序。如果仍無法達成自願解決，則 FSIP 可以採取其認為必要的任何行動來解決爭端，且各方不得再向任何法院上訴 FSIP 的裁決。

UNIT 3-12 公務員退休

美國聯邦文官沒有獨立的退休法律，也沒有法定的退休年齡，其退休制度目的就是提供一筆合理的退休所得給長期服務於聯邦部門的員工。文官退休制度的演進如下：

(一) 公務員退休制度

公務員退休制度（Civil Service Retirement System, CSRS）成立於 1920 年代，一旦員工達 55 歲並有 30 年的服務年資，或 60 歲並有 20 年服務年資，或 62 歲有 5 年服務年資者，都會給予全額退休金。對於任職未滿 5 年的員工則將其提撥金額連同利息一併返還。

此制採確定給付制（Defined Benefit Plan, DB）意即雇主承諾員工於退休時，按約定退休辦法支付一定數額之退休俸，財務風險由雇主承擔。在 CSRS 之下，政府與受僱者各提撥基本薪俸的 7%，若以退休年資 30 到 40 年計算，退休公務員的所得替代率為 56.25% 到 80% 之間。結果造成年資愈高，退休給付也愈高，政府負債問題日趨嚴重。

(二) 聯邦部門受僱者退休制度

為方便人力流通、面對人口老化，以及提撥率不足使退休金負債遽增等三大問題，美國在 1987 年 1 月 1 日起實施新退休制度，也就是聯邦部門受僱者退休制度（The Federal Employees Retirement System, FERS），適用於所有 1984 年起受僱於聯邦政府之員工，而 1984 年以前受僱之公務員，則可以自行選擇是否加入新制。在 FERS 之下，年滿 62 歲且服務年資達 20 年，或年滿 65 歲年資 5 年時，會獲得全額給付。

FERS 仍採 DB 模式，財源主要是從受僱者的基本薪俸提撥 0.8%，政府提撥基本薪俸的 10.7%；但退休公務員的所得替代率大幅降為 30% 到 45% 之間。因此，聯邦政府又搭配了自願性的退休保險計畫。

(三) 聯邦節約儲蓄計畫

聯邦節約儲蓄計畫（Federal Thrift Saving Plan, FTSP）改採確定提撥制（Defined Contribution Plan, DC），雇主與員工需每年或每月提撥一定數額之基金，交付信託人，員工退休時領取員工與雇主共同提撥之資金和孳息，故能領取多少退休金決定於提撥數額與基金孳息，但員工須承擔較高風險。

FTSP 模仿企業勞工所適用的 401（k）計畫，讓公務員自願選擇是否加入：
❶ 若該公務員適用的是 CSRS 退休制度，則該公務員可以提撥的上限為基本薪俸的 5%，雇主（聯邦政府）則不需要提撥。
❷ 若該公務員適用的是 FERS 退休制度，則聯邦政府雇主必須按針對每一個受僱者的薪資提撥 1% 到受僱者的個人退休帳戶內，受僱者可以提撥的上限為其薪資的 10%，同時雇主也會針對受僱者提撥的部分進行相對的提撥，當受僱者提撥的比例為 1% 到 3% 時，雇主會相對提撥同樣的比例；但當受僱者提撥的比例為 4% 到 5% 時，雇主則只會針對超過 3% 的部分提撥一半，且最多只提撥 4%。

FTSP 也提供稅賦遞延（Tax-Deferred）的優惠，提撥到 FTSP 的金額視為支出，因此需要課稅的所得下降，遞延到真正領到退休金的那一天才需要繳稅；但通常那時的年所得已低於工作時的所得，故產生稅賦優惠的效果。

美國聯邦政府的三種退休金制度比較

制度名稱	公職人員退休制度（CSRS）	聯邦受僱者退休制度（FERS）	聯邦節約儲蓄計畫（FTSP）
制度類型	DB	DB	DC
退休經費來源／提撥比率	政府提撥 7% 員工自提 7%	政府提撥 10.7% 員工提撥 0.8%	政府至少提撥 1% 員工自行決定提撥率，上限為 14%
退休金給付方式	年金	年金	● 一次金 ● 年金 ● 商業年金 ● 混合以上幾種
所得替代率	56.25%～80%	30%～45%	依實際提撥率與報酬率計算
基金財務管理機構及運作情形	政府	政府	由獨立的聯邦退休金節約投資委員會（Federal Retirement Thrift Investment Board, FRTIB）監管。委員與執行長均為基金管理專家。
近年改革內容與方向	除 1984 年以前入職且未轉換 FERS 的員工外，CSRS 已不再適用。	● 退休福利給付會依通膨率做調整。 ● 放寬年資的認定標準，將病假半數併入年資中。	● 免稅額會依物價進行調整。 ● 提供受僱者選擇的投資標的：生命週期基金、美國政府公債投資基金、股票指數投資基金、固定資產指數基金、小型資本美國股票基金、國際股票市場基金。

 ★企業勞工的 401（k）計畫

　　這是一種延後課稅的退休金帳戶，由於美國政府創立時將相關規定訂在國稅條例第 401（k）條文中，故稱為「401（k）計畫」。401（k）計畫由雇主申請，雇員在不超過上限額度範圍內，每月可提撥某一數額薪水（薪資的 1%～15%）至其退休金帳戶，由雇主挑選合作的金融業者所發行的投資計畫，每個計畫依規定至少要提供三種不同風險及報酬率的商品，如基金、保險、股票……等等，讓受僱者自由挑選投資標的。

　　這是用來彌補美國一般勞工的社會保險退休金不足的方法，但由於是自願加入，不少小型公司雇主不提供 401（k）方案，或是只給予極少的雇主提撥。因此，大部分基層勞工會以延後退休或漸進式退休的方式繼續過活（目前美國領取全額退休金的年齡為 67 歲）。

第**4**章

德國人事制度

● 章節體系架構 ▼

UNIT *4-1*　　　國情概要

UNIT *4-2*　　　文官制度概要

UNIT *4-3*　　　人事主管機關

UNIT *4-4*　　　公務員體制

UNIT *4-5*　　　公務員考選與任用

UNIT *4-6*　　　公務員俸給

UNIT *4-7*　　　公務員考績

UNIT *4-8*　　　公務員訓練制度

UNIT *4-9*　　　公務員懲戒與申訴

UNIT *4-10*　　公務員服務

UNIT *4-11*　　公務員勞動權

UNIT *4-12*　　公務員退休

UNIT 4-1
國情概要

德國的全名是德意志聯邦共和國（Federal Republic of Germany），由 16 個邦所組成，首都位於柏林（Berlin），總人口數約 8,300 萬，全國面積約 357,000 平方公里，是除了俄羅斯聯邦外，歐洲人口第二多的國家。德國也是世界第二大貿易國，工業生產力世界第二，國民平均所得逼近 40,000 美金。

在意識形態上，德國具有偏向社會主義的傳統，世界上第一個共產黨─德國社會民主工黨，即由馬克思創建於德國。而德國也以崇尚法治聞名，1900 年開始實施的《德國民法典》，繼承羅馬法的傳統，結合日耳曼法的習慣，並根據 19 世紀資本主義經濟的發展而訂定，是對世界產生重大影響的法典，和法國拿破崙法典構成大陸法系的基礎。

根據德國聯邦基本法（即憲法）第 20 條之規定，德國為一共和國、民主國、法治國、聯邦制國家及社會福利國家。德國的憲政體制為議會內閣制，聯邦總統為虛位元首，由各政黨提名，對外代表國家，任期 5 年，由聯邦眾議院與聯邦參議院所組成的聯邦大會選舉產生，連選可連任一次。其職責主要是：簽署並公布由國會通過並由聯邦總理和有關部長副署的法律、命令，根據聯邦議會的決定任免聯邦總理，根據聯邦總理的提名任免聯邦各部部長，主持國家禮儀性活動，以及任免聯邦法官……等等。

聯邦政府由聯邦總理和聯邦各部部長組成。聯邦總理是聯邦政府真正的領導人，對聯邦議會負責，而各部部長對總理負責。總理由聯邦眾議院選舉產生，再由總理組閣，形成政府。德國和歐洲其他議會內閣制的國家一樣，行政權有凌駕立法權的趨勢；因為聯邦政府本身就是法案的提出者，擁有立法倡議權，而眾議院通過的法案又需要聯邦總理及有關部會首長的副署才能交由總統公布生效，所以實質上也享有法案的最終審核權。

德國的國會仿效美國兩院制的設計，聯邦眾議院為最高立法機關，也是聯邦中唯一由全民普選制度（區域代表和比例代表）產生成員的機構，可以代表全國民意進行立法審議、財政監督及行政監督。參議院則是反映聯邦制國家的特色，由各邦政府依其人口比例任命邦政府的閣員出任聯邦參議員。基本上，每個邦至少 3 名參議員，人口超過 200 萬的邦可派 4 名，超過 600 萬可派 5 名。參議院的目的主要在彰顯各邦皆有權參與聯邦事務，其可提出立法動議，經聯邦政府同意後送交眾議院審議；聯邦政府提出的法律案亦必須先經過參議院同意始得送交眾議院；同時也扮演協調或裁決聯邦與各邦之間衝突的角色。

德國歷史簡表

日耳曼部落時期	西元前 100 年～300 年	日耳曼部落開始在萊茵河、美茵河、多瑙河沿岸定居，形成如今德國的大部分地區。
民族大遷徙和法蘭克王國時期	西元 300 年～843 年	被漢人打敗的匈奴人逃竄至日耳曼人的領地，迫使日耳曼人湧向羅馬帝國境內，形成了一場綿延 200 餘年的日耳曼民族大遷徙運動。西元 476 年，日耳曼人與部分羅馬帝國人聯合，推翻西羅馬帝國，建立法蘭克王朝。
神聖羅馬帝國時期	西元 843 年～1806 年	西元 843 年，根據《凡爾登條約》，法蘭克王國分成三個部分，萊茵河以西的西法蘭克王國成為後來法國的基礎；萊茵河以東的東法蘭克王國成為後來神聖羅馬帝國和今天德國的雛形，其由多個公國組成。至 1806 年時，被拿破崙敗，神聖羅馬帝國瓦解。
萊茵邦聯時期	西元 1806 年～1813 年	拿破崙主導成立萊茵邦聯，並自任護國公，16 個原神聖羅馬帝國的成員邦簽訂了《萊茵邦聯條約》，加入邦聯。
復辟和革命時期	西元 1814 年～1871 年	拿破崙失敗後，39 個主權國家於 1814 年召開維也納會議，組成德意志邦聯。1834 年德意志關稅同盟成立，促進德意志國家經濟統一。1862 年，威廉一世任命俾斯麥為普魯士宰相，之後並建立北德意志聯邦。
德意志帝國時期	西元 1871 年～1918 年	1871 年，德意志帝國宣布成立，威廉一世在凡爾賽宮加冕為德意志皇帝，定都於柏林。1914 年第一次世界大戰爆發，德意志帝國與奧匈帝國、鄂圖曼帝國、保加利亞等國同為同盟國陣營。1918 年同盟國陣營戰敗，11 月 11 日德意志帝國投降，戰爭結束，同時德國爆發革命，威廉二世被迫退位，建立威瑪共和國。同時德國工人黨成立，後來成為德國國家社會主義工人黨，即納粹黨。
威瑪共和時期	西元 1919 年～1933 年	1919 年 6 月德國被迫簽署喪權辱國的《凡爾賽和約》，促進了納粹主義的興起。1933 年總統興登堡任命阿道夫·希特勒為德國總理。
希特勒統治時期	西元 1933 年～1945 年	1933 年 2 月，希特勒頒發緊急命令，並獲得國會賦予完全立法權，實施一黨專政的集權統治，國家進入戰爭準備。1939 年與蘇聯簽訂《德蘇互不侵犯條約》後，對波蘭發動閃電戰，而法國和英國隨即對德宣戰，第二次世界大戰爆發。直至 1945 年 5 月 8 日，紅軍占領柏林，德國投降。
分裂和統一	西元 1945 年～1990 年	戰後德國領土和柏林市被盟軍劃分為 4 個占領區；英國及法國占領區（包含西柏林）合併，成立「德意聯邦共和國」（俗稱西德）；蘇聯占領區（包含東柏林）則成立德意志民主共和國（俗稱「東德」）。為阻止東德人逃往西德，1961 年突然興建「柏林圍牆」，成為美蘇冷戰時期的標誌。然而隨著蘇聯解體，東德於 1989 年 11 月拆除柏林圍牆，促成 1990 年 10 月 3 日兩德統一。

UNIT **4-2**
文官制度概要

德國目前約有 500 萬政府人員,大部分是按契約聘用的雇員,依《公務員法》招募的文官,大約僅有 160 萬人。德國既為聯邦國家,各邦自然各有其公務員制度,故德國除了有聯邦的《公務員法》外,各邦也有各邦的《公務員法》,但其內容差別不大。

基於德國基本法的規定,所有德國人均享有同等擔任公職的機會。所以,每一位德國人民,只要具有相對應的能力,均有擔任公職的可能性。而欲進入公職的標準包括:❶申請人的資格特性,如體能、對憲法的忠誠等;❷申請人的能力,如某一個職位等級所必要的教育程度及其他必要的知識與經驗;❸專業能力,指實際的工作適任性。政府部門不得因申請人之宗教信仰或信念價值而不予任用。

德國政府部門人員之任用,採分權制,除了最高職級的「高等職」,在考選上由中央統籌管理外,餘均由各部門依權限任用。我國學者許南雄認為德國的人事體制有部內制、功績制與分權制等三個特色:

(一) 部內制

依德國《公務員法》規定,德國人事行政最主要的機關是「聯邦人事委員會」,此一人事機關雖然獨立運作,看似如美國部外制的「聯邦文官委員會」,但《公務員法》卻限定其職權為統籌、聯繫與規劃性的人事行政工作,並不處理人事業務。且聯邦人事委員會的辦公處所即設於內政部之內,該委員會也經內閣委由內政部部長監督;再加上德國聯邦各機關之人事業務皆屬該機關內部幕僚工作,故德國人事行政體系應屬部內制。

(二) 功績制

德國《公務員法》有考試用人之法制傳統,考試措施相當具體明確。該法明定公開競爭方式,依資格能力與專門技能選拔,而不論性別、出身、種族……等等因素,並規定有關任用及升遷等措施亦多著重能力因素。如德國高等職公務員的考試,係由聯邦政府特別組成「考試委員會」(委員包含資深法官、行政主管、大學教授等)主持,經過多次實習與考試,其過程如同我國培養軍官和教師一般嚴格。

(三) 分權制

一般所稱之《公務員法》係屬「聯邦」公務員法,其適用對象為聯邦政府公務員。至於各邦政府公務員之考試及任用,係由各邦政府自行辦理,以實施分權制為主,讓各地方政府依據該地之需要考選人才。

近年來,德國亦受新公共管理思潮的影響,再加上人口老化的問題嚴重,以及全球化風潮而引發的各種複雜問題,使政府愈來愈傾向以企業和非營利組織來代替政府進行公共服務。因此傳統法制上認為所有涉及國家主權和公共事務的管理均應由政府公務員完成的觀念,已經產生相當大的改變。致使國家在招募公務員時保守許多,常優先選擇以私法契約招聘雇員任職,使常任文官的數量日漸減少。

德國文官制度的發展

時間	重要改革
18 世紀	● 1713 年，普魯士國王腓特列‧威廉一世頒布了法官、律師、書記官等實行公開競爭、擇優錄用的法令。 ● 1740 年，腓特列‧威廉二世繼位，特別重視政府高級官員的素質，強調一般應具備大學畢業學歷、須在政府部門先實習 1 年，經考試合格後才能正式任職。韋伯（M. Weber）的理想型官僚體制（Bureaucracy）即是以此時的軍事組織為原型所建構的。 ● 1794 年，訂定《普魯士共同法》，首次正式規範公務員的權利義務。
19 世紀	● 1805 年巴伐利亞邦公布之《主要服務條例》是德國歷史上第一部獨立的公務員法典，將傳統國家公僕屬於私法契約關係轉變為公法勤務關係。 ● 1873 年頒布歷史上第一部《公務員法》和《資歷條例》，首先用於軍隊錄用軍人，繼而推動到政府機關，對法官和行政人員予以嚴格的管理、考核和訓練，奠定德國官僚化的公務員制度基礎。
20 世紀（WW II 前）	● 1919 年威瑪憲法制定，於第 128 條至第 131 條明文規定國家及各邦之公務員制度，將政府官員分成事務官及政務官兩大類，並規定事務官均須公開招考、保持黨派中立、終身任用、身分保障及結社自由等，基本上確立了德國的公務員制度。 ● 1933 年希特勒及納粹黨取得政權，公務員成為獨裁者的附庸品，健全的文官制度不復存在。 ● 1937 制定《官吏法》，將文官分為三大類，第一類是依據服務主體分為「直接官吏」和「間接官吏」；第二類是依據服務時間分為「終身官吏」、「有限官吏」、「試用官吏」；第三類是財產地位分為「名譽官吏」和「一般官吏」。進而使文官變成納粹的附庸。
20 世紀（WW II 後）	● 1953 年制定《公務員法》、《公務員供養福利法》，成立「聯邦人事委員會」，使文官制度更加法制化、科學化，有助於推動德國的社會經濟發展。 ● 1980 年修訂《公務員俸給法》及相關法制，包括：《公務員資歷條例》、《公務員勞保法條例》、《公務員休假條例》、《公務員工作時間條例》等，從而形成一套更完整的現代公務員制度。 ● 1990 年兩德統一，規定原東德公務員 5 年內不得錄用為官員。
21 世紀	● 2006 年公布《一般平等對待法》以促進兩性平權，使「家庭津貼」與「寡婦救濟金」相當，使得「夫妻」與「同居人」的地位相類似。 ● 2009 年實施《公務員法律地位法》，除各邦及地方公務員之《任用法》、《俸給法》及《退撫照顧法》外，聯邦有立法權限去統一各邦及鄉鎮的公務員的法律地位；並取代原有的《公務員法》。

UNIT **4-3**
人事主管機關

　　德國聯邦政府在人事機構的設計主要採「部內制」的體制，大部分人事權的行使交由各部自理，以維持行政機關權力的完整性。但為避免各部人事行政過於分歧，仍設有人事行政的決策、統籌、協調及監督機構，代表者為「內政部」及「聯邦文官委員會」。

(一) 內政部

　　內政部實際負責人事政策的制定與運用，其人事行政職權包括：

❶ 掌理與文官委員會有關之事務，為文官委員會之職務監督機關，並對文官委員會中部分委員，有提請總統任命之權。

❷ 掌管人事制度基本問題的決策及基本法規之制定。

❸ 聯邦公務員分類分級法令的擬定及其實施。

❹ 協同財政部執行俸給法規。

❺ 掌理公務員團體及其代表之關係事務。

(二) 聯邦文官委員

　　德國於二次大戰後，為統一執行各公務員法規，除各邦所享有的人事權之外，聯邦設立「聯邦文官委員會」（1953），在法律規定範圍內獨立地行使職權，並受內政部部長之監督。不過，德國聯邦文官委員會不屬於聯邦內閣之組織，是在組織層級上為低於內政部等一般部會之獨立機關。故內政部雖依法對聯邦人事委員會進行職務監督，惟不得妨礙其獨立行使職權。

　　聯邦文官委員會對各機關的人事行政有統籌、聯繫、指導與監督之責任，並制定有關人事規則及裁定人事訴願案件，而非直接處理人事行政事務。聯邦文官委員會採合議制，會議至少應有6位以上委員出席，以多數決方式作成決議。聯邦文官委員會的主要職掌包括：

❶ 與有關機關一同制定與公務員法有關之一般規則、教育規則、考試及進修規則。

❷ 決定有關考試舉行及結果的承認事項。

❸ 決定公務員與候選者被拒用的訴願及問題。

❹ 提議有關公務員法之改進事項。

❺ 處理聯邦政府所委任之事務。

❻ 就職掌事項向聯邦政府提出報告。

❼ 若須撤除聯邦機關的缺員公告，應經文官委員會核定。

❽ 對非經考試任用之人員，進行資格能力之認定，或縮短、免除其實習期間。

❾ 任用、升遷及延長服務事項的核定。

　　聯邦文官委員會執行職務時，得準用行政法院有關規定進行證據調查，且於必要範圍內要求機關提供協助、答詢並提示相關文件。委員會對於一般事項的決議應予公布，對於有決定權之事項，其所為決定對行政機關具有約束力。

德國聯邦文官委員會的組成

德國聯邦文官委員會由正委員 8 人，及候補委員 8 人組成：

正委員 8 人	候補委員 8 人
❶ 固定正委員： • 聯邦審計部部長，擔任委員會主席。 • 聯邦內政部人事處處長。 ❷ 非固定正委員： • 其他聯邦部會人事主管 2 人。 • 其他聯邦公務員 4 人。	❶ 聯邦審計部指派聯邦公務員 1 人。 ❷ 聯邦內政部指派聯邦公務員 1 人。 ❸ 其他聯邦部會人事主管 2 人。 ❹ 其他聯邦公務員 4 人。

以上非固定之正委員（6 人）及候補委員（8 人），由內政部簽報總統任命，任期為 4 年。委員會委員的法律地位受到保障，有下列情形之一始喪失其地位：❶任期屆滿；❷在原機關被終止職務；❸與公務員有關之紀律因素受刑事裁判或懲戒決定而終止公務員關係。因此，在身分保障之下，聯邦文官委員會的委員得以獨立自主行使職權。

美國聯邦文官委員會與德國聯邦文官委員會的比較

德國聯邦文官委員會的職權僅限監督公務員法實施，及負責協調聯繫，職權不如「部外制」的美國聯邦文官委員會廣泛。而且德國聯邦文官委員會由內政部部長受聯邦政府委託而監督之，係於內政部部長監督下行使職權。故德國聯邦文官委員會僅為內政部部長監督下的人事機關，宜視之為「部內制」。

	美國聯邦文官委員會	德國聯邦文官委員會
員額規模	3 人	16 人
任命方式	總統提名經國會同意後任命。	除當然委員外，其他委員由內政部部長提名，經總統任命，故內政部部長係具有任命權的行政首長。
職權	依法獨立行使人事權，自規劃、擬議以至執行、處理全盤人事行政業務。	依法獨立行使職權，但僅具準備工作及建議事項，非屬執行與處理人事事務之機關。
組織體制	屬於行政權體系的「部外制」。	不具備部外制獨立自主的地位。

UNIT 4-4 公務員體制

德國文官體制與法國類似，常任文官由低至高分為四級，分別是簡易職、中級職、上級職、高等職，以及介於政務官與事務官之間的「政治職」（政治任命職位，但可由高等職常任文官出任）。

(一) 一般文官制度

德國公務員名稱複雜，若依是否適用公務員法予以分類，可分為適用聯邦《公務員法》的「一般職」，及不適用的「特別職」。

❶ 一般職

①終身職：需經常且持續依法從事公權力任務，受到最強之身分保障，必須年滿 27 至 32 歲才能被任命為終身公務員（身心障礙者另有較寬之規定）。除因喪失職務能力及基於法定事由予以免職或撤職外，不得終止公務員身分關係。

②試用職：係成為終身職公務員之前觀察期間的人員，即一般所稱的試用人員。試用期間之長短，依公務員職級而有不同。

③撤回職：得隨時撤回任用的公務員，通常指通過第一階段國家考試後進行實習之公務員候補人選。

④名譽職：指本身另有專職，只是兼任特定的公共職務，如選舉投票監察員、陪審官、政府機關顧問等。

⑤定期職：擔任有固定任期的職務，如一般有任期的民選職務，任期屆滿卸除職務。另如有任期的主管職、教授職、聯邦審計長等。

⑥政治職：擔任政策之擬定者或首長的重要決策幕僚，如各部的司處長級以上職務，或高級外交官等職務。

❷ 特別職

指政務官，如內閣總理及各部部長。

(二) 政治職官員

德國並無英美等國獨立的高級文官職團，而是如法國將較高職級的文官職位視為高級文官，其中包括「高等職」與「政治職」中之高級政治任命文官職位（常次、局長、司處長）。所謂「政治職」，係指司長級以上之高級文官職位，係屬於政治性職位，部長有權決定其去留；而大約三成以上職位，可任命非永業文官擔任。

德國聯邦政務官約 200 餘名，包含總理、部長、副部長、政次等職位，也列於「政治職」之中；換言之，政治職包括「政務官職位」及「高級政治任命文官職位」，總數約 1,700 餘名。這些政治職官員包括：

❶ 內閣總理。

❷ 部長：多由國會議員兼任。

❸ 副部長、政次：多由國會議員兼任。

❹ 高級幕僚長、高級政治職任命官：皆高級政治任命官員，部分由高等文官充任。

❺ 駐外大使、公使：特命職外交使節。

❻ 常務次長：為最高職高等文官，但具政治任命性質。

❼ 各部部門主管（局、司、處長）：列於政治職中。

歸納而言，德國高等文官以上訓練嚴謹、待遇優渥。但政務官列於政治職體系內，並非所有政治職官員皆為負責決策之主要政務官，也因此德國部分文官職缺係政治任命關係，而使政務官與事務官界限不甚明確。

德國常任文官職級

德國常任文官即「終身職」文官，依資格高低分為高等職、上級職、中級職與簡易職。要進入這四種文官職務系統，通常以特定學業修業結束為前提。

高等職	大學畢業、任用考試合格，再經 3 年實習，通過高級職初任考試（第二次考試），試用期間 3 年而後成為正式公務員。共分 4 個職等（A13-A16），各職等再分俸級。代表職位如：各部會副司處長、組長、科長、副科長等。
上級職	具有大學入學資格或同等學歷，實習 3 年並通過上級職考試，接受試用後任職。分為 4 個職等（A9-A12），代表職位如：股長、資深科員等。
中級職	中學或小學畢業而有職業訓練證明，通過 1 至 2 年實習並經中級職考試及格。分為 4 個職等（A5-A8），代表職位如：助理、書記、稽核等。
簡易職	小學畢業，具 1 年的實習經驗。分為 4 個職等（A1-A4），其代表職位如：雇員、工友、技工等。

德國文官體制

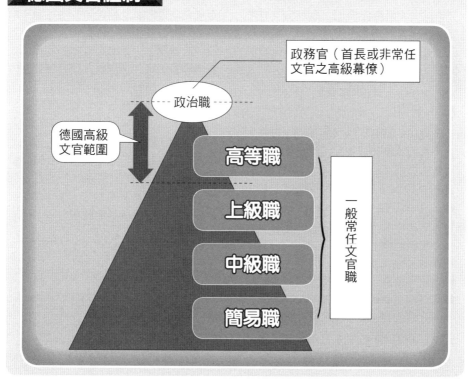

UNIT 4-5
公務員考選與任用

德國考試取才遠自 18 世紀初期之考選法官與法務官員。1794 年普魯士普通法即有以考試選拔官吏的規定。目前公務員「高等職」考選由聯邦政府組成「考試委員會」統一舉辦。其他層級公務員考選得由各機關辦理，惟其結果均需由「聯邦文官委員會」追認。

(一) 考選

德國公務員考選過程相當複雜而冗長，類似我國中小學老師的考選過程。初任考試以公開競爭方式行之，依據成績擇優錄取，考試種類原則上依職等分有高級職、上級職、中級職、簡易職。考試係採「分次」進行；以高等職為例，「高等職」文官先經大學畢業時「公務員會考」及格後，參加「勤務研習」2 年以上；而後再參加「高等職文官考試」，及格後分發「實習試用」3 年後正式任用。而考試過程通常兼採筆試與口試，十分嚴格。

(二) 任用

各機關招募的程序可能不同，但是對外公告徵才是必要程序，以確保每一個人進入公部門的機會平等。聯邦政府各部科長級以下人員的招募程序包括：❶公告徵才啟事（內容包括職稱、工作範圍及權限、資格條件、考試及格資格、實務經驗、外語能力、俸給等級、申請期限等）；❷受理申請，由該機關人事單位就形式要件進行審查篩選；❸進行個別面談或採評鑑中心法瞭解應考人之適任性；❹挑選、決定階段，列出適任名單並排名。在此過程中，機關

之員工代表會、女性事務代表、殘障人士代表，均有參與權。

(三) 晉升制度

依公務員法規定，德國公務員之晉升與晉俸（原則上每 2 年晉俸一級），均按職等及俸級依序晉升；惟聯邦文官委員會依法得作例外擢升之規定，如具較高學經歷而經考試及格者得獲擢升。同官等內之升級，可依據工作成績、長官考核及服務年資三者而定。

德國亦有公務員的升等考試，包括簡易職升中級職、中級職升上級職、上級職升高級職。除了考試成績，還要審核學歷、經歷、訓練等條件，例如由上等職參加升等考試而成為高等職，其條件為任職 8 年以上，參加在職訓練 1 至 3 年，經升等考試及格後晉升高等職。由於十分困難，因此通過此類管道晉升者較少，實務上，德國終身職公務員進入各官等體系後，多僅能在該官等範圍內升遷，很少能晉升至高一官等。

至於晉俸級的部分，司長以下的一般公務員，採一般俸給表，每一職等內各設 9 至 15 個俸級，此種俸級之晉級，係依例每 2 年晉一級。司長以上的高級公務員，適用特別俸給表，按總統、部長、次長、司長共有六級，採年俸制，數額固定，不採按年加薪制。

聯邦公務員考選程序

聯邦終身職公務員考選採「三明治方式」，完成各職務系統規定之基本學歷後，須經過一定期間的實務訓練，訓練合格始取得應考資格，始得向職位出缺的政府機關提出申請，並經口試或評鑑中心考試錄取後，再經過一定期間的試用，試用合格始得轉任各職務系統之終身職公務員。

		高等職	上級職	中級職	簡易職
規定	考試機關	聯邦考試委員會	由用人機關自行辦理，考試結果需經聯邦文官委員會認可		
	學歷	大學學歷	高中學歷	中學以下即可	
考選程序	第一次考試	公務員會考	以學校畢業成績代替會考		免試
		及 ⬇ 格			
	實習（備勤）	3 年	2 年半	2 年	1 年
		及 ⬇ 格			
	公告職缺	向開缺機關提出應試申請			
	第二試考試	筆試與口試			
		錄 ⬇ 取			
	見習（試用）	3 年	2 年半	2 年	1 年
		及 ⬇ 格			
	正式任用	成為「終身職」公務員			

※ 說明：

❶ 第一次考試：上級職、中級職以學校畢業會考成績認定，簡易職免考。高等職則由國家舉辦第一次考試。德國公務人員的考試僅是取得申請職位之資格，與我國中小學教師的教師檢定考類似。

❷ 實習服務（準備勤務研習）：屬於擔任正式公務員之前的養成教育，分發各機關實習，或至聯邦公共行政學院上課，屬於「職前訓練」性質。實習期間依職務等級而有不同；此時即「撤回職」公務員，意即隨時可撤回任命的實習生或候補公務員。實習期滿後向出缺的政府機關申請，再做第二次考試。

❸ 第二次考試：考試方式由考選機關決定，但多半兼採筆試與口試。口試在德國政府考選程序中居於關鍵地位，通常當應考人在 10 人以上時，會使用「評鑑中心法」。評鑑中心法首先應成立甄選委員會，委員會多半由人事部門推薦 2 至 3 人、心理專家 1 人、員工代表 1 人組成，由人事部門主管擔任主席。

❹ 實習試用（見習）：聯邦公務員經口試或評鑑中心法錄取後，仍需依各職等所規定試用期間在聯邦各機關擔任「試用職」公務員，俟試用期滿成績及格且年滿 27 歲，始得轉任為「終身職公務員」。試用期間的考核項目為品格、能力及專業知識等。

UNIT **4-6**
公務員俸給

(一) 傳統照顧原則

依據德國基本法「社會福利國家原則」意旨以及第 33 條第 5 項規定:「有關公共勤務的法律,應考慮公務員制度的傳統原則予以制定」。為確保德國傳統公務員制度「終身任用」與「依法照顧」之精神,國家應依各公務員之職務及職責程度,分別給予適當的俸給。而公務員俸給基本體制,係以照顧公務員及其眷屬生活、保持公務員社會地位為主要原則,上下等級差距為六倍多,但中級公務員之所得已較平均國民所得略高。

基本上,依據基本法上的「社會國家原則」,國家應依各公務員之職務及所負擔之責任,分別給予適當之俸給;至於該俸給是否適當,屬於立法者之判斷餘地,故公務員之俸給,乃依據《聯邦公務員俸給法》及各邦之《公務員俸給法》定之,使聯邦與各邦文官均適用相同的俸給基本標準。

(二) 俸給內容

公務員俸給之內容,主要包含有本俸、大學教授之本俸津貼、地域加給、子女津貼、補貼、外國服務津貼及其他之加給,諸如職務加給、職位加給等,顯見其薪俸內容包含薪給及福利給與,其俸給體制甚為廣泛。除法律別有規定外,公務員亦得將其薪俸讓與或設定抵押。

(三) 俸給制度改革

由於傳統俸給制度的僵化,以及考績制度流於形式,公務員制度中,績效的成分比重,並不特殊。但是隨著公部門向私部門學習的趨勢,以「市場價值」決定一位員工的薪俸,已逐漸受到公務員制度的重視,所以,為激發公務員的服務潛能,使用金錢上之誘因去開創公務員的績效,在 2002 年《俸給結構改革法》中,首先即強化績效原則,其內涵主要包括「績效獎金」與「績效加給」兩部分,授權聯邦政府與各邦政府以法規命令規定一次性給付之「績效獎金」,與得撤銷且有期限之「績效加給」。僅提供職務列等 A 的公務員。這些給付將不列入退休金之計算範圍,且有人數百分比限制。且績效獎金不得超過該員俸等的最低基本俸,績效加給不得超過起始基本月俸額的 7%。只設定上限,讓主事者有充分裁量空間。

至此,公務員之俸給並非固定每隔 2 年晉級一次;相反地,公務員俸給之調升,端視其績效之高低而有不同之處理。並仿英國及美國人事制度,凡公務員任用前,具有的實際工作經驗,得作為提升其俸級的依據,以增加績效誘因。

觀察德國 2002 年俸給改革,具有下列特色:

❶ 彈性化本俸的俸表,將原先僵化的 2 年為期,逐年提升加以改革,並使愈往上面職等者,須愈長的晉俸時間。
❷ 將本俸與績效連結,使績效表現顯著者得更早升上一俸等。
❸ 引進績效獎金與績效加給。
❹ 德國沒有訂定薪俸寬帶,而將績效設為提前升俸等或不予升等的判斷標準。

俸表的類型

俸給的給與標準按不同俸表而異，主要僅有四類俸表：

俸表類型	適用對象	內涵
A 俸表	一般公務員	分 16 俸等，各等又分為 9 至 15 個俸級，每 2 年晉一俸級。
B 俸表	司處長以上（包含政務官）	為適用特別對象的俸表，分 11 俸等，每等均為一俸級。
C 俸表	大學教授	分 4 俸等，各等又分為 3 至 15 個俸級。
R 俸表	法官	分 10 俸等。

俸給決策

	常任文官	雇員與勞工
依據	屬於公法上任用關係，採「依法給薪」原則。	基於私法契約之工作關係而採用所謂「薪資自主權」。
內容	❶ 內政部依法負責擬定聯邦政府機關之公務人員薪俸。 ❷ 地方各邦薪俸制度由各邦政府負責擬定。 ❸ 公務員本身無權要求提高待遇，工會僅能對政府機關提供建議。	❶ 由工會和政府機關談判妥協決定工資。如雙方不能達成協議，則工會可利用罷工手段對當局施加壓力。 ❷ 政府部門對其薪資不得進行干預或單方面改變。

雇員的薪資協商機制

	資方代表（代表政府機關）	勞方代表（工會）
依據	屬於公法上任用關係，採「依法給薪」原則。	基於私法契約之工作關係而採用所謂「薪資自主權」。
內容	代表雇主的有： ❶ 聯邦政府：由主管聯邦人事業務之內政部負責，內政部長通常為當然談判代表。 ❷ 各邦政府共同組成之「德國聯邦薪資聯盟」。 ❸ 各地方自治團體所共同組成之「地方自治團體雇主聯合會」。 註：雇主立場不一致時亦可分開各自與工會進行談判。	代表勞方的工會主要有： ❶ 服務業聯合工會。 ❷ 德國公務員薪資聯盟。

UNIT **4-7**
公務員考績

德國對於公務員之考績評定制度規定於《聯邦公務員升遷法》，但實際上考績制度的實施則是符合「部內制」的特性，亦即聯邦各部基於績效導向原則，對公務員之工作績效進行考核，由各機關主管人員負責考評，在執行上有相當大的自主權；透過訂定相關之行政規則或作業規定，規範考績之格式、評核者、須打考績之情形及程序，以及是否須經員工代表同意等，是以各部之考績準則並不完全一致。

(一) 考績的效果

考績結果可作為升遷與獎賞的參考，雖然對於績優人員並無考績獎金，但有助於培育與升遷之參考；至於工作表現不稱職或品行不良者則可予以懲處。

(二) 考績種類

公務員之考績評定可分固定考績及特殊性考績：

❶ **固定考績**：德國目前係採每年非正式年終考績，另至少每 5 年應有一次正式考績紀錄；但實務上考評日期由各部部長決定。

❷ **特殊性考績**：基於特殊原因或事由之考績，隨時可進行，例如評定試用職公務員可否晉升為正式職公務員，或升任主管職務時即可辦理考績；惟受考評者往往僅少數之公務員，因此，各部常將固定考績時間縮短為 1 年，以取代此種考績評核方式。

(三) 考評項目

德國並未在法律上規定考評項目，依一般學說，考評是公務員之職務長官就公務員之個性、能力及專業上之工作績效所為綜合性之評定。然在實際運作上，各部皆以專業上之工作績效為主要核心。

(四) 考績結果

❶ **作為職務升遷及調整之依據**

德國公務員考績僅作為公務員升遷及調整職務之依據，不影響按年資辦理的例行薪俸晉級。而德國聯邦政府對於公務人員表現績優之獎勵方式，主要有升等、頒發獎金與紀念品等，其中「獎金」係指年度特殊獎金及服務年資獎金，並非以考績成果為基礎的「考績獎金」。

❷ **作為辦理訓練進修之建議**

對於績效表現較差之公務員或經評核較弱之項目，由主管人員據以提出員工訓練進修科目之建議，施予訓練，據以提升其績效與能力。

(五) 考績制度特色

❶ 基於部內制的屬性，視考績制度為行政部門內部事務之績效管理措施，而未對其採取立法管制之手段，由行政部門採取行政命令方式實施。所以機關在考績制度上具有相當大的彈性，可視職務與個人情況之需要辦理，無需每年辦理定期考評，同時允許各機關有例外做法。

❷ 考績評定過程由主管與受考者進行充分溝通與討論，促使雙方就工作績效進行檢視，並可提升員工對於考績公正性之認知與信任，而對於工作績效不彰者，主管可給予必要的協助與輔導，故面談機制確實有助於人事領導之達成。

❸ 考績結果影響有限，僅為決定公務人員之升遷、調職或訓練項目之用，未作為發給獎金的獎勵工具。

考評項目的類別

	對工作成果之考評	對能力特徵之考評
常用指標	● 工作結果（如工作品質、數量、期限、方法等）。 ● 專業知識。 ● 工作方式（如主動、積極度、表達能力等）。 ● 社會溝通能力（如團體合作、衝突解決等）。 ● 領導能力（如領導監督、指派職務、激勵作為、獎勵同仁等）。	常用標準包括：理解力、思想及判斷力、魄力、談判技巧、創意力、有構想及系統性之工作、組織能力、精確性、熱忱與抗壓性、獨立作業的能力、領導部屬同仁之能力、學習力等。
等級區分	考績等第分為一至四級，以第一級為最優。並無考績獎金之設計，亦無考績等次比例之限制。	對於能力特徵之考核不評等級，但會以書面方式來評定說明各個項目之結果。
救濟	德國聯邦行政法院允許公務員對於考績評定提起訴訟，但法院多尊重行政機關所為之管理上的決定。	

面談設計

除考績評核外，各部人事單位亦建立主管與員工之面談制度，作為主管與員工的正式溝通機制，就彼此對工作績效目標之期待、目標達成與否及具體改進事項等充分溝通，有助於人事領導，減少誤解。亦配合考績制度實施：

種類	年度面談	員工詢問
時間	每年一次	數年辦理一次
目的	配合特殊性考績	配合固定考績
面談內容	主管在與員工進行面談前均事先接受相關訓練，面談內容包括主管與員工溝通進行之方式、是否彼此有衝突、在職進修項目、工作表現與績效、績效目標訂定、考績結果及建議等。	內容包括員工對工作、主管及組織之滿意度；亦可就具體發展項目來詢問，如對彈性上班制之滿意度、工作氣氛、家庭能否兼顧等。
面談之必要性	若機關或首長未與受考評者進行考評諮商時，該考評結果依《公務員升遷法》即視為具有瑕疵，必須重新為之，以慎重並確保考評符合實際情形之正當程序規定。	

UNIT 4-8
公務員訓練制度

德國極重視公務員的培訓，但在分權的人事政策下，各邦有相當的自主權，各邦公務員的訓練由各邦自行規劃辦理。惟德國聯邦高階公務人員培訓由聯邦公共行政學院柏林分院開設主管人員的課程，除有計畫地培育公務員成為具有優秀能力的主管人員外，亦針對主管職務及所需的各項知能，開設必要的課程計畫，供即將成為主管者或已係主管者進修。近年更配合政府 e 化政策的推動，以及人力精簡考量，而設計有網路學習的課程，供高階主管能在辦公室或在家中上網學習，不受時間與空間的限制，並能依據個人實際需要，做必要的時間分配及多元化的課程選擇。

主管人員領導能力的養成，可以透過下列的方式達成：

❶ 參加學院開設的主管人員課程。可採實地到學院上課方式，或是就上網的課程，依自己的需求、業務需要或時間做較彈性的分配及利用。

❷ 以工作坊、論壇的方式，就當前相關重要的議題，如人口老化等議題，進行研討。

❸ 個別的主管針對擬任或即將培育的主管施以教導式的培訓，或針對重要的議題由學院邀請專家進行 1 天的教導式訓練。

❹ 以提供書面資料的方式給即將擔任主管職務的同仁閱讀，以增進其領導能力。

有關主管人員能力的養成，經由三個階段，套裝式的學院課程或少部分的網路學習培訓，總期間約半年的時間，教導其須具備充實的知能為主。學院授予的課程內涵，包括學習如何與同仁交談、變革管理、衝突危機管理、困難情境的克服、問題解決、超越工作界線的處理（如性騷擾、兩性工作平等的處理）、個別式的教導、團體式的教導、演講訓練、領導、時間管理、重要議題的論壇以及到企業界作為期一個階段的成本效益學習等。各階段及其充實的知能如下：

❶ 第一階段：在學院以研討會的方式進行為期 4 天課程的研討，結束後即回到原來的工作崗位，將其所學加以試驗，運用於工作或與同仁間的互動，如何與同仁間進行溝通、協調等，期間亦可上網學習，增進所需的知能，相互為用。

❷ 第二階段：第一階段養成訓練結束回工作崗位後，試行 2.5 個月，再回學院進行第二階段的訓練，此一階段除由學院授予相關的知能外，並在研討時，將其在工作崗位上的種種經驗或所碰到的問題，在為期 4 天的此一階段訓練中，加以研討，並互相交換心得，以及提出一些具體可行的改進措施，結束後再回工作崗位任職，其後與第一階段相同，都將其所學運用在工作及與同仁互動上。

❸ 第三階段：於第二階段養成訓練結束後再回工作崗位，一樣試行 2.5 個月，再回學院進行第三階段為期 2 天的訓練，其方式與前二階段相同，惟此時學員已經過兩階段的學習及運用，其經驗及心得應與前兩階段不同，並更為精進。此一階段完成後如表現良好，即有機會接任主管職務，成為正式的主管人員。

德國兩大文官培訓機構

	聯邦公共行政研究院 （Federal Academy of Public Administration）	聯邦公共行政專科學院 （The German Federal College for Public Administration）
機構簡介	隸屬於聯邦文官委員會，內設四個研究所及學術研究部，成立於 1969 年，為德國中、高級公務人員教育訓練主要機構，尤其為高等文官在職訓練所。該院不對外招生，必須由機關薦送所屬公務人員參訓。	1979 年成立，具學術（大專教育體系）性質之教學培訓機構，亦為中階層公務人員職前訓練部門，隸屬於內政部監督管理。設立宗旨在培育聯邦非技術性中級公務人員專業知能、科技能力、法治民主、行政方法等。是一兼具訓練與學術研究之職前訓練機構。學院除中階層公務人員職前訓練外，亦開設各類專業訓練以配合升遷與教學需要。
訓練對象	第一研究所：訓練高級公務員。 第二研究所：訓練一般公務員。 第三研究所：訓練領導才能及國際事務。 第四研究所：訓練領導人員之管理理論與方法。	招訓高中畢業，經各部會自行主辦之檢測成績合格者，經註冊入學後取得聯邦臨時公務人員身分，領有薪水。在校修業 3 年，結訓即同時取得大學學位及國家公務員資格，並按其修習專業及成績分發至聯邦各部機關，擔任中級公務員職務，約再經 3 年之實際歷練合格，而正式成為國家公務員。
訓練期間	訓練多在配合公務員之實習與試用期間進行，其期間為一學期或兩學期。由選送機關自定。 訓練方式包括：課程講授、實務演習、專題研究、分組討論四種，理論與實務並重。一般重要課程含法學、行政、管理、外交、國防、財金、行為科學與民族精神教育等。其他專業訓練課程則視各類在職訓練而斟酌。	公共行政學院訓練期間，合計約為 3 年，區分為六個階段： ❶ 始業訓練：為期 1 個月，由各部辦理。 ❷ 基礎課程：為期 6 個月，由院本部辦理，包括憲法與政治背景、經濟學與財政學、行政法及其他特選法律課程等。 ❸ 第一階段在職訓練：為期 6 個月，在各部會實施。 ❹ 第一階段專業訓練：為期 6 個月，在各分院實施。 ❺ 第二階段在職訓練：為期 11 個月，在各部會實施。 ❻ 第二階段專業課程：為期 6 個月，在各分院實施。
訓練內容	❶ 與行政、企業、學術界充分合作，運用最新教學法提供聯邦公務人員各類在職訓練，培養公職紀律與合作習性、灌輸計畫與決策能力，並歷練其現代化管理技巧。 ❷ 無專職固定講座，根據計畫特性聘請師資，並進行考評，可減低機關人事費負擔。 德國中、高階層公務人員依例參加其在職訓練，列入升遷準備人員更須參加升遷訓練，結訓成績優異者優先晉升，而形成「升遷資格檢定」之訓練權威性。	負責公務人員的晉升訓練、最新實用教材教法及管理科學的研究發展、專案訓練進修教育的辦理，與其他大專院校交流合作以齊一各分部水準，並進而分析時代動向、集新近資訊，以引領公務革新，推動社會發展。

UNIT **4-9**
公務員懲戒與申訴

德國懲戒制度之運用相當審慎,係以平衡的行政制度與司法制度來維持公務紀律;但凡公務員違反憲法及公務員法之義務時,應受懲戒;即使退休或接受生活費之前任公務員,有不當情形者,亦適用失職之規定而受懲戒,如違反聯邦基本法所定自由民主之基本秩序者、參加危害國家之安全或存續為目的之工作者、違反公務保密或報備義務與禁止行為者,違反禁止接受報酬或饋贈之規定者……等等。

德國現行懲戒制度主要源自 2002 年的懲戒制度改革。其為加速懲戒程序進行,強化處理事件效率,屏除過去準用刑事訴訟法程序冗長耗時缺點,將聯邦公務員懲戒法明確定義為行政程序法之一種,廢止原本處理懲戒案件的「聯邦懲戒法院」,改由行政法院管轄,將懲戒程序列為行政程序之一種。但是懲戒依舊嚴格,如將最重的懲戒措施「免職」改為「撤職」,撤職後果及於未來從事私法工作關係。亦即被撤職公務員只能從事自己獨立經營事業,不得從事受僱於他人之工作。此與我國教師一旦被宣告「終身解聘」,將永久不得從事教育工作類似。

在懲戒種類上,一般公務員之懲戒包括:警告、罰鍰、減俸、降級、撤職;退休公務員之懲戒則包括:減少退休俸、剝奪退休俸。

至於懲戒的類型,則可依情節輕重分為兩種:

(一) 懲戒處分

對於情節較輕的違失,得由職務直屬長官進行申誡、罰鍰、減俸、減少退休俸等懲戒措施。懲戒處分是行政處分,可以透過異議、撤銷訴訟等法律途徑尋求救濟。

(二) 懲戒訴訟

如果職務主管長官認為違失情節重大,以降級、撤職、剝奪退休俸等懲戒措施為適當時,不得自行為之,必須向管轄的行政法院提起「懲戒訴訟」,由行政法院決定之。針對該判決則可以提起第二審與第三審上訴。

此外,德國亦有著名之「命令異議制度」,係指公務員對於上級長官之職務命令,認為有違法之嫌,所得提起之申訴制度。因為公務員一方面有服從上級長官命令之義務,另一方面其又須為自己職務上之行為負個人完全責任,因此,必須賦予公務員對違法命令之異議或申訴制度,以保障自身之權利,免受強制性命令之困擾。但是,若執行公務員認為上級長官之命令雖屬合法,但卻「不合目的」(即命令執行後顯然無法達成預期目的)時,應履行諮商義務,而沒有拒絕執行不合目的職務命令之權利。這種公務員之「命令異議制度」,係源自傳統職業公務員制度中之「忠實義務」,避免機關首長造成損害之結果產生。例如若上級長官之違法命令係為剷除自由民主之基本秩序者,每一位公務員及德國國民皆得依基本法行使「抵抗權」,以避免類似希特勒下令屠殺猶太人或解散國會之歷史悲劇重演。

命令異議制度的程序

依聯邦公務員法以及公務員基準法之規定，公務員若認上級長官之職務命令違法，應立即向其上級長官申告。若其上級長官認為自身所為之命令合法，並要求該部屬續為執行時，該公務員必須向其再上級長官為命令違法之異議；若再上級長官亦肯認該命令合法時，應交付該公務員足以證實該命令合法之文書。此時該公務員應執行其上級長官之命令，並得因該書面證明而免除其責任。惟若該職務命令有下列情形之一時，公務員縱有書面合法證明文件，亦難辭其咎：❶該職務行為屬刑法上之可罰行為；❷該職務行為屬秩序罰法上之可罰行為；❸該職務行為侵害人性尊嚴。

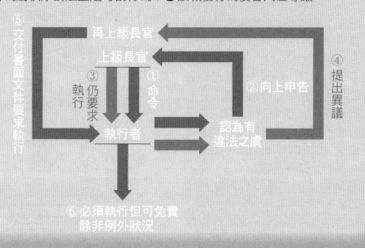

懲戒的救濟程序

❶ 情節輕微（懲戒處分）
對於勤務主管長官所為懲戒處分，公務員得在收受處分1個月內向上級主管長官聲明異議，提起異議後即有停止懲戒處分的效力，但若懲戒處分為最高主管長官的決定時，公務員不得聲明異議。公務員如有不服，可在1個月內向行政法院提起撤銷訴訟。

❷ 情節重大（懲戒訴訟）
① 由公務員所屬最高行政機關以書面提出懲戒程序。
② 受理管轄者為行政法院，行政法院可駁回該訴訟，或宣判任一種懲戒措施；另得以和解方式停止懲戒程序。
③ 若針對其判決不服，公務員以及勤務主管長官得向高等行政法院提起第二審上訴，上訴應於1個月內為之並應說明理由。若符合特定要件，可再向聯邦行政法院提起第三審上訴。

UNIT 4-10
公務員服務

(一) 權利與義務

德國聯邦政府於 2008 年修正《公務員法律地位法》，統一各級公務員的權利與義務。重點包括：

❶ **公務員權利**

①確定公務員與國家之關係為「公法上之勤務與忠誠關係」，並非是私法上之僱傭關係；故原則上，國家與公務員不進行團體協商，也不與個別公務員進行「合意」行為。

②為保障公務員法律關係，公務員法律關係之終止，只限於四種情形之一，包括：Ⓐ受撤職處分；Ⓑ因刑事犯罪而受褫奪公權，致喪失公務員權利；Ⓒ受公務員懲戒，而免除公務員法律關係；Ⓓ因退休而終止公務員關係。

③職務調動原則上應得公務員之同意；但如果工作性質相近，且俸給相同者，即無須得公務員同意，機關得依職務上之需要而強制調動。

④公務員享有給薪休假、支領俸給與福利之權利，包括生活補助費、損害賠償請求權、旅費與遷徙費。

⑤公務員有受國家照顧保護之權，即機關有保護照顧所屬公務員之義務，包括公務員於執行職務時，機關有給予保護之義務，並在公務員退休前或退休後，照顧公務員及其家庭福利，此項照顧包含公務員 18 歲以下子女。

⑥其他權利包括：使用職稱權、取閱人事資料權、自由結社權、取得服務證明權等。

❷ **公務員義務**

①公務員有對人民與憲法之義務，為民服務，並維護德國基本法體制。

②公務員應保持政治中立，對政治活動採取節制或保守之態度。

③公務員應本良知忠實地執行職務，其行為須符合職業尊嚴及迴避規定。

④公務員應服從長官之命令，但依法另有特別規定者不在此限。

⑤公務員對其職務上行為之合法性應負完全責任。如對合法性存疑，應向直接長官說明，如繼續存疑但經更上級主管長官確認時，即需執行該命令，並得免除個人責任。惟如違反刑法、秩序法或侵犯人類尊嚴時，不在此限。

⑥公務員當選聯邦議員後應辭去公職。

⑦公務員應於就職時宣誓維護法律，並本良知完成任務。

⑧公務員應遵行利益迴避義務，限制公務員對於自己或其親屬行使某種行政職權上的行為。

⑨在職期間或離職後，均不得洩露公務機密。

⑩公務員經同意始得接受報酬與餽贈，即使於公務員關係終止後，亦不得私下領受與其職務有關之報酬或贈與。

⑪如經最高監督官署請求，有從事公務上兼職義務。

(二) 旋轉門條款

德國公務員的退休旋轉門採較寬鬆的報備制，凡退休或領有退休俸之公務員，於公務員關係終止後 5 年或於 65 歲退休後 3 年內從事營利活動，且該活動與其公務員關係終止前 5 年所執行之公務相關，須向最後服務機關之主管機關報備。如該活動有損害公務利益之虞，機關得拒絕之。

關於兼職是否需經許可之規定

需經事前許可之兼職	不需經事前許可之兼職
❶ 擔任監護人、看護人或遺產執行人。 ❷ 擔任有報酬之營業上、營業之管理上或自由職業之兼職。 ❸ 擔任公司、合作社或其他營業之董事、監察人者。	❶ 從事寫作、科學、藝術或演說工作。 ❷ 從事工會、職業團體之工作。 ❸ 擔任合作社內無報酬之工作。

政治中立規定

早在 1919 年的威瑪憲法中，即指出公務員係為國家及全體國民服務，而非為某一黨派服務。一般政治活動的範圍包括：

允許的範圍	政治權利	禁止的範圍
❶ 參加選舉可休選舉假 2 個月參選。 ❷ 當選地方議員，可兼任。 ❸ 公務員如獲政治任命，結束職務後得回任公職。	◀ 參政權 ▶	當選國會議員，不得兼任公務員，須辦離職。
得表達政治意見。	◀ 表達政治意見 ▶	不得有計畫地煽惑或違背「忠誠義務」與自由公民的原則。
得加入政治團體。	◀ 參加政治團體 ▶	公務人員禁止參加偏激性之政治團體，凡違背自由民主而具顛覆性的極左、極右政黨或其他社團，均禁止參加，違反此一規定者，須受最重免職之懲戒。
❶ 享有結社自由，得參加工會或職業團體。 ❷ 公務人員在工會或職業團體之行為不受職務上之處罰。 ❸ 公務員工會有協商權。	◀ 結社權 ▶	公務員不得罷工。

UNIT 4-11
公務員勞動權

　　學理上所稱之德國公務員勞動權分成兩部分，一是公部門勞資雙方所形成之集體勞動關係，而不論其受僱者是否為具有常任文官身分的文官；另一為專指不具常任文官的政府受僱者，其與政府之間純屬個別勞動契約關係，在工會運動的傳統下，幾乎全以勞資雙方所締結之團體協約規範之。就常任文官部分而言，德國公務員之結社權（組織或加入工會）與協商權（協議權）均受公務員法保障；至於「罷工權」則受禁止。

(一) 結社權

　　在德國 400 餘萬的政府受僱者中，有相當比例的常任文官與勞工加入工會組織，主要包括「德國工會聯盟系統」中的各種「產業工會」，例如金屬工會（IGMetall）、教育與學術工會（GEW）、服務業聯合工會（ver.di）或是警察工會（GdP）……等等。又或是加入「德國公務員與協約聯盟系統」下的各個工會，該聯盟旗下有 42 個工會，含括一般行政、國家安全、司法、社會保險、交通、郵電、財稅、教育與醫療等領域，較重要者包括：最高與高等聯邦機關員工協會（VBB）、社會保險工會（GdS）、交通運輸工會（GDBA）、德國行政工會（DVG）、德國行政工會（DVG）、大專與學術協會（VHW）、德國檢察官協會（DAAV）、德國法院強制執行人員協會（DGVB）、德國司法工會（DJG）、德國稅務工會（DSTG）、德國公共醫療院所醫師協會（BVOGD），以及德國社會工作職業協會（DBSH）……等等。

　　此外，德國亦允許機關內設置協會組織，依《聯邦機關公務員代表法》規定，凡所有聯邦機關及聯邦所直接管轄之公法上社團、財團及營造物皆應設置機關代表，組織公務員協會。機關代表之產生，依直接、秘密投票產生，且係由各機關內之公務員、職員及勞工，依其職別之不同，按比例分配代表人數。

(二) 協商權

　　由於德國常任文官及國家間的關係被定位為公法上之勤務及忠誠關係，因此並沒有如同一般勞工享有完整的團體協約權。在協商權方面，大致上可分為兩類：首先是一般人事措施與行政管理事項，屬「共同協商決定」，即由機關主管與公務員工會協商。其次是如上下班時間、訓練等，公務員工會只能「協同參與」（提出建議），其目的只在於令機關採取措施前與公務員協會進行共同討論，以便彼此互相諒解。但如雙方無法達成協議，則由其上級機關直接決定，最高行政機關具最終決定權並實施該措施。

(三) 罷工權

　　德國法律或命令均未准許公務員罷工，而基於公務員之忠實義務及服勤義務，應在禁止之列。但屬契約進用之約聘僱人員及工人，依法可加入勞工之工會者，則可獲准參加工會所發起之罷工。

　　綜合而言，德國公務部門之員工，依其身分之不同，各自適用不同之人事管理法令，惟就其參與機關之員工代表會，其功能及運作規範相當明確，若遇工會與機關無法達成共識時，尚可透過協調或仲裁機制處理。是以，機關在推動各項業務過程中，必須與員工代表會保持良好之互動與溝通，始能避免爭議。

公務員協商權的行使

	共同協商決定	協同參與		
		有限共同決定	參與或聽證權	建議權
說明	有公務員協會於準備程序中共同參與，並且經其同意後，行政機關始可作成決定。如無法達成協議，由其上級機關與該上級機關之員工代表會再協商，如仍無法達成協議，則依法組成特定之仲裁機關，由該仲裁機關為終局而具有拘束力之仲裁決定。	對於特定社會事項，機關長官應與機關協會代表協商，如無法達成協議，則由上級機關決定。	機關公務員協會應參與下列事項之作成。	公務員協會得就下列事項主動向機關長官以書面提出建議，長官不同意者，可提交上級機關進行共同決定或由仲裁機關進行仲裁。
效力	參與效力最強	效力次之	效力再次之	效力最低
行使協商事項	❶部分機關內部人事措施，如任用案、升遷案、調職案、逾3個月以上之降級案、延長退休時間案……等。但對於高階公務員或特殊性質公務員的人事任免不適用之。 ❷機關之社會事項，如選擇居所之限制、貸款、補助或其他支援公務員事項。 ❸與人事有關之機關內部措施，如兼職申請、配給宿舍等。 ❹每日工作時間、輪休時間表、控制上下班技術措施等。 ❺設立、經營及解散社會機構事項，如設立機關幼兒園或福利社。 ❻考績判斷基準、職位工作分配、工作流程簡化、補償請求權等。	❶雇員或勞工之僱用、調職。 ❷跨機關調動。 ❸變更工作地點。 ❹3個月以上之外派。 ❺屆齡退休後繼續僱用。 ❻選擇居所之限制。 ❼拒絕兼職或撤回兼職之許可。	❶準備制定或修改機關內部之人事行政規則。 ❷機關之解散、限縮、遷移或合併。 ❸當事人提出申請由工會介入協商事項，包括：對公務員提起懲戒程序，對於公務員非基於申請而解雇或於試用中免職等情形，以及提早退休案件。	❶工時安排。 ❷工資給付方式與敘薪原則。 ❸福利機制的設立、管理與解散。 ❹職業訓練與職災預防。 ❺機關內部興革建議的提出方式。 ❻研擬規範機關秩序與工作規則。 ❼工作位置的分派。 ❽監視人員工作的技術引進與使用。

註：若參與事項涉及兩種以上不同形式的參與方式時，依行政法院之實務見解，不得以行為效率為由直接適用參與效力較弱之參與方式，而應以客觀情勢判斷。

★德國公務員與協約聯盟系統

德國公務員與協約聯盟系統原為「德國公務員聯盟」，該聯盟之工會並未限制非常任文官者加入，只要認同工會五大基本宗旨：「建立強而有力且富人性的公共行政」、「強調工作表現導向的職務法規」、「擁護協約制度」、「支持現代化聯邦主義」及「主張績效導向的敘薪方式」，無論是政府雇員或是私人企業員工均可加入，藉由擴大人數以強化自身的影響力。

UNIT **4-12**
公務員退休

德國有深厚的社會主義思想傳統，自1889 年即制定年金保險法，由俾斯麥設立「公營老年保障體系」，主要涵蓋各種歷史悠久的職業團體保險（習稱法定年金保險），創設了舉世最早的社會年金制度，其保障老年經濟安全的制度不但多層次，且以多元合作化運作方式經營，包括法定年金保險制度、企業年金保險制度與私人保險制度並存發展。即使是一般人民的退休金，也是基於給養原則的給付請求權，並非基於繳交保費給付需要而來，特別是對於國家（如同公務員、兵役之服務性工作）的請求。

至於公務員的部分，「公務員恩給制」為獨立於法定年金保險的特別公營老年保障體系，其歷史甚至比法定年金保險更早。現代公務員體系早於 1794 年普魯士的法律中便已見雛形，1873 年的《帝國公務員法》正式確立了公務員的法律地位。當時的公務員即為終身職，國家有義務保障其生活，是最早被國家照顧到的社會職業團體。由於德國十分重視公務員的忠誠和貢獻，並以優渥的恩給制度作為回饋的手段，形成國家及其公僕之間緊密的家長式照顧，直到今日仍然持續這種觀念。

公務員在退休期間所享有的恩給優惠即為退休金，退休年齡為 65 歲，年滿 63 歲也可以提出申請提早退休，但是退休金會被縮減。公務員恩給制規定了對公務員及其遺屬的保障恩給，在聯邦政府體制下受保對象包括了德國鐵路局、郵政系統、各邦、地方、地方以及公法人團體、機關和公法人基金會。政務官與非編制之聘僱人員或民選官員則不屬於公務員恩給制的範圍。公務員所享有的恩給都是由雇主（國家）根據該會計年度的財政來支出的。在一定的所得免稅額度下，公務員所得及補助被為非自營工作所得來扣稅。當公務員在面臨離婚、解除婚約及宣告婚姻無效的情形下，需將婚姻有效期間所享有的附加恩給優惠與其前配偶均分。

然而，德國人口老化的程度為全球第二名，恩給制造成的財政負擔在 2008 年之後將更為直線上升。在預估每年經濟成長率 3% 的情況下，恩給支出的比例至 2021 年及 2022 年將會達到全國總支出的 1.65%，聯邦政府在思給制的支出將高達 80 億歐元。若加上各邦及地方政府，則將高達 157.5 億歐元之譜。

因此，在 2009 年公布之《公務員法新條例》為因應聯邦財政的持續擴大赤字，為長期確保聯邦退撫照顧制度的有效推行，並回應對於公務員退撫照護的不足或違反傳統職業公務員制度的指責，所以在該法中，對於聯邦公務員退撫照顧再修正，其修改內容主要將公務員的退撫照顧與法定之國民年金保險照顧的程度，儘量一致化，諸如提高強迫退休年齡、縮短大學就讀期間可以採計之退休年資，以及明文規定由公務員轉往私部門服務者，其在公務員期間之退撫年資與待遇，可攜帶銜接私部門之國民年金保險，即所謂「可攜帶式的退撫年資」。

德國公營老年保障體系

			公營老年保障體系
非自營業者	私人企業	勞工及一般職員	法定年金保險，其中包括： ❶ 全國職員保險局。 ❷ 各邦保險局。 ❸ 聯邦礦工保險局。 ❹ 聯邦鐵路保險局。 ❺ 海員保險基金會。
	公家機關	勞工及一般職員	公務員恩給制
自營業者	自由業	自由業老年保障機關	
	農業	農業老年保障	
	手工業	法定年金保險（特別規定）	
	藝術家及出版業	法定年金保險（根據藝術家社會保險法）	

德國延長退休年齡的規劃

德國採漸進式的退休改革，退休年齡由 65 歲延長為 67 歲，符合人性化需求，所以並沒有引起很大的抗拒。因為德國就業人口至 2012 年後逐漸下降，因此延長退休年齡自 2012 年開始實施，1947 年出生的到 2012 年時滿 65 歲，每年必須多延長 1 個月退休，如 1948 年出生者需滿 65 歲 2 個月才能退休，以此類推，至 1958 年出生者至 2023 年，需滿 66 歲才能退休。2024 年以後就業人口下降幅度更大，每滿 1 年則需多延長 2 個月，至 2029 年所有德國就業人口退休年齡一律延長為 67 歲。

出生年	1946	1947	1948	1949	1950	1951	1952	1953	1954	1955
退休年		2012	2013	2014	2015	2016	2017	2018	2019	2020
退休年齡	65 歲	65 歲 1 月	65 歲 2 月	65 歲 3 月	65 歲 4 月	65 歲 5 月	65 歲 6 月	65 歲 7 月	65 歲 8 月	65 歲 9 月

出生年	1956	1957	1958	1959	1960	1961	1962	1963	1964
退休年	2021	2022	2023	2024	2025	2026	2027	2028	2029
退休年齡	65 歲 10 月	65 歲 11 月	66 歲	66 歲 2 月	66 歲 4 月	66 歲 6 月	66 歲 8 月	66 歲 10 月	67 歲

知識補充站 ★Riester 年金計畫

　　此為 2002 年起政府為私人另保的老年恩給提供的補助金額，是由國家補助的私人自願養老金計畫，由德國前勞工社會部長 W. Riester 所提出，德國公民只要與保險公司、銀行或基金簽訂私人退休養老金契約，即可得到政府補助。政府亦會以金額補助或減稅的方式鼓勵加入此項自費保險計畫者，以彌補政府恩給制的所得替代率降低的問題。除了政府補助的金額及減稅的優惠之外，個人也需自行負擔部分費用。自費金額以所得的 4% 計算。Riester 年金的對象為所有在國民年金制度下所涵蓋的保險人及領取公務員薪資者，包括：一般就業者、領取失業救濟金者、因養育小孩沒有就業而申請育兒假的父母、低薪資未達需加入社會保險標準的就業者、必須加入法定年金保險的自由業者、在軍中服役或在社會上擔任義務役的年輕人，以及公務員、司法人員、法官及擔任軍職者。

第 **5** 章

法國人事制度

●●●●●●●●●●●●●●●●●●●●● 章節體系架構 ▼

UNIT **5-1**　　國情概要

UNIT **5-2**　　文官制度概要

UNIT **5-3**　　人事主管機關

UNIT **5-4**　　公務員體制

UNIT **5-5**　　公務員考選與任用

UNIT **5-6**　　公務員俸給

UNIT **5-7**　　公務員考績

UNIT **5-8**　　公務員訓練制度

UNIT **5-9**　　公務員懲戒與申訴

UNIT **5-10**　公務員服務

UNIT **5-11**　公務員勞動權

UNIT **5-12**　公務員退休

UNIT 5-1 國情概要

法國政府體制是半總統制，即一般說的雙首長制，除了有一個人民直選的總統外，尚有必須對國會負責的行政體系。總統府的編制很小，行政權的重心乃在總理所領導的政府。

由於第三、第四共和時期內閣制下的立法權高漲、政黨林立，以及政府不穩定的影響，第五共和的制憲者及戴高樂將軍（Charles de Gaulle）除了強化總統的職掌，建立直接選舉外，更限制立法權的空間，以使政府有相當的施政空間及穩定性。因此，與美國總統制不一樣的是，雖然法國總統也是全民直選產生且須獲過半數的選票（兩輪多數決的選舉制度），但他不須親自推行政策，也不受國會的監督或制衡（除彈劾外），而是類似英國的內閣制，由總統任命一位總理（Premier ministre），也就是「政府首長」，由他所組成的內閣來施政並對國會負責。再者，國民議會還可用不信任案迫使內閣總辭，總統亦可諮詢總理後解散國民議會。

法國的政府組織並不像我國以法律予以規定，而是由每一任總理於組閣時決定其政府組織。換言之，每一任政府有不同的部會組成情形、不同的部會數目，而每個部會都僅由命令規範其組織與權限。

法國內閣成員的頭銜分為四個等級。最高一級為「國家部長」（Ministre d'État），他有時可能負責一個部（如教育部），有時也可能沒有直屬的部會；「國家部長」在儀式上皆位在其他閣員之前，通常是給地位較重要的部長，以示尊重。第二個等級是「部長」（Ministre），他是一般意義的內閣首長，與我國的部長相似。第三個等級是

「委派部長」（Ministre délégué），有時是總理的代表，負責協助統合，有時則有特定的職掌，與我國的政務委員相似。例如配合歐洲整合之發展，便設置一個負責歐洲整合事務的委派部長，使該事務由外交部內的業務單位變成一個雖仍與外交部關係密切，但卻略具獨立性質的部會。最後一級是「國政秘書」（Secrétaire d'État），他有時是次要部會的首長，有時直接隸屬於總理之下，襄贊總理業務（如政府發言人），有時則在較重要的大部會內專責特定業務。儘管部會變動不居，但有些基本部會，如國防部、教育部或內政部等，相對而言仍頗為固定。不過有時也會以其原始基礎為主，加上其他的業務；例如教育部加上研究事務而組成教育暨研究部，或是財政部與經濟部也曾合併成財經部。

每個部會的首長是該部會之最高管理者，負責全部之人事管理業務，包括晉用、分派職位、調動、升遷、考核與懲處等，都應置於部會首長的權威之下。各部會也會在其首長下設置人事單位來負責全部會之人事管理。因此，其人事制度屬「部內制」。但是當部會大部分的人力是分散於全國各地時，人事權力下放至地方便成為重要的解決途徑。依據法國 1983 年文官法第 13 條規定：「公務員之晉用與管理，依實際情況之需要，得以『去集中化』（權力移轉至地方的派出機關）或『去中央化』（地方公務員事項由地方政府負責）之方式處理」。

法國憲政體制演變

憲政變遷	時間	事由
第一共和	1792-1804	路易十六被廢 —— 拿破崙稱帝
第一帝國	1804-1814	拿破崙稱帝
第二共和	1848-1852	二月革命，路易·拿破崙被選為總統
第二帝國	1852-1870	路易·拿破崙稱帝，1870年普法戰爭兵敗被廢
第三共和	1870-1940	普法戰爭 —— 德國占領（採內閣制，國會掌權）
第四共和	1946-1958	法國光復 —— 阿爾及利亞獨立（採內閣制，國會掌權）
第五共和	1958-	戴高樂修憲（雙首長制）

左右共治

「左右共治」一詞是來自法文 "la cohabitation"，原是「同居」之意。引申到法國的政治情勢，則意味著一個總統和一個與其不同大政方針的總理及國會多數黨或聯盟同處在一起共享行政權的局面。換句話說，總統與總理兩者係分屬由不同且對立的政黨或聯盟出任，同時政府也有國民議會多數的支持。這種制度設計，是一種對行政權的制衡。目前法國歷史上發生過三次左右共治：

	時間	總統	總理	特色
第一次	1986	密特朗（左派）	席哈克（右派）	衝突型的共治：兩位作風強烈、個性迥異，且長期都是主要政黨領袖，各擁有憲法權限自重，在許多議題上公然針鋒相對。兩者又都欲參選下一屆總統故也需要製造衝突，以強化選民忠誠度。
第二次	1988	密特朗（左派）	巴拉杜（右派）	共識型的共治：總統與總理具有相互合作的高度共識。由於當密特朗任期將結束，追求個人歷史地位，並面對國會選舉史無前例的大挫敗，故任由巴拉杜總理主政。
第三次	1997	席哈克（右派）	約瑟班（左派）	建設型的共治：席哈克總統在沒有重大理由下解散國會，引起法國選民反對，左派政黨勝選，席哈克在有意爭取連任下只好採取低姿態，雙方均甚為自持，第三次共治長達5年，亦可視為「理性型的共治」。

UNIT **5-2** 文官制度概要

法國文官的權益地位與人事措施均屬公權力範圍，文官是「國家的臣僕」，享有較高的社會地位，文官自我期許亦高，自視為「官吏」（public official）而非「公僕」（public servant）。觀其文官制度的改革脈絡，大致如下：

(一) 二戰以前的制度初選

法國文官制度之建立，應歸功於拿破崙於 19 世紀初期所推動之行政改革，強調理性、層級節制與服務才能。然法國的文官制度一直存在「缺乏統一法規」及「法令變更過於容易」兩大問題，使各部各行其是。行政學者范納（H. Finer）曾對當時的人事制度提出八點批評：❶各自為政，缺乏統一標準；❷缺乏實習與學習制度，公務員訓練不足；❸學校課程偏重理論，導致文官缺乏完整系統觀、適應力與領導力；❹各部人員不易配合；❺高級官員缺乏適當分級，管理與執行混淆不清；❻人才素質參差不齊；❼升遷易受政治影響；❽官職多為上層社會壟斷，私立的巴黎政治學校非寒門子弟所能進入。

但自第三共和以後，文官制度開始大幅改革，重點在實施文官任用考試（考試由各機關自行決定）及文官行政專業化等措施。僅在 1939 年一年內，各機關舉辦之文官考試共超過兩百餘次，而各機關內亦設「升遷委員會」以防止瞻恩徇私及用人不當。

(二) 二戰以後的除弊興利

然而，法國分權式的人事行政在組織與權力上欠缺完整統一，各部間難以合作，在工作上亦常引起衝突與重複。二戰期間的戴高樂臨時政府，即成立委員會，研究法國文官制度及有關的教育改革。在二戰後的第四共和時期，法國文官制度的改革朝向設立人事機構、公布文官法、公務員重行分類等，如 1945 年設置「文官局」（或譯「文官指導處」），1946 年公布《文官法》，復設置「最高人事制度協議會」（或譯「公務員高級協議委員會」）。自此，法國文官制度除去了以往分歧且無統一規定的亂象。

雖然法國文官制度逐漸由官僚走向民主、由恩惠走向功績，但人事體制上仍屬「部內制」，人事行政為行政組織與管理的幕僚功能。而政府極重視文官考選與訓練，文官素質與社會地位均高。

(三) 八○年代的行政革新

近年來法國文官制的發展，亦受新公共管理思潮影響，而呈現下列特色：

❶ **人事行政法制化與幕僚化**：目前內閣最高人事機構為「國家改革、分權暨人事部」，擴充「部內制」的幕僚功能，使內閣首長統籌人事改革，建立「統籌協調集中管理」的積極性人事功能。

❷ **人事制度由集權化而兼顧分權化**：除了前述積極性的部內制改革外，人事制度亦從集權而兼及分權；集權是指中央與地方人事法制均來自中央集權規劃之人事法令規章，分權則是 1983 年由中央集權管理而走向分權下授，分別授權地方自主管理的人事體制，但分權管理仍受中央財政與法制管理的約束。

❸ **高等文官體制健全**：國家行政學院嚴格而完整的考選與培育制度聞名於世，構成「國家行政學院菁英體制」（ENA graduates），高等文官素質優秀，奠定取才用人功績化的基礎。

法國文官制度的發展

時間	重要改革
拿破崙的吏制改革 （1804～1815）	法國 1789 年大革命後，於 1791 年人權宣言第 4 條載明：「政府官吏之任用亦應平等，除以才能與品德為根據外，不應受其他條件之限制」。此後拿破崙（B. Napoleon）開始建立用人的法制措施，包括訂頒行政法典、選拔人才任官、改革官僚體制、淘汰老弱無能的官吏等。 ※ 拿破崙任用官吏仍有「人治」色彩，因此之後路易十八、拿破崙三世等各朝任用私人情事又見猖獗。
第三共和政府時期 （1870～1940）	※ 人事制度的主要發展在消弭任用私人瞻徇，以建立才能標準的功績制度，其所需特殊教育與技術由各機關自行決定。 ※ 文官任用須經公開競爭考試，考試科目著重職務技能，非一般人文或通才教育。考試年齡限制放寬，考試相關事宜由各機關自行辦理。
第四共和政府時期 （1945～1958）	※ 1945 年人事行政改革： ❶ 高級公務員分為文治人員（Civil Administration）與秘書人員（Secretaries Administration）兩級，使行政與執行得以區分。 ❷ 調整大學課程，兼具人文教育及社會科學，期使文官能有開闊平衡思想。 ❸ 設立「國家行政學院」，掌理高等文官的考選及訓練。 ❹ 改私立巴黎政治學校為國立，成為國家級公務教育機關，吸收中層社會階級至政府服務，使公務員來源普及化。 ❺ 設立「文官局」為各部人事行政的指導聯繫機構，期使人事行政事務更趨於一致，便於協調。 ※ 1946 年《文官法》（Civil Service General Regulation）改革： ❶ 進行文官重新分類，由「文官指導處」監督文官法的實施。 ❷ 依該法規定成立「最高人事制度協議會」，為人事爭議的仲裁機關。且規定財政部預算局，對於人事行政事宜亦有管轄權。
第五共和政府時期 （1958～）	1958 年阿爾及利亞事變，戴高樂建立第五共和政府，強化總統職權，減少國會對行政的干涉。此時期的人事行政特色包括： ❶ 於 1959 年修訂文官法，將公務員重新分為 A、B、C、D 等四個類級；每一等級內再分若干俸級，俸級之增加依照年資；但每個類級之升遷須經考試。 ❷ 考試較偏重通才知識，並加強改進國家行政學院之考試及訓練措施。

UNIT **5-3** 人事主管機關

在二次大戰前,法國各機關均有其獨立分離的人事行政,各自為政,惟「財政部預算局」和「評政院」為中央政府具有人事權影響力的機關。直到二戰結束後,法國頒布《文官法》及相關條例,方才成立國家級的統籌性人事機關。

(一) 二戰以前的中央人事機關

❶ 財政部的預算局

二次大戰以前,各部自行管理人事,薪資福利制度各不相同,但涉及各部員額與薪資調整事項,皆由財政部預算局負責。因此,關於公務人員法規的擬定與協調,亦多由預算局統籌。而此項傳統在二戰後亦獲得保留,至今凡文官法案涉及預算效果者,仍必須經由財政部部長副署。因此預算局對於有關俸給、員額編制、人員升等與晉俸等人事政策仍有干預權力。但預算局不能視為人事行政決策機關,因其隸屬於財政部(現為「經濟暨財政部」,一般仍簡稱財政部),層級不足以領導各部;且侷限於預算經濟觀點,其職能不足以規劃公務人員服務條件及人事改革。

❷ 評政院

法國的評政院(Conseil d'État)即最高行政法院,它並非內閣的一部分,地位超然獨立。評政院與人事行政有關的職權包括:

①依憲法審核各種人事規章、草案、命令,是否與法律相牴觸。

②對文官事務有廣泛的調查權。

③受理公務員對政府用人所提出的上訴案。

雖然評政院對各部所頒行的法令,擁有最後解釋及決定權,且其判例常成為人事行政實施的依據。但評政院係處於被動審核與調查的地位,非負責文官政策的機構。

(二) 二戰以後的中央人事機關

❶ 「文官指導處」的出現與演變

由於預算局及評政院均不適合成為人事行政中樞機關,為求文官制度的均衡與穩定,遂於 1945 年設置「文官指導處」(Direction de la Fonction Publique),作為人事行政的指導機構,其職權為規劃、審議與監督,實際負責人事業務之推動與執行的仍為各行政機關之人事處室,受機關首長領導監督,乃「部內制」特色。文官指導處於 1959 年擴編為「行政及文官總局」(Direction Generale del' Administration et de la Fonction Publique, DGAFP)。DGAFP 原本直接隸屬於總理府,由總理直接掌理人事行政,但事實上總理未親自掌理該局,而是委派專人負責,早期多指派 1 名「國政秘書」或「委派部長」,但隨著該局的職能日漸擴張,法國自 1981 起採用一般部會的方式,設「文官部」(Ministere de la fonction publique)由總理直接指派「部長」來負責,並將 DGAFP 納入該部之中。儘管這個文官部的名稱時而獨立、時而與其他功能合併而成為一個「大部」中的「小部」,但直接管理人事行政的組織都是該部之中的 DGAFP。

❷ 現今的「國家改革、分權暨文官部」

法國自 2012 年起成立「國家改革、分權暨文官部」,為一個大部,其內部分為「文官部」與「國家改革部」。文官部仍為國家最高人事行政機關,內部以 DGAFP 與「附屬訓練機構」兩個體系為主,掌理人事考選、任用、俸給、考績與退撫的決策,著名之「國家行政學院」即隸屬於此。國家改革部則掌理行政現代化、品質管理、組織改革等涉及行政革新與地方分權等政策規劃事項。

法國人事機構的演變

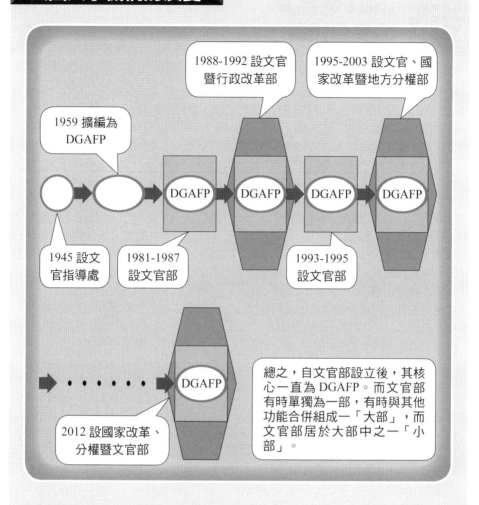

1959 擴編為 DGAFP

1988-1992 設文官暨行政改革部

1995-2003 設文官、國家改革暨地方分權部

DGAFP　DGAFP　DGAFP　DGAFP

1945 設文官指導處

1981-1987 設文官部

1993-1995 設文官部

DGAFP

2012 設國家改革、分權暨文官部

總之，自文官部設立後，其核心一直為 DGAFP。而文官部有時單獨為一部，有時與其他功能合併組成一「大部」，而文官部居於大部中之一「小部」。

★法國的評政院

　　評政院乃拿破崙一世所設立，他將行政事務分成兩部分，一為單純的行政事務，另一種為行政裁判事務。所以當時負責審議行政爭訟案件、草擬法律草案及提供元首諮詢的評政院亦為行政機關。後來，經過多次制度變革，於 1889 年方確定評政院應處理行政「訴訟」，具有司法審判之性質，因而類似於其他國家（包含我國）之最高行政法院。但就法文而言，conseil 是會議或委員會之意，並無法院之文意，然基於尊重傳統，故法國人沿用 Conseil d'État 之名。評政院設於巴黎皇家宮殿內，現今該處為評政院、憲法委員會、文化及通訊部等法國政府機關之所在地。

UNIT **5-4**
公務員體制

法國現代文官制度建制基礎為 1945 年的文官指導處與 1946 年的文官法。而在 1970 年代後期，法國政府搭上全球地方分權浪潮，1982 年通過《市鎮、省與大區權力與自由法》，並逐步將人事管理分權下授，讓地方政府對地方公務員之考選、任用、管理、培訓等具高度自主權。配合地方分權，法國將公務員體系區分為「國家公務員」、「地方公務員」及「醫療體系公務員」三大類。1983 年的《公務員權利與義務法》就三大類人員之身分保障、權利與義務為一般性規定，續於 1984 年至 1986 年間通過《國家公務員身分法》、《地方公務員身分法》、《醫療公務員身分法》，分就三大類人員為特別規範，並分別由「文官部」、「內政部」及「社會事務、衛生暨婦女權利部」為統籌管理。本文所介紹之法國公務員，乃指「文官部」所轄之「國家公務員」，包含文職、軍職與教師，接近全體公務員四成五左右。

法國文官體制與德國類似，常任文官由高至低原則上分為四級，分別是 A 類、B 類、C 類、D 類；但基於簡化文官體系，自 1992 年起已將 D 類併入 C 類，不再單獨招考。A 類文官主要負責政策規劃、研究、管理，及溝通協調；B 類文官負責實際政策執行管理；C 類文官的工作主要是一般執行；D 類則是從事基層勤務工作。其中 A 類公務員因為包含中學與大學教師，故人數占全體公務員約 35%，比 B 類文官（約 20%）還多；C 類在合併 D 類之後，人數約占 45%。

法國沒有像英美等國設計獨立於常任文官管理體系外的高級文官制，但有介於政務官與事務官之間的「超類」文官，其為政治任命職位，但 A 類常任文官亦可受政治首長任命而出任，如評政院「評事」（相當於最高行政法院法官）或副省長等政治任命職務，均保留一部分職缺以選拔優秀的 A 職類文官出任。此外，辦公室主任、專案負責人、副處長，或地方行政機關管理職位等，亦常列為「超類」職位，業務領域主要包括法律、預算、人力資源、公共政策和社會活動等。

法國公務員之官等分列為超類與 A、B、C、D 類，而國家公務員與醫療體系公務員中，職務性質相近者（如行政人員、外交官、工程師、教授教師等等）再組合成「職群」（Corps），即相當我國公務員「職系」之概念；地方公務員則稱之為「職務框架」（Cadres d'emplois）。全國各類「職群」原有一千多種，但為提升人事管理的靈活性，近年透過裁撤、整併、遇缺不補等方式進行職群整併，僅剩三百多種。其中重要職群（Grand Corps, GC）有行政類之財政、評政、主計、外交與省政職群，及技術類之橋樑道路職群與礦冶職群等，其高階職位非為國家行政學院名列前茅的畢業生則難以進入。

法國常任文官職級

法國常任文官依資格高低分為 A 類、B 類、C 類與 D 類；雖近年已將 D 類併入 C 類，本文仍介紹其原始分類情形，較為詳盡。

	資格條件	職責重點	代表職位
A 類	為高等事務官，需大學畢業，由國家行政學院與技術學院負責考選訓練後任用	參與決策、高層管理與組織協調	中學與大學教師，財政、郵政局之稅務、郵電稽核員，海關區域主管，行政職務之行政專員、部門正副主管、主任秘書，技術職務之工程師、科技部門主管……等等
B 類	專科或高中畢業學歷，經考試及格以及訓練後任用	負責政策執行與技術監督	小學教師、海關郵政部門之監督員，行政職務之行政秘書、單位主管，技術職務之工務局技師、保育員……等等
C 類	低層級人員，須初中畢業，由用人機關自行甄選 *	一般性行政事務與政策執行	財政、郵政局之職員，稅務局、海關之檢查員，行政機關之速記、打字員，技術職務之工程員……等等
D 類	沒有學歷限制，亦無須專長	庶務性工作	行政職務之傳達、公文信差……等等

* 註：C 類與 D 類合併後，C 類文官考試資格大多取消學歷要求，惟部分考試仍須具初中文憑或職業能力證書或職業教育文憑。

法國文官體制

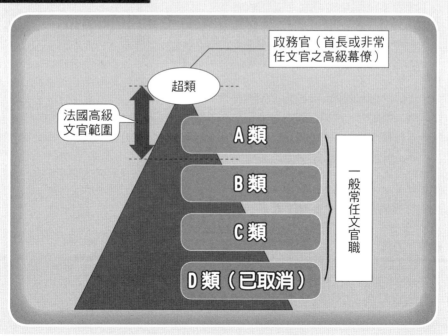

UNIT 5-5
公務員考選與任用

圖解各國人事制度

(一) 考試制度

法國公民有平等任公職之權利,此觀念自法國大革命後的人權宣言,及至1946年《公務員一般身分法》及1983年《公務員權利與義務法》中均有明定。除法律另有規定者外,公務員以公開競爭考試錄取任用之。各職系或職務框架考試之應考資格與考試途徑、程序等,均以章程明定;至於考試日程、應試科目內容、錄取名額或其他細節事項,則由行政機關以行政命令為之;只要不違反法律,均屬有效。目前除了與國家主權行使相關之職務,須具法國國籍始得應考外,亦有條件開放瑞士國籍與歐盟會員國國籍者應考。

❶ 考試途徑

公務員考試途徑分為三種,首先是最重要的外部途徑考試,也就是對外招考,主要係以年輕的學校畢業生為對象。其次是內部途徑考試,由公務體系內部考選人員任用,提供在職公務員晉升機會,類似我國升等考。最後是1983年為使國家行政學院入學考試應考人來源更多元化所創的第三途徑考試,目的在招考具有公共行政以外的專業經驗之民間人士,現已廣泛應用到其他多項公務員考試,並依職務內容,訂定所需之職業經歷條件限制。依法每項公務員考試均應舉辦外部途徑及內部途徑兩種考試,至於是否舉行第三途徑考試則可視需要於各職系章程中予以規定。

❷ 考試方式

一般而言,考試採分試舉行,考試方式及內容係依職務所需設計,多採筆試

及口試,部分特殊領域得以著作、發明及學歷審查方式行之,技術性工作亦可能採行實作測驗。筆試多為申論題,以測驗應考人之分析能力,應試科目數視等級而異,等級愈高科目數愈多。

❸ 國家行政學院

國家行政學院負責 A 類文官考選培訓,是舉世聞名的考選培訓機構,其入學考試分為外部途徑、內部途徑及第三途徑考試,錄取名額由文官部長決定,通常每年 100 名左右的錄取名額中,外部途徑約占一半,其次為內部途徑,第三途徑約為總錄取名額 5% 至 10%。若考試評審委員對外部或內部途徑決定不予全額錄取,評審委員會主席可將名額分配至其他途徑考試。不過,國家行政學院入學考試每一應考人每一途徑一生至多應考三次,總計不得逾五次,競爭十分激烈。

(二) 任用原則與資格

法國文官任用有三大原則,一是性別平等原則;二是需顧及公務員代表機構意見,如行政管理協議委員會或最高人事協議委員會;三是升遷以能力為主要考慮。此外,公務員任用的積極資格包括考試及格、升等考試與考績升等。消極資格則包括:無法國國籍、無公民權、與執行職務有關的徒刑紀錄、違反兵役法規、體能不適任工作等。

國家行政學院入學考試

法國公職人才招募相當強調平等原則，要擔任公務人員大多數須通過競爭性考試，只有契約僱用人員及少數高階職位無須經競爭性考試，所以每年應徵職位中約有 90% 係透過競爭性考試取才，而其中僅 A 類文官是由國家行政學院統一招考培訓，故國家行政學院入學考試即 A 類文官之初任考試。

	外部途徑考試	內部途徑考試	第三途徑考試
應考人資格	具學士學位以上之高等教育文憑或同等學歷證明	具 4 年以上公部門任職經驗	具 8 年以上一種或多種職業經驗，或擔任地方議會議員，或民間團體領導職務經歷
評審委員會之組成	由 14 名委員組成，遴選自公務員、教師及非公部門人士，其中至少含有 5 名非教師之公務員，非公部門人士則至多 3 名	同外部途徑組成評審委員會	由 12 名委員組成，包括 8 名公務員，其中教師至多 4 名，及 4 名非公部門人士
	國家行政學院入學考試評審委員每年由國家行政學院院長提名，經國家改革、分權暨文官部部長以行政命令任命		
應試科目 — 第一試	❶ 公法申論題（考試時間 5 小時） ❷ 經濟相關申論題（考試時間 5 小時） ❸ 就當代政府角色論述相關社會議題（考試時間 5 小時） ❹ 政策議題分析：根據一份社會問題資料撰寫要點分析及建議（考試時間 5 小時） ❺ 公共財政論答：對文字、圖表或統計表加以解釋和評論，並回答數項問題（考試時間 3 小時） ※ 內部途徑考試及第三途徑考試之第一試筆試應試科目與外部途徑考試相同，惟試題內容不同，且公法及經濟兩科目之試題題型為議題分析		
應試科目 — 第二試	❶ 歐盟相關議題口試（考試時間 30 分鐘） ❷ 國際相關議題口試（考試時間 30 分鐘） ❸ 面試：瞭解應考人人格特質、動機，以及是否瞭解公職之重要性與價值（面談時間 45 分鐘） ❹ 互動式團體測驗：應考人輪流扮演不同角色（主辯者、答辯者、觀察者），瞭解應考人之人格特質、行為反應、機智和人際溝通能力（考試時間 1 小時） ❺ 外語口試：包括閱讀文本摘錄和評論，並與評審委員進行對話（考試時間 30 分鐘） ※ 內部途徑考試及第三途徑考試之應考人於面談時，須提出一份可彰顯其過去專業經驗之資料供評審委員參考		

UNIT 5-6 公務員俸給

　　法國政府對公務員地位極為崇敬，認為公務員即是官吏，其俸給與私人企業之工資不同，不能認為係勞動之代價，而係確保官吏維持與官職相稱之生活水準之給與。法國公務員俸給包含「基本薪俸」及「津貼與獎金」兩個部分，基本薪俸約占三分之二，是依據公務員之職群、職級、職等來給薪；至於津貼與獎金，約占三分之一，是依據公務員之職務階級、工作績效、加班時數、地理位置、撫養子女數等核算。由於公務員的津貼與獎金頗豐厚，再加上福利措施項目甚多，各機關首長於年終尚可單獨發給「紅利」獎金以示酬賞；原則上，整體俸給不低於生活費用之120%。公務員每年例有調薪，政府與企業員工待遇之差距較小。「國家公務員」的平均月俸約2,000多歐元，較「地方公務員」及「醫療體系公務員」來得優渥，甚至比企業勞工的平均月薪都略勝一籌。

　　法國公務員主要之加給項目包括職務加給、扶養津貼（含家族扶養補助費及家族津貼）、超時津貼、房租津貼、差額津貼、其他津貼（特別分紅、交通津貼等）。給予公務員豐厚津貼與福利的原因在於，公務員的最高薪俸等級與最低薪俸等級的差距僅有五倍多，此一高低差距不如英、德等國，恐使薪資缺乏激勵效果，為彌補此一缺失，故給予多種加給與津貼來拉大職級之間的薪資差距，以產生激勵員工爭取更高職位的效果。

　　法國文官體系基本上是以職涯為基礎，除考績劣等外，每年循例晉升俸級一級，由於對法制的依賴程度相較於英美等國要高，因而比較缺乏制度的彈性。然而隨著21世紀法國進行分權化的改革，法國文官的薪資結構也隨之有了彈性的空間。從2005年開始，將18萬名在經濟財政就業部服務的公務員納入個人化的績效考核制度，開啟將績效考核成績與升遷結合在一起的先河。接著在2006年生效的預算法，賦予公務員俸給的彈性，其主要精神就是採用個人化的績效評量制度，以決定個人的加薪，打破傳統不重視個別績效差異的統一性薪俸制度。甚至連縣長等級的地方政務官，也可以根據他們的行政績效得到基本薪以外最多10%的績效獎金。

　　法國公務員俸給的決定受其「集體協商」原則的影響，內閣決定俸給與各項加給等規劃措施，均先聽取「最高人事協議委員會」討論俸給指數的意見，以及政府各部門之人事協議委員會的諮詢意見與建議事項。一經政府決定，即送交國會討論決議。

　　整體來說，法國公務員俸給制度的特色為：

❶ 以俸給指數與生活費用計算俸給數額，較能適應經濟變動，不致使待遇與物價脫節。

❷ 保障實收俸額不得少於最低生活費用120%，以照顧公務員生活品質。

❸ 公務員本俸雖較美、英、德等國為低，但加上各種津貼、獎金與福利後，國家公務員所得仍然甚高。

❹ 相對而言，「地方公務員」及「醫療體系公務員」的薪俸低於「國家公務員」及一般企業員工的平均所得，此為法國俸給制度近年欲改善之重點。

法國公務員俸給調整程序

訂定「最低生活費用」數額	● 由「最高人事制度協議委員會」向內閣提出建議。 ● 內閣以行政命令定之。
與各級工會組織進行意見溝通	● 由「最高人事制度協議委員會」針對「俸給指數」進行討論，作為調薪參考因素。 ● 由各「人事協議委員會」提出有關改進俸給指數、俸給基數與俸級劃分的諮詢意見建議事項。 ● 與「行政管理協議委員會」、「技術協議委員會」及「混合協議委員會」進行意見溝通。
決定調薪幅度	● 以「最低生活費用數額」乘以「俸給指數」，計算出應支領之俸給貨幣總額。 ● 送交國會討論決議。
進行俸給調整的方式	● 發給加給。 ● 俸給等級重劃（晉俸級）。 ● 調整俸給指數，即將各職類職位之指數予以調整。 ● 調整基數（最低生活費用數），視實際情況需要配合調整。

★最高人事制度協議委員會

　　法國對勞動權的重視舉世聞名，在憲法中對所有的勞動者皆給予勞動權的保障。法國政府的勞資雙方協議會多以「同額委員會」的方式組織而成，意即代表雇主的一方與代表受僱者的一方在決策會議上必須維持相同的代表人數。政府勞資雙方協議組織的最高代表機構即「最高人事制度協議委員會」，以內閣總理為當然主席，並由 20 名公務員代表及 20 名行政機關代表所組成，負有協商人事體制之規劃及受理申訴事項之責。詳見單元 5-11「公務員勞動權」。

UNIT 5-7 公務員考績

法國對公務員的考核稱為「鑑定」或「評定」，強調對其業務能力的考察。由於「部內制」的人事行政特色，績效考評之權歸屬各部，並無獨立的公務員考績法，也沒有全國一致的績效標準，而是由機關首長針對部屬的工作能力與品德加以考核。依文官法第四篇規定，每年應給每個在職的公務員在總評定的基礎上寫出鑑定，以表明他的業務能力。

(一) 考績因素

二次世界大戰前，法國使用的公務員考績因素為：教育、性格、行為、精確、人際關係和特殊才能等六種。而戰後則擴展到十四項，包括：身體適應性、專門知識、守時值勤、整潔、工作適應能力、合作精神、服務精神、積極性、工作效率、工作方法、理解力、組織協調能力、指揮監督能力、觀察分析能力等。各部門在考核時，由考核者與受考者，就其中選擇與現任工作關係較為密切的四至六項進行重點考核。惟鑑於此等考績因素過於複雜，爾後又予以簡化，並依文官職級之 A、B、C、D 類分別規定，請參考右頁之考績因素表。

(二) 考評方式

自二次大戰後，法國公務員的考績成績計算方式為自 1 分至 20 分，1 分為最低分，20 分為最高分，10 分及格。由於法國公務員幾乎全部是名校畢業生，並經由嚴格的競爭性考試公開招聘，個人修養和職業素質均高，故公務員之考績成績多在 13 分至 18 分之間。

此外，由於評分標準不夠具體，導致主管評分時不容易把握，因而常使資歷因素占比重過大，實際工作能力和表現占比重偏低，有時公務員的考評成績甚至高達 18 到 20 分，不能分辨公務員的良莠及其績效的優劣，無法真正發揮績效評估的作用。

由於原來的量化評測無法有效分辨公務員績效優劣，法國於 2012 年起針對國家公務員改採「述職考評」，即以年終面談及書面評核，取代自 1946 年施行之分數考評制度。書面評核內容涉及實際績效表現、目標達成、工作規劃、服務提供方式、工作需要及培訓經驗等多方面，並將評核結果轉達受評之公務員，藉此激勵公務員精益求精。述職考評的方式在 2014 年起擴及公共醫院及地方公務體系，成為全國文官通用的制度。

(三) 考評結果與作用

法國公務人員之考績與獎懲體制係其人力運用制度之一環，與其任免遷調相互配合，考績結果主要分為優、良、尚可、劣等四個等第，優等得提前晉敘、良等晉級、尚可者暫留原級、劣等得調職或免職。此外，法國沒有考績獎金制度，但允許各機關有紅利獎金制度，若有來自機關首長的紅利獎金，則考評結果會影響到紅利獎金的發放。

考績因素表

文官等級	考評因素			
A 類	職務知能	效率	公正	教育程度或領導力
B 類	職務知能	效率	勤惰	組織能力與工作方法
C 類	職務知能	效率	勤惰	工作審慎
D 類	職務行為	適任能力	勤惰	工作審慎

註：考績因素於必要時得再增加一個或二個項目，如受考人之職務具有與公眾接觸之性質，則考績項目中可加入「對外關係」。

考評程序

初評報告
- 由受評者的直接主管為之。
- 報告中包括概括的考評及按其考績項目的分別考評。
- 報告中需敘明專業的適合性、效率與組織力，及適合晉升至何種職等及職類的有關資料。

通知受評者
- 受評者會接到考績初評分的結果通知。
- 如人事管理協議會請求時，亦可接到一份考評結果。

人事管理協議會審議
- 全部考績結果需送人事管理協議會審議。
- 如人事管理協議會認為考評不公平，可要求修正。

機關首長核定
- 考績報告由各部首長核定。
- 列入晉升名單之重要參考因素之一。

★關於法國公務員考績制度的評論

從前文當中，可看出法國文官考績制度與我國不同之特色在於：
❶法國的績效考核，係透過考核者與被考核者雙向溝通，找出能力不足加強培訓，並提供職涯評估及諮詢，性質上較具「形成性評鑑」的功能，與我國以獎懲為主的「總結性評鑑」不同。
❷對不同等級的公務員採不同的考評因素，並可依工作特性彈性調整，各機關自主性高，更能反映工作需求。
❸各部「人事管理協議會」可介入考績過程，增加考績的公正性。

UNIT 5-8
公務員訓練制度

法國 A 類公務員由國家行政學院（Ecole Nationale d'Administration，以下簡稱 ENA）或地區行政學院訓練，B 類與 C 類新進公務員由各部會自行訓練。訓練機構除 ENA 外，尚有地區行政學院，分別設在巴斯提亞、里爾、里昂、梅茲、南特等五個都市。在這些訓練機構中，以 ENA 最負盛名，法國文官系統領導階層素有「國家行政學院菁英體制」之稱，曾培養出多位法國總統，包括現任的總統艾曼紐‧馬克宏（2017-）；因此本文以介紹國家行政學院培訓制度為主。

(一) ENA 的設置與使命

在戴高樂的主導下，ENA 於 1945 年 10 月成立，直接隸屬於總理，係先進國家中最早設立的高級文官訓練機構，目的在於培育足以勝任法國政府部門領導工作的高級文官。目前 ENA 除了負責招考 A 類文官外（詳見單元 5-5），依據國家行政學院條例第 5 條規定，該學院負責培訓國家高級行政主管，對象涵蓋民政、省政、財政、國務院官員、外交及駐外商務人員，並透過訓練，使不同背景、程度的大學畢業生及公務員具一定的水準，以獲得擔任高級主管所必備的知識技能。就文官訓練而言，ENA 有四大使命：

❶ **考試錄取人員訓練**：對法國或其他國家高階公務人員提供職前訓練。

❷ **在職訓練**：對法國及其他國家之現職人員在職涯中提供短期及長期訓練課程。

❸ **培養歐盟事務或國際關係專家訓練**：提供處理歐盟事務相關培訓課程，亦辦理相關競爭考試作為現職人員轉任為歐盟公務員管道。

❹ **國際合作培訓專案**：透過國際培訓專案合作，提供其他國家高階公務員培訓課程或提供須進行政治改革國家相關意見。

(二) ENA 的訓練種類

❶ **職前訓練**

職前訓練係指通過競爭性考試於就職前在 ENA 所接受的訓練。原不具公務員身分者於錄取後即獲得公務員資格；現職公務員如考取後放棄訓練，亦可回原職位或安排至相當職務工作。錄取人員經培訓後須服務公職 10 年，否則應賠償相關培訓費用。

ENA 提供的培訓課程強調實務導向，考試錄取人員需接受 27 個月包含實習與授課的培訓；授課講座多由資深高階公務員擔任，協助將實務與理論結合運用。課程通常採個案研討、情境模擬等方式進行，分為「歐洲事務」、「地方行政」及「公共管理」等三大專業核心課程。受訓人員最後依自己的畢業成績排名去挑選職位，任職 6 個月後，須回 ENA 進行回饋分享，陳述工作的難題及處理方式，同時進行跨部會人員經驗交流。

❷ **在職訓練**

在職訓練係指在職涯發展中提供工作技能發展之培訓課程。ENA 負責培訓的人員多係未來擔任國家重要領導職位，如各部會領導者、大企業領導者之儲備人選。由於他們工作繁忙，因此培訓期間較短。培訓採用「教練式訓練」（Coaching）方式進行，由具實務經驗之資深高階公務員擔任講座，授課重點在經驗傳承及個案研討，並藉此評估學員對業務之處理能力，針對個人不足之處提供建議或指導。完成培訓後，即納入國家高階文官人才庫，當部會高階職務出缺時，由人才庫中提名 3 人（至少 1 人應為女性），由人才庫負責人及該管部會代表討論後決定人選。因此法國高階人才培訓與升遷相結合。

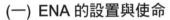

ENA 的學制

班次	說明
基本班次	每年 ENA 透過公開競爭考試招收法國的大學畢業生、公務員和企業人士等約 100 名學員,接受為期 27 個月的訓練,分為第一年的實習期和第二年的學習期。在第一年的實習期,學員會被派至各省和駐外使館工作,磨練實務經驗;第二年的學習期回到學校學習歐盟事務、中央和地方關係、公共管理、法律、經濟等七大類課程,全部課程除外語和電腦,皆採案例教學方式進行。
國際班次	包括國際長期班、國際短期班和公共管理國際班,這三班的國際學生若獲得優等成績,並通過論文答辯,可獲「公共管理碩士」文憑。
在職培訓	包括公務人員在職班、外國公務員培訓班、公共管理國際專題班等,形式多樣化,按需求開班授課,授課時間不長,至多 2 個月。

ENA 的專業課程內容

專業訓練的核心課程均包含實習與授課,分成三大類:

課程	授課內容
歐洲事務	訓期約 28 週,目標在辨識歐洲事務對於法國政策之衝擊;核心課程包含歐洲體制、法律制度、政府間合作、國際事務等。
地方行政	訓期約 32 週,目標在於熟悉地方治理及行政管理工具。核心課程包含:執行公共活動方式(如合夥、協調)、財政、變革管理、地方行政組織及挑戰、公共財政等。
公共管理	訓期約 23 週,目標在於明瞭如何在環境限制下,促進公共服務及行政效能。核心課程包含:財會工具、資訊系統、成本會計、公共管理、專案管理、政策評估、溝通技巧等。

★ENA 的美麗與哀愁

　　戴高樂創辦 ENA 的目的,是提升法國政府的效率、確保政府用人的品質,並打破用人唯親的腐敗官僚體系;近年 ENA 為法國、歐盟,乃至其他國家(包括我國)的高階人才提供培訓課程,更有「歐洲政府管理學院」的盛名。法國高級行政官員及政府部會首長幾乎均為其畢業生,通過 ENA 之培訓學程,是升任高階文官之保證。然而,嚴格的報名審核、激烈的競爭考試,也使 ENA 被烙上「菁英主義」的印記;再加上講師團隊幾乎全由現職高官與企業菁英組成,使 ENA 的課堂成為上流社會的對話場域,甚至是官商名流的交際場所。這種現象與法國大革命的自由、平等、博愛之傳統可謂格格不入,因而造成法國社會對 ENA 的兩極評價。2019 年馬克宏為安撫「黃背心」運動,承諾對政府高階文官進行改革,包括強化高階文官選才的代表性,甚至廢除自己的母校 ENA;雖然目前(2021)暫時以減招 50% 安撫社運人士,卻也讓 ENA 籠罩在前途未卜的烏雲下。

UNIT 5-9
公務員懲戒與申訴

(一) 懲戒

法國是行政法的發源地,各種行政法制度不但完備而且先進,體現在公務員權利保護與救濟制度方面,法國的法律以及最高行政法院判例也有相當完整細膩的保障與規定。惟法國的人事行政部內制特色,將公務員懲戒視為行政機關自主之人事行政範圍事項,若由國會制定法律,反有侵害行政管理權之虞。因此,僅在文官法中對公務員之權利、義務、懲戒等為原則性之規定,仍有為數甚多之事項,由行政機關發布命令予以規範;且法條明定上述命令之內容,不受法律之拘束,與我國之法律優位概念不同。

基於前述人事行政基礎,具有任用權的機關首長,即具有懲戒權;若是輕微的懲戒處分,如警告、申誡等,可由具有懲戒權的首長授權所屬行使,即交由被懲戒者之直屬長官為之;至於情節重大之懲戒處分,則依一定程序,請見右頁圖示說明。此外,基於相同理由,懲戒是一種行政管理上的行為,懲戒種類並不涉及被付懲戒人之自由及財產,故拘役或罰鍰等不得為懲戒處分的類型,而僅以其職務上的相關權利為範圍,包括:

❶ 警告與申誡。

❷ 從晉升候補名單中除名、降低俸點,15 日以下之停職與強迫調職。

❸ 降官等與半年或 2 年以上之停職。

❹ 保留退休金請求權之強迫退休與免職。

上述懲戒處分中,由於保障公務員之權益,對停職處分予以一定的限制,僅當被付懲戒人違法行為情節重大且其俸給需予停發一半以上時,始得予以停職。停職可由具有懲戒權者下令執行,但需立即陳報部長,且部長需將情形告知人事管理協議委員會。如懲戒案未能於 4 個月內作成決定,則被付懲戒人應恢復支給全俸;如被付懲戒人予以無罪或僅予以輕微之懲戒,則原已停發之俸給需予補發。

(二) 申訴

如懲戒權者不照人事管理協議會的建議,而給予較重的懲戒處分時,被付懲戒人可經人事制度協議會的許可,於接獲懲戒通知後 1 個月內向最高人事制度協議委員會提出申訴。

最高人事協議委員會可於接到申訴案 1 個月內(如需再做查詢則於 4 個月內),決定拒絕申訴案,或向部長提出取消原處分或修正原處分的建議。

部長在參考最高人事協議委員會的建議後,對懲戒案作成最後的決定。如果被懲戒者仍然不服部長之決定者,得向評政院提出上訴(警察及監獄人員不得提出上訴)。經評政院議決之懲戒,即為終局決定,不得再提出上訴。

構成懲戒的事由

項目	內容
違反法定公務員義務	依文官法（第一部分）規定，公務員義務包括： ❶ 公務員應奉獻其職業活動之全部於其受任之工作，不得從事以其職銜營利之私人活動。 ❷ 不得以己名義或他人名義，於其所屬機關監督之企業獲取利益。 ❸ 保守業務機密，並在保密規定下，滿足群眾知的要求。 ❹ 執行職務，並遵守上級合法及不犧牲公共利益之命令。
在職務遂行上或在職務有關事項上行為不檢	❶ 執行職務之態度惡劣。 ❷ 冒領金錢。 ❸ 竊取公物。 ❹ 從事個人私利活動。 ❺ 考試時有虛偽或不法行為。 ❻ 嚴重有損文官尊嚴之私生活行為。

法國公務員受懲處之申訴程序

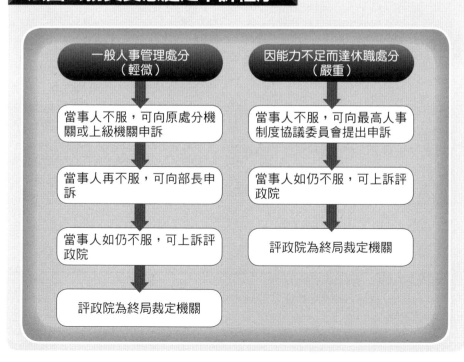

一般人事管理處分（輕微）

當事人不服，可向原處分機關或上級機關申訴

↓

當事人再不服，可向部長申訴

↓

當事人如仍不服，可上訴評政院

↓

評政院為終局裁定機關

因能力不足而達休職處分（嚴重）

當事人不服，可向最高人事制度協議委員會提出申訴

↓

當事人如仍不服，可上訴評政院

↓

評政院為終局裁定機關

UNIT 5-10
公務員服務

圖解各國人事制度

(一) 政治中立規定

對於文官參與政治活動的限制各國不一，但法國毫無疑問是相當寬鬆的；由於法國保證就業安全與民權，公務員參加政治活動的權利是自由的，表達意見的自由，亦與其他公民同。依文官法規定，公務員意見自由應予保障，不因任何政治意見而受到歧視。

法國並無明文規定公務員參加政治活動的範圍，大多數公務員可以自由地加入政黨及參與政治活動，也可以參加地方的及全國的選舉，而且在符合法定條件下，多數地方選舉中不必放棄現職即可成為候選人，另在全國的選舉中亦可登記為候選人；且公務員於當選任期屆滿後有權再回原任機關服務。

公務員雖有公餘參加政治活動的權利，但亦有其義務，包括守法、公正與中立。法國政府要求公務員在運用自由裁量權，以處理其主管事項的時候，不得以其私人動機為出發點。所以，部長或高級文官也常藉由行政規則來阻止其部屬以行動去支持極端反政府的政黨。

總之，法國對於公務員服務之標準，在於評政院對公務員的規範精神，要求其基於公共利益而辦理公務；並在執行職務時，應依法令認真服務民眾。而法國公務員均能秉持國家利益與依法行政為指標，且依據法國公務員法有關權利部分之規定，公務員之意見得以保障，尤以政治上之意見未受差別待遇；公務員參加競選或擔任民選公職，其原有職位亦不受上開因素影響。這種對公務員出於信任而保障公務員其政治活動之自由，反而使公務員在政黨更替頻繁的政局中能扮演穩定的基石。

(二) 旋轉門規範

法國公務員職務終止後從事私人活動之限制，原本僅在國家公務員法條中有原則性之規範，惟自 1990 年後，官員利用長期休假而在民間企業兼職之情形日益增加，因而受到各界之批判。因此，1991 年在「行政及文官總局」中設置了一個「倫理委員會」，以審查退休及長期休假中之官員的私人活動。該委員會之諮詢原本是選擇性的，但自 1994 年起改為必要性的。官員在長期休假期間及退休後 5 年內所進行之私人活動，有義務向人事機關報告，也必須向該委員會諮詢。

此外，目前規定退職（退休）官員在退休後 5 年以內不得從事相關企業或有 30% 之持股等商業活動，違反者得被處 2 年徒刑與相當於 20 萬法郎（約 3 萬 500 歐元）之罰金。

(三) 公共服務品質提升

法國政府自 1980 年代起亦受到新公共管理改革影響，陸續推動行政現代化、品質管理、公共服務革新，及國家與公共服務改革體制等提升公共服務品質的措施。為強化品質管理改革成效，自 1988 年起即將人事行政與國家改革相互伴隨而建構文官主管機關，讀者可詳見單元 5-3。

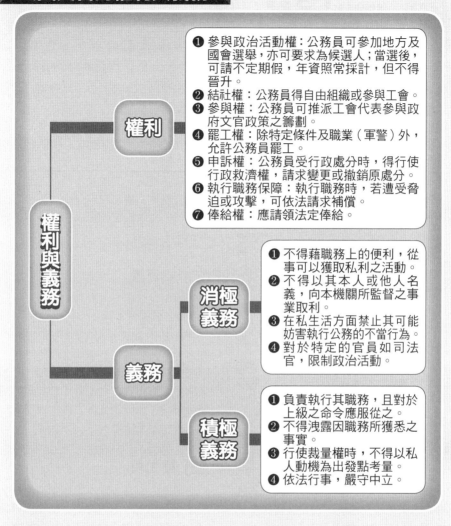

權利與義務

權利

❶ 參與政治活動權：公務員可參加地方及國會選舉，亦可要求為候選人；當選後，可請不定期假，年資照常採計，但不得晉升。
❷ 結社權：公務員得自由組織或參與工會。
❸ 參與權：公務員可推派工會代表參與政府文官政策之籌劃。
❹ 罷工權：除特定條件及職業（軍警）外，允許公務員罷工。
❺ 申訴權：公務員受行政處分時，得行使行政救濟權，請求變更或撤銷原處分。
❻ 執行職務保障：執行職務時，若遭受脅迫或攻擊，可依法請求補償。
❼ 俸給權：應請領法定俸給。

義務

消極義務

❶ 不得藉職務上的便利，從事可以獲取私利之活動。
❷ 不得以其本人或他人名義，向本機關所監督之事業取利。
❸ 在私生活方面禁止其可能妨害執行公務的不當行為。
❹ 對於特定的官員如司法官，限制政治活動。

積極義務

❶ 負責執行其職務，且對於上級之命令應服從之。
❷ 不得洩露因職務所獲悉之事實。
❸ 行使裁量權時，不得以私人動機為出發點考量。
❹ 依法行事，嚴守中立。

 知識補充站 ★對公務倫理的重視趨勢

　　由於公私部門人才交流在法國相當普遍，國家行政學院的畢業生中約有20% 學員在職業生涯中會在私部門工作，因此，如何避免利益衝突、保持行政中立等職業道德議題近年在法國非常受重視。國家行政學院特別對初任公職人員及在職訓練課程中加入相關訓練課程，並邀請任職官員返校進行經驗分享。

　　此外，為確保公務員能維持良好行政風氣並遵守公務倫理，法國 2016 年已通過《公共領域職業操守法》，以加強公務員倫理及權利義務，包括強調政治及行政中立、永業制設計、功績制為基礎的公務員甄補程序、權利與義務平衡、兼職與私人活動之限制，以及內部弊端揭發人保護制度。

UNIT 5-11
公務員勞動權

法國是先進國家中對公務員勞動權保障最完善的國家，公務員可享有包括罷工權在內的完整勞動三權，其源自於法國憲法的認可。

法國第三共和之前的憲法以自由主義為主軸，較缺乏社會主義思想的權利保障事項。而在 20 世紀以後，工業國家的制憲運動紛紛納入「社會權」等新的權利觀，以配合當時工業發展的情況、勞資互動關係，以及經濟社會情形；如 1919 年的德國威瑪憲法，即特別呼應當時的社經情況而有社會法治國的思想。但是，法國的第四共和仍沿用 1870 年開始的第三共和憲法，沒有跟上時代潮流，及至二戰期間法國被德國占領，國家體制受到嚴重的侵害，所以 1946 年才認為舊憲已無法符合法國之實際需要，而有制定新憲之議，第四共和憲法便是在社會主義思潮影響下所制定的新憲。在憲法前言中，明白揭示具社會權性質的「參與權」—透過其代表，所有受薪者皆參與有關工作條件及企業經營管理的集體決定。如果私部門之員工可以公司之經營管理，則公務員亦應享有相似之權利，因此公務員參與機關之人事管理業務乃是自 1946 年第四共和憲法即已確定的原則。

(一) 結社權

法國公務員結社權源自 1983 年通過之《公務員權利義務法》，該法第 8 條明訂：「公務員之工會權利受到保障。相關公務員能自由建立、加入工會組織，並執行其代表權。該等組織擁有訴訟上當事人權利。」法國國家公務員工會之結構乃是各個國家機關成立各自之工會，但各該工會又加入並附屬在全國工會之下，因此，法國具備代表性之公務員工會均為全國工會，而非單一存在於各機關之小型協會性組織。

工會的負責人通常稱為秘書長，由全體會員選出，任期依據工會章程之規定。全國性之工會組織架構，必須包含設置於各機關下的機關公務員工會，各機關公務員工會需設定自己之工會方向與目標，亦應設置秘書以處理各項工會事務。

(二) 協商權

為強化政府與公務員的協商機制，法國 2007 年通過《協商現代化法》，明文揭示所有政府進行與個人和集體勞動、任職、職業進修相關之改革計畫，與國家和跨職業談判相關之範疇，需預先與受薪人和資方之工會代表團體事前進行磋商。而磋商進行之後，更需進一步簽署協定或議定。

(三) 罷工權

法國憲法前言規定：「罷工權得於有關法律之規定限度內行使之」，但目前尚無限制的法律，故原則上公務員團體具有罷工權。但是基於保護一般國民利益之必要，政府亦得對公務員罷工進行若干限制，包括政府得決定罷工的性質及範圍、罷工期間不得支薪且按日扣除，以及當政府認為罷工造成公共利益的重大傷害時，得禁止爭議之持續，不服從者得付懲戒處分。所以，法國的公務員團體並不會輕易的發動罷工。此外，某些公務員如警察、軍人、監獄管理員、負責通訊及安全人員等，不能參加罷工。

法國公務員與政府之制度性對話組織

法國除了公務員自行組織工會之外，政府亦設立相關法定之公務員參與組織，使公務員能透過公務員代表，參與政府人事行政決策，與官員平起平坐，共同磋商討論，但並不是完全具有決定的權力。此等公務員參與組織主要有三類：

全國最高人事協議委員會

以總理為主席，共包含 40 名成員，其中 20 名為行政部門代表，另 20 名為公務員工會代表，主要審理國家公務員之一般、全體性問題，如有與公務員地位有關之法律或命令之修訂，或是跨部會之公務員管理規則等，每年必須提出年度報告。

人事管理協議委員會

係由行政機關之管理代表人與人數相同之公務員代表，組成一委員會，以共同討論機關內公務員制度之設計與營運等管理事項，並可對於任官、升等、懲處等人事案提出建議。原則上，每個行政機關都應該設置一個。

同額技術委員會／衛生安全委員會

此二組織只限於技術性或衛生安全事項之參與。前者一樣由相同人數的行政部門官員與工會代表組成，工會代表由具代表性之工會指派，主要針對服務之組織與運作問題加以討論。後者於每個中央部會設置，非以同額方式組成，主要任務在分析職業風險，調查工作災害，並提出改善方案。

 ★**法國公務員工會的特殊權利**

❶ 與政府行政部門進行對話，包括：俸給之變化與計算、服勤之條件或型態、工作時間之變更、工作組織之調整等。

❷ 工會代表公務員參與機關之各種法定公務員組織，公務員個人並不能自行參與法定公務員組織。

❸ 工會係公務員進行團體訴訟之適格代表，並得為個別公務員之工作上不公平處遇擔當訴訟代理人。

❹ 工會得享有推展業務之便利，包括於機關內獲得工會辦公場所、每個月有 1 小時的工會會議時間、擁有專屬公告欄、收取工會會費、准許特殊休假、免除服務職務，以及為工會訓練而獲得一年 12 日內之休假。

UNIT 5-12 公務員退休

法國自 1853 年即制定退休法，照顧公務員的退休生活；現在的退休制度大體是在 1964 年時建立，並受到憲法所保障，制度發展相當成熟。

(一) 退休種類

許南雄教授將法國公務員退休類型分為三種：一是受懲戒或不適任工作而離職的「強迫提早退休」；二是服務滿 20 年的「自願退休」；三是年滿 60 歲的「命令退休」，不過命令退休的情形，依法得延為 65 歲，如擔任危險或艱苦勞力職務者，可提前於 55 歲退休。

(二) 退休金給與

許南雄教授將法國公務員的退休金之計算方式大致整理如下：

❶ 任職滿 15 年以上而每年扣繳退撫金之公務人員，其年薪（基礎俸給）之 2% 乘以任職年資，即其退休金額，廢疾退休人員則再加給 25% 之退休年金，唯任職不滿 15 年者，退還扣繳之退撫金。

❷ 未達法定退休年齡者，不支給退休金。

❸ 凡任職未滿 15 年而退休者，則退還扣繳之退撫金須扣除社會保險金，而後適用社會保險制度發給社會安全年金。但由社會保險制度轉入公職退休者，原社會保險年資不予計入。

❹ 撫卹金：包括遺族支領寡婦年金（退休金之 50%）、孤兒年金（退休金之 10%）、鰥夫年金（年滿 60 歲或有殘障子女須扶養者，退休年金之 50%）。

上述退撫經費本由國家完全編列預算支付，但是此法導致政府必須以龐大預算撥補支應退撫經費，不僅有違社會保險之財務獨立自主原則，對於國家整體施政的經費預算更可能產生排擠效應。在人口逐漸老化的趨勢下，法國政府近年也開始實施漸進式的公務員退休年金改革，首先是讓「退撫制度獨立運作」，將原本由國家全額支付的退撫金改為由公務人員與政府共同籌款分擔，並將退撫基金交由獨立機構進行基金的財務管理。公務人員每月扣繳其薪俸總額 7.85%，編入政府公務預算，由國家直接管理，作為退休撫卹費用，不足退撫經費則由國家以預算補助。若退撫財務收支失衡，在不改變保險費用及給付等制度時，國家承擔的責任將逐漸提高。

其次是「雙層退撫制度設計」，將退撫制度的給付內容分為雙層，第二層類似補充保險的輔助保障制度，由公務人員與政府共同籌款創設的附加年金制度，其係獨立之制度附加於第一層的基礎年金之上，以保障公務人員維持原有之生活水準為目的。所以現行公務人員退休金之第一層名稱為 CNRACL（Caisse Nationale de Retraite des Agents des Collectivites Locales），第二層名稱為 RAFP（Retraite additionnelle de la fonction Publique）。CNRACL 與 RAFP 皆為隨收隨付制（pay-as-you-go system）之強制性計畫，退休金金額並會隨著通貨膨脹做調整。

目前公務員退休給付以月退方式給付，每月給付額度計算方式為「退休前 6 個月的平均薪資 × 工作期間」；月退俸的上限為不得高於退休前 6 個月平均薪資的 75%。

公務員退休年齡設計

法國公務員法定退休年齡採彈性規定，自 60 歲至 70 歲之間，依工作性質而有不同規定，且如有撫養子女，可延長 1 至 3 年：

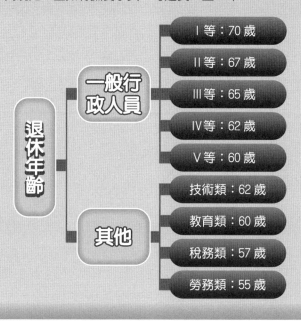

公務員雙層退休俸

CNRACL 為原本確定給付制的月退休金，但無法滿足公務員的退休所需，因此再加入第二層確定提撥制的 RAFP 年金計畫，形成雙層退休俸。

制度名稱	CNRACL	RAFP
退休金制度類型（DB/DC）	DB	DC
退休年齡	60～65 歲	60 歲
年資條件	15 年	無
退休經費來源／提撥比率	共同提撥 公務員提撥 7.85% 政府提撥 27.3%	共同提撥 公務員與雇主各提撥提撥基礎之 5%
退休金計算方式	月退休金額 = 退休前 6 個月的平均薪資 × 工作期間 × 規定比率	年退休金額 = 工作期間累積點數 × 當年服務價值
退休金給付方式	月領	年領
所得替代率	75%	依工作期間與服務價值計算，約有 15～30%

第 **6** 章
日本人事制度

● 章節體系架構

UNIT **6-1**　國情概要

UNIT **6-2**　文官制度概要

UNIT **6-3**　人事主管機關

UNIT **6-4**　公務員體制

UNIT **6-5**　公務員考選與任用

UNIT **6-6**　公務員俸給

UNIT **6-7**　公務員考績

UNIT **6-8**　公務員訓練制度

UNIT **6-9**　公務員懲戒與申訴

UNIT **6-10**　公務員服務

UNIT **6-11**　公務員勞動權

UNIT **6-12**　公務員退休

UNIT **6-1**
國情概要

一直以來，日本都是一個擅長模仿強者的國家；大化革新時效法中國唐朝、明治維新時模仿歐洲列強，二戰後則大量學習美國與英國的制度，從戰後的日本國憲法到人事制度，都可以看到英美的精神。但是，日本人總能以智慧去蕪存菁，將外國的制度改良成適合自己環境的產物，進而成為其他國家學習的對象。

(一) 責任內閣

二次大戰是日本近代歷史一個重要的轉捩點，日本作為戰敗國，在盟軍統帥麥克阿瑟將軍的授意下訂立新憲，1946年，有「麥克阿瑟憲法草案」之稱的「憲法改正草案要綱」獲得國會通過，即《日本國憲法》。由於此憲法是在麥克阿瑟的主導下完成，因而深受歐美憲法觀念影響，包括國民主權、國會至上、內閣制等原則，日本「萬世一系」的天皇已名存實亡。其中，對於公務員的定位，由戰前的「天皇之奴僕」改為「國民之公僕」。

日本國會為兩院制，由眾議院及參議院構成。眾議院是主要的國會，議員法定名額 465 席，任期 4 年，凡兩院在法案議決、預算議決、條約議決、首相人選，以及內閣不信任案等，遇有兩院爭議時，眾議院都有最後決定權。參議院議員法定名額 242 席，主要工作是審查眾議院提出的法案，也就是對眾議院產生制衡的效果。但為避免因制衡而影響行政效率，眾議院仍可再以三分之二的絕對多數強行通過被參議院退回的法案。

日本為內閣制國家，內閣制度的設計大體模仿英國，內閣是最高行政機關，由「內閣總理大臣」與 17 名以內之「國務大臣」組成，總理大臣與國務大臣須為文人而非軍人。總理大臣由國會兩院自議員中選出（兩院人選不一致則進行協調，協調不成則以眾院決議為準），再呈請天皇任命，通常均由眾院第一大黨之黨魁出任。國務大臣由總理大臣任免，其半數以上須自國會議員中選任。總理大臣即一般所謂之「首相」，統率各「省」（相當於我國的「部」）；各省首長為「大臣」（相當於我國的「部長」），其下有副大臣、政務官、事務次官、秘書官、局長、課長……等等。

日本內閣分為一府（內閣府）及十一省（總務省、法務省、外務省、財務省、文部科學省、厚生勞動省、農林水產省、經濟產業省、國土交通省、環境省及防衛省）；各機關均依法設置，不得由內閣首長任意調整。

(二) 行政區劃

日本的一級行政區劃單位為都道府縣，全國分為一都（東京都：Tokyo）、一道（北海道：Hokkaido）、二府（大阪府：Osaka、京都府：Kyoto）和 43 個縣，下設市、町、村。其辦事機構稱為「廳」，即「都廳」、「道廳」、「府廳」、「縣廳」，行政長官稱為「知事」。每個都、道、府、縣下設若干個市、町（相當於鎮）、村。其辦事機構稱「役所」，即「市役所」、「町役所」、「村役所」，行政長官稱為「市長」、「町長」、「村長」。

日本內閣組織結構

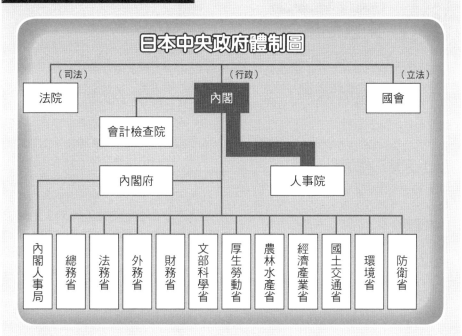

日本中央政府體制圖

（司法）　　　　　　（行政）　　　　　　（立法）

法院　　　　　　　　內閣　　　　　　　　國會

會計檢查院

內閣府　　　　　　　人事院

內閣人事局｜總務省｜法務省｜外務省｜財務省｜文部科學省｜厚生勞動省｜農林水產省｜經濟產業省｜國土交通省｜環境省｜防衛省

★萬世一系的天皇制度

　　儘管日本的天皇已經虛級化，但日本至今仍可謂世上唯一可自稱皇族歷史脈絡從未中斷的國家。日本除了一般常用的西元紀年與天皇年號紀年外，（如西元 2020 年為令和二年），還有一種「皇紀紀年」，即以日本傳說中公元前 660 年神武天皇即位起算，因此西元 2020 年即等於皇紀 2680 年。皇紀在明治時代起由官方採用，二戰時著名的「零式戰鬥機」即是以「皇紀 2600 年」為之命名。唯此種紀元方式隨著二戰後天皇地位的世俗化，已不再為政府官方文書所使用。

★獨特的日本「自衛官」稱號

　　日本防衛省的全體武職人員稱「自衛官」，而不稱「軍人」，為《國家公務員法》第 2 條規定的「特別職公務員」中的一種，可謂「穿著軍裝的公務員」。這種獨特的設計源於 1947 年戰後憲法第 9 條：「日本國民衷心謀求基於正義與秩序的國際和平，永遠放棄作為國家主權發動的戰爭、武力威脅或使用武力作為解決國際爭端的手段。為達到前項目的，不保持陸海空軍及其他戰爭力量，不承認國家的交戰權。」這個規定使日本的「軍隊」喪失了存在的法理基礎。直到韓戰爆發後，美國才允許日本在 1950年建立「國家警察預備隊」。1951 年日本和美國簽訂《日美安全條約》後，於 1952 年設置保安廳，改「警察預備隊」為「保安隊」，並設置「海上警備隊」。1954 年時，為配合美國遠東戰略，日本頒布了《防衛廳設置法》和《自衛隊法》，把「保安隊」改組為「陸上自衛隊」、「海上警備隊」改組為「海上自衛隊」，並新建「航空自衛隊」；這才有了現在我們所看到的「日本自衛隊」。

　　拜日本的雄厚科技與工業實力所賜，再加上長期與美國交好，日本自衛隊的「戰鬥力」十分強大，雖然沒有航母、長程導彈、海軍陸戰隊等攻擊性武器及軍種，但在亞洲仍僅次於中國大陸而名列第二位。

UNIT *6-2*
文官制度概要

日本在二戰前的「官吏」被視為是天皇的僕人，但二戰後在美國的主導下進行了大幅度的變革，故日本文官制度僅以二戰後的狀況描述之。

(一) 文官的優越性

美國於 1946 年派遣以胡佛（Blain Hoover）為首之人事行政顧問團，赴日本調查研究日本的新人事行政方案，主張日本應該建立以「民主」與「效率」為主的公務員制度，並於 1947 年提出「國家公務員法草案」，用美國經驗建立日本的文官制度藍圖，經日本國會於 1947 年通過，奠定日本現行文官制度之基石。

由於戰後日本大力推動地方自治，日本的文官也分成了「國家公務員」（約占四分之一）與「地方公務員」（約占四分之三）；分別適用《國家公務員法》及《地方公務員法》。惟兩部法律的規範相似，地方公務員的待遇也和國家公務員類似。一般來說，由於國家公務員更有機會接近政治權力核心，受到比較多男性的青睞；而地方公務員的工作地點比較穩定，較能兼顧家庭，也是女性求職者的理想工作，因此兩種公務員身分的考試競爭都很激烈，多由東京大學的優秀畢業生錄取。

美國社會學家傅高義（E. F. Vogel）所著的《日本第一》（Japan as Number One, 1979）曾盛讚日本的官僚，認為優秀的日本文官主導了戰後的經濟和產業發展，提升了日本的競爭力。的確，相較於日本的軍人和政治領袖，文官菁英在二次大戰後很少受到清算，這是因為麥克阿瑟的間接統治仍須依賴這些文官，間接強化了文官在政治上的影響力，再加上日本文官多來自東京大學法學部的畢業生，這些全日本最優秀的法科大腦掌握了十分細膩的立法理論與技巧，使日本的政治人物相形見絀，反而依賴高級官員們提供決策所需的資訊及建議，進而由官僚掌握了政治主導權，而非國民選出的政治家，因而日本政治向有「官僚主導」之稱。此外，日本封閉的官僚金字塔使得年過 50 而升遷無望的中高階文官傾向轉往民間機構任職，導致文官體系與企業高層產生緊密的非正式關係，一方面使政府與企業能密切配合，另方面卻也形成貪污圖利的漏洞。日本官僚的影響力之大，身為日本公務員之一的作家城山三郎在其暢銷小說《官僚之夏》中有精彩的描繪。

(二) 內閣政權的反擊

然而隨著 1980 年代泡沫經濟的失控以及隨之而來的金融危機，日本國民對官僚的無能為力感到失望，議會內閣藉此機會逐步收回官僚的政治影響力，自 1990 年代起推動大幅的行政改革：

❶ 政府體制鬆綁

配合新公共管理的自由化風潮，削減官僚對各項事務的管制權力。

❷ 行政程序透明

打破決策黑箱，將政策審議與制定過程公開透明化。

❸ 政治權力主導

設置內閣決策幕僚機構，廣納非官僚體系者加入，將政策議程形成的權力轉移到民選的政治領袖手中。

日本二戰後的文官法制變革

時間	修正重點	制定、修正法律	備註
1946 年	明文規定公務員為全民之服務者（第 15 條）。	制定日本國憲法	天皇發表「人間宣言」，不再是神格，只是象徵性的國家元首，主權歸於國民全體。
1947 年	設立人事院為國家公務員之主管機關。	制定國家公務員法	人事院於國家公務員法公布 1 年後成立，正式成立時間為 1948 年 12 月 3 日。
1965 年	將部分職權改由內閣總理大臣掌理，並設置總理府人事局以輔助內閣總理大臣有關人事制度之業務。	修正國家公務員法	部分職權包括人事紀錄、人事統計報告、勤務評定及效率增進計畫、服務之宣示與服務關係規定等。
1984 年	於總理府下新設總務廳，將總理府人事局之組織與業務歸於總務廳轄下。	修正總理府組織法規、總務廳設置法、總務廳組織令。	
2001 年	中央省廳改造時，於總務省下設人事恩給局等人事行政相關機關。	修正國家行政組織法、總務省設置法及總務省組織令之規定。	
2008 年	擬於內閣官房下創設內閣人事局。	頒布《國家公務員制度改革基本法》。	2014 年 5 月 30 日，正式成立內閣人事局，統一管理中央各部常務次長及局長等人事業務。

第 6 章 日本人事制度

1990 年代起還政於內閣的改革

改革層面	具體做法
政府體制鬆綁	推動「民間活動優先」與「信賴市場機能」。
行政程序透明	1993 年通過《行政手續法》，限縮行政指導權，促成行政程序透明化。
政治權力主導	❶ 1998 年通過《中央省廳改革基本法》，1999 年通過《省廳改革關聯法》，進行部會整併與強化直屬總理大臣的「內閣府」職能，使首相具備掌握政策議程的能力。 ❷ 2000 年通過《內閣府設置法》，內閣府設置「經濟財政諮問會議」，成員包括首相、議員、相關部會大臣、內閣府特命經濟財政擔當大臣，及其他由首相指定的成員，將經濟政策主導權從官僚轉移到內閣。 ❸ 2001 年中央省廳改造，依《國家行政組織法》及《總務省設置法》，於總務省下設人事恩給局、行政管理局、行政評價局等人事行政機關；又於 2014 年正式成立內閣人事局，統一管理中央各部常務次長及局長等人事業務。

UNIT 6-3
人事主管機關

日本在二戰後仿美國「聯邦文官委員會」，設置「人事院」作為行政權之下獨立的人事機關。但近年隨著內閣權力擴張，內閣本身也開始設置人事幕僚機關，並從人事院中將權力逐步取回。因此，我國人事行政學者許南雄認為，日本的人事機關設置現為「折衷制」，但有從「部外制」走向「部內制」的趨勢。

(一) 人事院

人事院為日本法定最高人事機關，依 1947 年公布之《國家公務員法》規定成立，屬完整的部外制人事機關。人事院的組織體系，可分為「人事官」及「事務總局」兩個層級。人事官 3 人，需經國會同意由內閣加以任命，其中 1 人為總裁，採合議制，任期 4 年，最長不得超過 12 年。

人事院會議採合議制，出席該會議並有表決權者，僅有 3 名人事官；人事院會議，至少每週一次，事務總長以幹事身分出席人事院會議，負責作成議事錄。

人事院下設「國家公務員倫理審查會」，由會長與委員 4 人（其中 1 人為人事官）組成，執行 1999 年《國家公務員倫理法》所為之公務員財產申報與禁止圖利等事項。

人事院設「事務總局」，為人事院會議之執行機關，處理人事院實際業務。事務總局下轄各局之業務如下：

❶ **給與局**：負責俸給方案，經每年調查民營企業的薪資水平，並向內閣和國會提出調整公務員薪資的人事院建議，以縮小公務員與企業員工薪資的差距。

❷ **職員福祉局**：負責有關國家公務員之工作條件。

❸ **人材局**：負責國家公務人員任免、考試、派遣、附有任期的職員與研究員制度規劃，及官民人事交流制度規劃。

❹ **公平審查局**：關於不利益處分不服之審查、災害補償審查、給與決定申訴之審查、勤務條件及行政措施之要求之審查，和苦情處理等事項。

❺ **公務員研修所**：針對中央各機關推薦之高級文官與職員舉行聯合研修。

此外，事務總局分設 8 個地方事務局及 1 個「沖繩事務所」，負責人事院業務與計畫在地方的執行。

(二) 內閣人事局

為貫徹內閣人事政策，內閣人事局係依據 2008 年《公務員制度改革法》所設立，負責不屬於人事院之職權業務，主要聯繫與協調內閣官房、人事院、總務省、行政改革推進本部事務局及中央各省廳人事部門的人事行政策略；直轄於內閣總理大臣。

內閣人事局人事幕僚的特性可稱為部內制，與人事院之部外制不同。基本上，內閣人事局之職掌來自於內閣決策與《國家公務員制度法基本法》之規定，其分別由人事院、總務省人事恩給局、內閣總務官室若干職權移轉而來，使得原屬於人事院的職權受到限縮，而人事恩給局則隨著 2014 年內閣人事局正式掛牌運作而廢止。

內閣人事局直接隸屬於內閣官房，其人事職權使日本首相得以統籌管理課長級以上重要官僚人事，藉此管道親自挑選優秀官僚，以及利用人事權操控官僚體系，讓首相具有實質的領導權力。

人事院組織圖

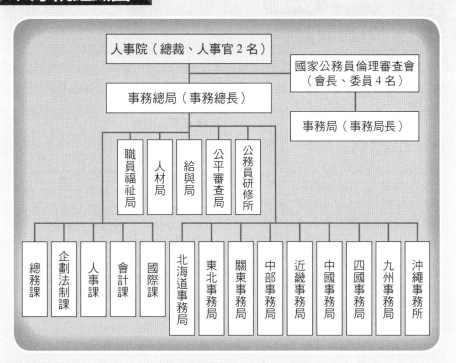

人事院（總裁、人事官 2 名）

國家公務員倫理審查會（會長、委員 4 名）

事務總局（事務總長）

事務局（事務局長）

職員福祉局　人材局　給與局　公平審查局　公務員研修所

總務課　企劃法制課　人事課　會計課　國際課　北海道事務局　東北事務局　關東事務局　中部事務局　近畿事務局　中國事務局　四國事務局　九州事務局　沖繩事務所

人事院與內閣人事局的職權比較

人事官議決事項	人事院職掌	內閣人事局主要職權
● 人事院規則之制定、修正及廢止 ● 向有關機關首長或國會及內閣提出建議與意見 ● 向國會及內閣提出報告 ● 決定考選標準及考選機關 ● 臨時任用事項 ● 俸給方案 ● 制定案件或制定處分	● 有關給與及各種勤務條件之改善 ● 有關人事行政改善之勸告 ● 處理職位分類、考試與任免、訓練進修 ● 懲戒、苦情處理及保障職員福利 ● 確保與職員有關之人事行政之公正性 ● 制定人事院規則及指令	● 人事政策一元化管理 ● 各省廳自組長級、局長級至常次級之任用審查 ● 有關人事費基本方針 ● 有關公務員制度與人事管理方針 ● 有關職務功能、人事評價、服務與退休等事務管理 ● 有關人才運用之規劃 ● 有關退職津貼與特別職給與 ● 指定職俸給及等級數量 ● 各機關制員額管理

UNIT **6-4** 公務員體制

日本傳統的官制，學自中國唐朝；明治維新後的官吏制度，則仿效歐洲；二次大戰後，則受美國的影響最深。

(一) 二次大戰前

明治維新（1867）是開啟近代日本文官改革的契機。1881 年時，名相伊藤博文赴普魯士考察政治制度，隨後即仿效普魯士的文官體系頒布《官吏綱要》（1885）、《文官考試試補及見習規則》（1887）、《官吏服務紀律》（1887）。1889 年頒布的《大日本帝國憲法》（史稱「明治憲法」）第 10 條規定：「天皇決定行政部門之官制及文武官吏之俸給，並任免文武官吏」，「官吏為天皇之家臣」。1893 年又訂頒了《文官任用令》和《文官考試規則》。1918 年開始舉辦文官考試（日本稱「試驗」），此時所採行的「高等考試」含高等文官、外交官、司法官等類科；任用、專門技術與升等考試則由各機關舉辦。內閣總理為行政事務首長，此一時期官吏制度以傳統的品位制為主。整體來說，二戰前日本的文官體制有下列特色：

❶ 強調官吏對天皇的個人忠誠，要求對上級的絕對服從。官吏宣誓效忠天皇，國會議員代表人民，官吏成為天皇御用臣僕。

❷ 官吏擁有特殊社會地位，官民之間存在官尊民卑的思想。

❸ 考試嚴格，高級官吏多出自東京帝國大學法學部，形成菁英官僚。

❹ 沒有統一的中央人事機關，官吏考試由「考試委員會」負責、任用由各省廳自行決定、待遇級別由大藏省管理。

(二) 二次大戰後

戰後日本為落實地方分權自治，文官分為「國家公務員」與「地方公務員」兩種體系，惟地方公務員的制度設計多比照國家公務員。

❶ 國家公務員

日本基於「平等處理原則」（即以功績制為依歸，不考慮種族、信仰、性別、身分、家世等因素）與「情勢適應原則」（即公務員俸給與工作條件等管理措施因應社會情勢而調適），於 1947 年 10 月頒布《國家公務員法》，本法將國家公務員分為「一般職」與「特別職」，一般職即一般常任文官與公營事業人員；特別職指政務官與其他官吏。目前特別職公務員約 30 餘萬人，一般職公務員約 80 餘萬人。

此外，1950 年制定《國家公務員職位分類法》（又稱《職階制法》），形成了完整的分類結構。依據該法，官職分類的基礎是其職務和職責，而不是任職人員自身的資格、功績與能力，顯示職階制是一種職位分類制，而非品位分類制。然而，除了在公務員的俸給管理中落實職務分類的同工同酬外，該法並未實際實施；究其原因，在於日本傳統的資格序列意識，重視身分地位，強調論資排輩，注重人際間的相互依賴與配合，所以不習慣直面且公開的競爭。

❷ 地方公務員

地方公務員約 300 餘萬人，其設置乃基於 1950 年頒布的《地方公務員法》。依該法規定，都道府縣之都市設置「人事委員會」，人事委員會下設「事務局」，處理地方公共團體之人事事項，不涉及全國性人事制度與人事政策事務。

至於地方公務員的重要規範及待遇，基本上類似國家公務員，故後文不再特別贅述。

明治時期的重要文官法規

法規名稱	立法時間	主要規範與產生影響
官吏綱要	1885	規定任職需經考試，內閣中設「考試委員會」審查應考人資格。
文官考試試補及見習規則	1887	規定選拔高級文官和普通文官的範圍，並賦予東京帝國大學的教師與畢業生免試進入政府機關擔任高等文官的特權。
文官考試規則	1893	規定 20 歲以上男子均可參加文官考試；而最高級別的「奏任官」從高等文官中擇優選用。
文官任用令	1893	
文官資格保障令	1899	此二法與 1899 年重修之《文官任用令》合稱為「文官三令」，強化官員的專門知識與技術要求，成為奠定日後優質文官的基礎。
文官懲戒令	1899	

日本國家公務員一般職人員級別代表職務

職級別	本省廳	管區機關
11 級	部長、課長	機關長官、部長
10 級	課長、室長	部長
9 級	室長	課長
8 級	課長補佐	課長
7 級	課長補佐	課長補佐
6 級	係長	課長補佐、係長
5 級	係長	係長
4 級	係長、主任、專門官	係長、主任、專門官
3 級	主任、係員	主任、係員
2 級	係員	係員
1 級	係員	係員

日本特別職公務員的範圍

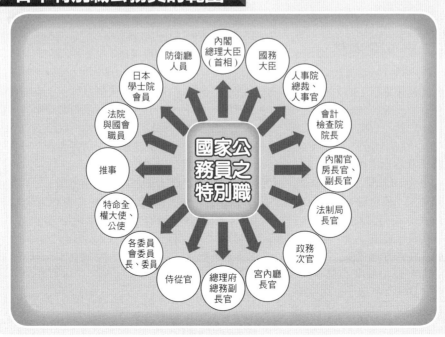

UNIT **6-5**
公務員考選與任用

受到少子化與高學歷的影響，日本國家人力資源結構逐漸變化，日本的文官考試制度也在 2012 年進行大幅度調整。修改後的國家公務員考試分為四種：

(一) 綜合職考試

該考試性質接近我國高考二級、三級，著重測出考生政策規劃的能力，除政策研擬能力外，亦包含處理一般辦公室事務能力，以及對國際情勢的適應力。該考試分為兩類：

❶ 碩士畢業者考試

已完成或即將完成研究所碩士課程（30 歲未滿），或經人事院認可具同等資格者為對象之考試。

❷ 大學程度考試

以 21 歲以上，未滿 30 歲的大學畢業生為對象之考試。21 歲以下的大學畢業生（含預期畢業者）亦可報考。

(二) 一般職考試

該考試性質類似我國普考，重視處理行政基礎事務之能力考試，著重測出考生從事一般性辦公室工作的能力。考試內容包括第一次考試（筆試）及第二次考試（面訪考試）。該考試亦分兩種：

❶ 大學程度考試

未滿 30 歲的大學畢業生（含預期畢業者），或短期大學畢業生（含預期畢業者）亦符合應考資格，錄取者可從「係長」任用。

❷ 高中畢業者考試

即將高中畢業及高中畢業後 2 年以內，過去 2 年至 5 年內自中學畢業者亦符合應考資格，錄取者以「係員」任用。

(三) 專門職任用考試

這是為了招募公務官員從事特定領域的專業工作而舉辦的考試，如勞動基準稽查員、皇家侍衛、航空管制員、監獄官、海上保安大學招募考試等。其亦區分為大學畢業程度考試及中學畢業程度考試，仍採分試制度，測驗各該專門職工作所需之特定能力，但也會因各專門職工作所需之特定能力不同而施行其他測驗，如監獄官的招募考試包含測試考生柔道與劍道之實務測驗。報考年齡通常介於 21 歲至 30 歲，若較需要社會經驗的法務省專門職員則設定於 30 歲至 40 歲。

(四) 中途任用考試

這是一種特別為招募私部門人才而舉辦的非例行性考試，只在開缺時舉辦。依等級分為兩種：

❶ 經歷採用考試

屬於非入門等級的中途任用考試，以招募私部門單位主管級以上之有實務經驗的人才。考試類型由內閣府與各部會於職務開缺時，依該職務位階而定。考試方式除基礎能力測驗與面談外，另依該職位所需設定。

❷ 入門等級的中途任用考試

只在職務開缺時才會舉辦，40 歲以下，不論學歷及經驗都能應考。

綜合職考試程序

第一次考試	分為基礎能力考試（多重選擇題）及專業考試（含多重選擇題及申論）。
及格後參加第二次考試	
第二次考試	● 政策課題討論（碩士畢業者考試適用）：透過團體討論方式測驗表達能力與溝通技巧。 ● 政策課題論文（大學程度考試適用）：以規劃政策筆試方式測驗思考和判斷之整體能力。 ● 面訪考試（面試）：實施個別訪談以觀察受測者個性與溝通能力。

任用

日本公務員之任用方式在《國家公務員法》中規定有錄用、升任、轉任、降任、臨時任用等五種，在《人事院規則》中有調任、兼任、任用特例等三種。

法規	種類	意義
國家公務員法	錄用	係指任用新進人員初次任職，即考試任用之初任制度。凡考試及格者經列入「候用名冊」（保留 3 年）由用人機關遴用，或經人事院分發提供遴用。經錄用者須試用半年而後正式任用。
	升任	晉升依升等考試或以工作成績及年資因素甄選，近年多以工作能力及其績效為升遷考慮，而不辦升等考試。
	轉任	指不同任命權者機關間的平調。
	降任	指降調至較低職位任用。
	臨時任用	指具有下列情事之一時，由任命權者報請人事院核准後，作不超過 6 個月期間之臨時任用： ● 因災害或其他重大事故，需作緊急措施，在依錄用等方法用人之前不宜使職位空缺者。 ● 擬任職位可能在 1 年之內廢止者。 ● 任用機關申請分發考試及格人員，而分發機關無人可資分發，或雖有列冊人員但其人數不滿 5 人者。
人事院規則	調任	調任係互調程序，指在同一任命權者機關內平調，其調任情形與轉任相同。又科長級以上人員之調任需經人事院之審查。
	兼任	指依法使現職人員兼任另一職位。兼任限下列情形：❶依法得為兼任；❷兼任《國家行政組織法》規定之審議會或協議會職位；❸以非經常服務人員兼任經常服務之職位者；❹兼任與本職服務時間不衝突之另一職位者；❺兼任期間不超過 3 個月者；❻兼任另一職位後，對原有職務之處理並無顯著之影響者。
	任用特例	人事院於 1961 年訂定《任用非經常服務之職員特例》，依該特例規定，非經常服務之職員得不經考試，由各機關自行任用。

知識補充站 ★面訪考試

人事院舉辦的各種考試均有面試，面試前也會進行人格測驗，面試通常置於第二試，面試官通常有 3 位，1 位為人事院專任考試官，另 2 位為用人機關人員。面試列入總分計算，但經過個別面試後總分達到合格標準者並不代表一定可以獲得任用，在綜合職與一般職大學畢業以上人員的考試均需經過「官廳訪問」的過程，亦即合格後依據應考人申請的機關，在一定時間內由受申請機關再進行面試，決定是否任用，最終合格被任用的人數比率約五至七成。

UNIT 6-6
公務員俸給

日本的職位制精神在俸表中展現，文官的俸表種類共有十七種之多，依照《一般職給與法》規定，一般行政事務的文官俸給表係「行政職俸表」，可分為兩種；「行政職俸表（一）」之適用對象為非適用其他表別之所有一般常任人員，「行政職俸表（二）」則以守衛、勞務作業員等相關職務為適用對象。

(一) 日本公務員待遇特色

日本公務員的待遇稱為「給與」，從《國家公務員法》的規定中，可歸納其給與制度具四大特色：

❶ **適應情勢原則**：由人事院依據經濟情況變化、適當生活費（依適當的營養金、人際費、服裝費等綜合計算），及民間薪資水準等因素的調查數據，每年向內閣及國會提出公務員俸給調整之建議。

❷ **同工同酬原則**：日本雖未直接實施「職階制」（即職位制），但職位制的同工同酬精神仍展現在公務員的各種俸表之中，其俸給皆依其職位之職務與責任支給，能反映職務之複雜度、困難度與所擔負之責任程度。「行政職俸表（一）」中共有 10 個職級（即我國公務員的「職等」），每一職級中又設有數量不同的「号俸」（即我國公務員的「俸級」）。職級反映職位的高低，号俸則可看出年資的長短與績效的表現；一個職級，少則 21 個号俸（10 級），多則 125 個号俸（2 級）。

❸ **依法給與原則**：各種俸給都有法令規定，非依法不得支領。例如一般常任文官適用《一般職給與法》，檢察官適用《檢察官俸給法》，大臣、副大臣、大使、公使等適用《特別職給與法》，法官適用《裁判官報酬法》，防衛省職員適用《防衛省給與法》……等等。

❹ **成績主義原則**：俸給制度與公務員的績效評價有密切關聯，個人俸級的晉升與績效成績密切相關。

(二) 俸給制度改革

原本公務員在原職級內每年晉敘 1 至 2 個号俸的情況下，將很快晉敘至最高号俸。若此時公務員未能在短期內獲得職級晉升之機會（亦即若未能升任較高職等之職務），將造成長久滯留於相同俸級之情形，對其工作士氣產生負面影響。為此人事院在 2006 年重新修正俸表，增加号俸，將原俸表之每一号俸再細分為 4 個号俸；以行政職俸表為例，將原本最多 32 個号俸的職級擴增至 125 個号俸。由於增加号俸的方式是在原号俸內再予細分，而非在原有的最高号俸上另外加新的号俸，因此不會增加最高号之俸給月額。

(三) 俸給調整程序

日本文官的俸給調整亦必須根據《國家公務員法》為之，人事院如認有調整之必要，應向內閣及國會提出調整之建議方案。且俸表應考慮生計費用、民間支薪狀況及其他適當措施訂定。因此，人事院每年 4 月針對 50 人以上企業進行民間薪資水準調查（因為日本民間企業勞資雙方按例會在春季展開集體協商，4 月份依照協商結果調整薪資），同時亦會對一般行政職公務員進行俸給水準調查，再將兩個調查結果按照工作性質、職務高低、學歷程度、年齡及工作地點等因素相互比較。比較後若發現公私部門薪資水準確有差異，即應提出俸給調整建議方案。最後，人事院應分別向內閣及國會提出俸給調整建議案，由內閣會議討論，擬定給與法修正案送國會審議，國會審議通過後，人事院再配合修訂或發布後續之行政規則。

公務員的「俸給」和「給與」

給與 = 俸給（俸給月額，即「本俸」）+ 津貼（手當）

日本公務員的津貼種類

職務特殊性之津貼	❶ **俸給特別調整額**：擔任管理及監督職位之人員支給，類似我國主管職務加給。 ❷ **管理職員特別勤務津貼**：擔任管理及監督職位之人員如因臨時緊急之必要而於週休日或平日深夜（午夜 12 時至清晨 5 時）服勤務者支給。 ❸ **特殊勤務津貼**：對於從事具有特殊危險或困難之勤務者支給。例如坑內作業、水上作業、航空、處理爆發物、死刑執行、大體處理、防疫作業、處理有害物、處理放射線、異常壓力內作業、夜間特殊業務、護衛、極地觀測、國際緊急援助……等計有 27 種。
生活補助性之津貼	❶ **扶養津貼**：對於需扶養配偶、父母、子女者支給。 ❷ **住居津貼**：對於需租屋居住者支給。 ❸ **通勤津貼**：通勤距離在 2 公里以上而需利用大眾運輸工具或自行開車者支給。 ❹ **單身赴任津貼**：因服勤關係自行至辦公處所附近居住而需與配偶分隔兩地者支給。
地域關係之津貼	❶ **地域津貼**：對於在民間薪資水準、物價水準較高地區服勤者支給。支給最高等級地區為東京都，第 2 級為大阪市及橫濱市，共分 7 個等級。 ❷ **服勤地區異動津貼**：因職務異動或機關搬遷以致新機關所在地區與原機關所在地區不同時，按照兩地相隔距離計算支給比率，並自異動日起 3 年內支給。 ❸ **特地勤務津貼**：對於服務於離島等生活較不便利地區人員所支給，以特定機關為對象，並非每個機關的公務員都有。 ❹ **寒冷地津貼**：對於在寒冷地服勤者，從每年 11 月至次年 3 月間支給。支領最高等級之地區為旭川市、帶廣市。
超時勤務津貼	❶ **超過勤務津貼**：服勤時間超過正規勤務時間者支給。 ❷ **節日給與**：依照節日法所規定之休息日仍服勤務者支給。 ❸ **夜勤津貼**：深夜時服勤務者支給。 ❹ **值日津貼**：輪值日勤務者支給。
獎金性之津貼	❶ **期末津貼**：對於每年 6 月 1 日及 12 月 1 日在職者支給。 ❷ **勤勉津貼**：對於每年 6 月 1 日及 12 月 1 日在職者，按其勤務成績支給。
其他津貼	❶ **本府省業務調整津貼**：對於服勤於中央府省（中央機關）之部分人員支給。但如已領取俸給特別調整額之主管人員則不再支給。 ❷ **初任給調整津貼**：對具備特定專門知識且甄補人力較為困難之職位，自進用人員開始支給此項津貼，其後則按任職年數遞減。如醫師、研究機關之研究員等。 ❸ **專門業務職調整津貼**：對所任職務在業務遂行上必需具備極高度專門知識經驗、業務之重要度及困難度特高者支給。 ❹ **研究員調整津貼**：與科學技術有關之實驗研究機關研究人員支給。

UNIT 6-7 公務員考績

日本並無公務員考績專法，僅在《國家公務員法》第 71 條與第 72 條對公務員的考績作原則性規定，其大要包括：❶機關首長對於所屬公務員執行公務應定期評定其考績；❷考績評定及記錄等事項，授權以政令來加以規範；❸有關考績優劣之敘獎與矯正，由內閣總理訂定方案；❹考績的實施機關係各機關首長，而考績的主管機關為「內閣總理大臣」。最高行政首長與各機關首長應對公務員考績負監督與實施之權責，有關考績作業細則規定，則由人事院管理。

日本公務員考績原稱為「勤務評定」，係對公務員服務成績之考核，其目的在提高工作效率並作為升遷、調派、訓練等人事措施之依據。惟當今受新公共管理風潮影響，多仿效民間企業而改以「人事評價」稱之。

(一) 評價類型

自 2009 年起日本實施新的人事評價制度，主要係藉由考評公務員「目前狀況」，即能力與工作情形，藉以改變公務員行為，促進能力發展，以達人力資源管理目的。新制以公務人員能力及績效作為考評依據，分為「能力評價」與「業績評價」兩種，能力考核每年舉辦一次，績效考核每年舉辦兩次，於舉行期初考核及期末考核後，分別辦理一次面談，期末面談時，受考人可先行自我考評，並實施考評者與受考人會談。新制評價類型說明如下：

❶ 能力評價

能力評價每年一次，依公務員職務執行應展現之能力行為與實際所發揮的能力進行評價。但潛在的能力或者與業務無關的能力或如性格等主觀抽象的評定則不屬於評價範圍。

❷ 業績評價

業績評價每年兩次，依完成任務的程度進行評價。採目標管理方式進行，目標設定時應注意與「機關政策關聯性」、「重視民眾服務觀點」、「面談機制」等方面。除已定之目標外，必要時可對於突發狀況之應變處理等情形綜合評價。

(二) 評價結果

一般公務員評價等次分為「最優」、「優秀」、「良好」、「普通」、「低劣」等五級。「最優」者翌年可晉 8 個号俸，「優秀」者翌年可晉 6 個号俸，「良好」者翌年可晉 4 個号俸，「普通」者翌年可晉 2 個号俸，「低劣」者翌年不晉号俸。但是，管理階層人員工作表現為「良好」者，僅能晉 3 個号俸，至於考評為「優秀」和「最優」者，則需受到比率的限制。而年滿 55 歲以上人員之晉敘幅度，則係通常規定的一半。

另勤務效率不佳之公務員，則可能受到降任或免職的處分。而所謂「勤務效率不佳」，按日本公務員的考績等次來看，應該相當於「普通」及「低劣」這兩等次人員。

公務員績效評定程序

階段	說明
期初面談（目標設定）	使受考人於考評期間明瞭業務目標，使考評人與受考人達到共識。
受考人自我申報	受考人於考評間檢視自己業務完成情形以獲取經驗，自我反省，並瞭解自我優、缺點。
評定、調整與確認	由考評人參考自我申報資料後進行評價，給予評語（評定）；再由調整者居中調整，以避免評價偏差，確保公正（調整）；如符合評價要旨，由實施權者予以確認（確認）。如經實施權者（機關首長）審查認為有不適當情形，可「再評定」或「再調整」。
評價結果公開	能力評價與業績評價結果均應向受考人公開，促使公務員主動努力以提升組織績效。
期末面談	結果公開後再與受考人進行期末面談，給予受考人指導與建議。透過雙向溝通改善業務，並促進自發性提升。
陳情規定	人事評價過程無考績委員會，但訂有人事評價陳情規定，雖非屬救濟途徑，但經審酌認為必要，尚可要求考評人再評定，對於公正評價有督促作用，有助於確保評價結果之公正。

UNIT **6-8**
公務員訓練制度

圖解各國人事制度

日本文官的素質優異舉世聞名,除了與其能吸引人才報考的傳統優越社會地位及素來嚴謹認真的民族性格外,嚴格的訓練亦功不可沒。日本的公務員訓練稱為「研修」,依據日本《國家公務員法》的規定,為發揮與增進國家公務員的勤務效率,人事院及有關機關首長應訂定公務員的訓練進修計畫並實施之(地方公務員法亦有類似規定)。近年來因人口高齡化的趨勢,政府對於公務員研修活動愈加重視,不論是中央或地方機關,都設有各自的研修場所,亦有共同分擔經費籌設之研修場所,各級不同研修機關間不但聯繫密切,而且相互支援,以求彼此研修內容的整合。

國家公務人員研修,係由人事院及各省(部)負責辦理。人事院作為中央人事行政機關,職司國家公務人員研修制度方案的起草與規劃,並設有「公務員研修所」,以國家公務員為對象辦理各類研修,並以共通性研修為主。各省(部)則以各該省之國家公務人員為對象,除辦理若干通識性研修外,以辦理各項專業研修為主。人事院的研修規劃相當重視跨領域及國際視野的培養,研修課程大致有下列三個特點:

❶ 重視當前各省個別實施之政策討論及意見交換,以小組討論的研修方式,讓研修的學員彼此相互啟發。

❷ 追求跨領域的交流以擴大視野,透過來自各省不同領域的研修人員共同研習,甚至部分研修課程亦開放地方公共團體、民間企業及外國政府等人員參加,達到跨領域交流之目的,並依據課程及研修主題,自外界聘請專業講師。

❸ 以研修者為主體而設計研修機制,例如為促進研修人員之相互交流及啟發,常採取職場外研修與住宿研修等方式,於研修課程進行中及課後,營造自由交換意見與經驗分享之機制。

若以參與研修的對象來分,可分為「管理者研修」、「監督者研修」、「一般公務員研修」與「新進人員研修」等四類。前三者屬於在職期間的訓練;❶「管理者研修」主要是針對列入升遷序列的年輕公務員,以培養他們未來成為更高層級文官所應具備的政策分析能力,以參贊決策,主要課程方向包括經治學、政治學、法律、國際關係,及社會時事分析等;❷「監督者研修」旨在培養組織內部的管理人才,主要課程方向包括監督管理、工作改善與屬員訓練等,由於著重管理實務,訓練方式常以個案講解及會議討論為之;❸「一般公務員研修」則為適應特定工作需要所舉辦之訓練,由執行該職務的承辦人員參加;至於❹「新進人員研修」則屬於職前訓練,按錄用管道之不同分別施予訓練。

此外,日本還有著名的「行政官員在外研究員制度」(派遣研修),即選派優秀公務員至國外訓練機構或學術機構接受為期半年至 2 年間的訓練,以培養公務員的國際視野。

人事院規劃的各種研修

研修型態	研修類別	研修重點
層級別研修	幹部行政官研討會	以幹部職員為對象，重點為行政願景及文官角色。
	行政研修	以培育行政核心人才為對象，著重政策規劃、方案設計、國家政策等課題。
	各省府地方機關職員層級別研修	以各省府之地方分支機關公務員為對象，著重公務員必備之相關知能。
研修指導者養成研修	監督者研修	以課長輔佐級、係長級之職員為對象，重視管理與領導能力。
	倫理、性騷擾防止研修	以提升公務員倫理觀念，及防止職場性騷擾為目的。
主題別研修	公務應對研修	以提升公務應對相關知能為主之研修。
	女性職員研修	以提升女性職員工作知能為主的研修。
	中途採用者研修	以從民間企業採用而來之公務人員為對象之研修。
	中途任用考試及格任用者研修	以中途任用考試及格並經任用者為對象，研修內容以公務員必備之基本公務知能為主。
	師傅養成研修	以師傅（職場導師）的基礎知識、溝通技巧等為主。
	評價能力養成研修	以提升管理者的職員考評能力為主。
	研修擔當官養成研修	以從事研修的企劃、講師的職員為對象之研修。
	採用擔當官研修	針對各省府擔任遴用國家公務人員考試候用名冊人員的面試技巧等所為之研修。
	其他主題研修	例如志工、語言研修等。
派遣研修	短期在外研究員研修	研修期 6 個月，選派經驗豐富之中階公務員至外國機關或國際機構進行專題研究，以提升處理專門性、技術性業務之能力。
	長期在外研究員研修	研修期 2 年，選派青年有為之公務員前往美、英、法、德等國留學，並以取得大學或碩士學位為目標，增廣國際視野，培養處理國際事務之能力。

第 **6** 章

日本人事制度

UNIT **6-9**
公務員懲戒與申訴

日本公務員懲戒制度源於明治維新時期「文官三令」之《文官懲戒令》，現今日本並無獨立的懲戒法律，而是在《國家公務員法》及《地方公務員法》中進行規範。

國家公務員之懲戒之權屬有任命權者，所謂「有任命權者」主要是指機關首長，另以人事院為全國公務員懲戒案件之覆審機關；而受懲戒者僅為一般職的常任文官，政務官不包含在內。受懲戒之公務員如認為懲戒處分不合理，則公務員本人得就不利處分向人事院申訴，人事院或其指定機關應立即調查，公開審理，其結果得由人事院撤銷其處分或承認其處分；公務員如不服，則再向普通法院（行政法庭）提出司法救濟。

國家公務員受懲戒之原因，包括：❶違反國家公務員法及基於該法之命令者，包含該法所規定的作為或不作為義務、與職務有關之法規命令，以及上級機關發布之職務命令；❷違反職務上之義務或懈怠職務者，如執行職務欠缺認真謹慎而未能達成預期結果；❸有不適為國民公僕之不良行為者，如有損公務員形象等。有上述事由之公務員，可能遭受免職、停職、減俸、申誡等處分。

所謂免職者，即喪失公務員身分，並自處分之日起2年內不得擔任官職，亦不得支領退職津貼。所謂停職者，雖仍保有公務員身分，但不得從事職務，停職期間自1日以上至1年以下，不支付任何給與。所謂受減俸者，期間為1年以內，自俸給中扣減月俸額五分之一以下的金額。而申誡者，僅係確認其違反義務之責任，並促使其將來更能謹慎之處分。

此外，若公務員工作績效不佳；或因身心障礙而無法執行職務；又或因官制、編制員額之修正廢止或裁撤職位而導致員額過剩，抑或有其他欠缺該職位所必要的適格性者，有可能遭到降任、休職、免職、減俸、申誡等五種「分限處分」（即改變原本公務員身分的處分）。

日本並未明文規定懲戒程序，僅要求以公正處理為基本原則。懲戒權者決定對所屬為懲戒處分時，應製作懲戒處分書及懲戒處分說明書，交付懲戒人。懲戒處分書應載明被懲戒人姓名、所屬機關名稱、職位、職級、處分內容、日期及懲戒權人之官職、姓名、印信；懲戒處分說明書除載明前述內容外，更重要的是法律依據、處分種類、程度、理由、刑懲關係及教示如對該處分不服，得向人事院聲明不服及聲明不服之期間等。

日本原則上採「刑懲並行」原則，意即懲戒案件如仍繫屬刑事法庭時，人事院得對同一案件進行懲戒程序，不妨礙該職員因同一或相牽連之案件，再受刑事之追訴。

受懲戒對象及依據

身分		依據法令
國家公務員	一般職	國家公務員法
	特別職	依與各該公務員相關之法律規定為之
地方公務員		地方公務員法
政務官		不受懲戒

不服懲戒之申訴程序

日本將公務員懲戒處分視為行政處分的一種，但由於《國家公務員法》採嚴格的訴願前置主義，故於起訴前，須先依人事院規則請求救濟。其救濟程序如下：

向人事院請求審查
- 受懲戒人對於行政機關之懲戒處分不服者，應於法定期間，向人事院請求審查。

審查
- 程序審查：人事院收受審查請求書後，應即先程序上之審查，以決定應否受理該請求。
- 正式審查：人事院受理審查請求後，應即通知請求人，並將請求書副本送交懲戒權者。請求人在人事院判定之前，得經人事院之同意，以書面將請求全部或一部撤回。對於懲戒處分之審查，由人事院設立公平委員會以書面審查或言詞辯論方式進行之。

判定
- 人事院就公平委員會所提出之調查結果，經人事院會議之議決，作成判定書。

再審
- 人事院之判定終局裁決，當事人對之均不得再爭執，惟有下列情形之一者，人事院得因當事人之申請或依職權為再審之判定：
  ❶ 人事院指定之公平委員具有迴避之原因者。
  ❷ 判定基礎之證據資料，經證明係偽造或變造者。
  ❸ 判定基礎之證人之證言、當事人之陳述或鑑定人之鑑定，經證明者。
  ❹ 經發現有未經斟酌之重大證據者。
  ❺ 影響判定之事實漏未斟酌者。

起訴
- 不服人事院之判定，得提起撤銷處分之訴。

UNIT **6-10** 公務員服務

(一) 政治中立規範

基於憲法規定，日本公務員係為全體國民服務，《國家公務員法》與《地方公務員法》均有關於政治行為之限制。例如前者規定公務員不得從事及參與出於政黨或政治目的之要求或受領捐款及其他利益，不得為民選之公職候選人，不得為政黨或其他政治性團體之幹部、政治顧問或其他同性質之成員等；違反者將遭受 3 年以下有期徒刑或 10 萬日圓以下罰金。此外，在《人事院規則》中，亦對於「政治目的」與「政治行為」有詳細的規定，與我國《公務人員行政中立法》類似。

(二) 公務倫理規範

由於 1998 年日本「大藏省」（現為財務省）爆發嚴重的集體貪污事件，遂於 1999 年訂頒《國家公務員倫理法》，重申公務員應嚴守公私分明，不得為自己所屬組織之私人利益，擅自利用其職務或地位。行使法律授與之權限時，不得接受行使對象之饋贈等，不得有招致國民疑慮或不信任之行為。而內閣各機關中均設置「倫理監督官」，並應每年向國會提出有關文官維持其公務倫理之狀況及為維持公務倫理所採措施之報告書。

此外，人事院依該法設獨立行使職權的「國家公務員倫理審查會」，職掌有關：❶ 國家公務員倫理規程之制定、改廢意見之提出；❷ 違反倫理法規、懲戒處分基準之作成、變更；❸ 有關為倫理保持之目的之研修綜合計畫、調整、體制整備、建言；❹ 各種報告書之審查；❺ 有關違反倫理法規之行為調查、懲戒；❻ 向內閣提出制定或修改國家公

務員倫理規程的意見；❼ 制定或修改違反本法時之懲戒處分標準；❽ 進行維持職員公務倫理相關事項之調查研究及企劃；❾ 對各省各廳之首長給予遵守國家公務員倫理體制的指導及建議；❿ 審查贈與報告書、股票報告書及所得報告書；以及 ⓫ 要求任命權者為維持公務倫理應採取必要之監督措施……等等。

(三) 旋轉門規範

日本《國家公務員法》中訂有旋轉門條款及事前審查許可機制。原則上，除非經過事前許可，公務員離職後 2 年內，不得承諾就任或就任與職員離職前 5 年內的在職單位，及為人事院規則所定國家的機關、特定獨立行政法人，或日本郵政公社有密切關係的營利事業。而「事前審查許可」除了由機關首長為即將離職的下屬提出申請而獲得人事院的認可之外，也可在人事院的授權下，由首長或被授權官員進行個案審查。

日本也訂有獨特的「官民人事交流制度」，讓政府與民間的人才得以在公開透明的制度規範下相互交流。不過，這種制度也常遭到非議，被認為容易養成既得利益者。因此，在 2007 年後，日本於內閣府設置「官民人才交流中心」，以管理人事交流的相關作業。

官民人事交流制度

政府機關　　　　　　　　　　　　　　　　　　　　**民間組織**

交流派遣（從國家到民間）

各中央機關公務員於一定期間被派遣至民間企業，受僱擔任派遣期間原則上為 3 年，必要時得延長為 5 年，由民間企業支薪及僱用，除保險外均適用民間企業職員之各種制度，但派遣期間仍須遵守公務員之各種義務。

交流採用（從民間到國家）

國家經過選考，進用民間企業職員擔任定期國家公務員。經採用之企業人員為國家正規職員，其薪俸由國家給付。實務上分為兩種：

❶ 退職型：被採用之企業職員先自原服務之企業辦理退離職後再到國家機關服務，服務期限屆滿後，需由民間企業再度僱用。

❷ 持續僱用型：被採用之企業職員在擔任國家公務員之期間，仍持續為原服務之企業繼續僱用（又稱雙方僱用），任期屆滿後即回歸企業。

交流原則

❶ 若民間企業或其管理人員因業務相關之刑事案件受到起訴，並因此遭到停業或罰金之處罰，2 年內不得從事官民交流。

❷ 國家機關如對某些民間企業具有許可或認可其申請事項之處分權限，則不得將負責辦理是類業務之國家公務員派遣至該等民間企業任職，反之亦不可將該等民間企業之職員採用為國家公務員。

❸ 單一民間企業與國家相同機關間之交流可連續進行 3 次。

❹ 若 5 年內於業務上曾經擔任國家機關與民間企業簽訂或履行契約角色之公務員或民間企業職員，與相互對應之民間企業或國家機關間，不得從事交流。

❺ 企業若 5 年內與國家間定有契約且金額在 2,000 萬日圓以上，並占該企業營業總額之 25% 以上（大企業則為 10% 以上）者，不得與契約之國家機關從事人事交流。

❻ 非營利性法人（如公益社團法人、財團法人……等），若近 5 年間之各年度，事業收益之主要部分係因國家事務之實施而獲得者，不得從事官民交流。

UNIT *6-11*
公務員勞動權

　　日本的官僚體系強調倫理，國家公務員的勞動權限制較多，與德國類似。雖然日本憲法第 21 條保障集會結社自由，第 28 條也保障勞動者的結社權、團體交涉權及其他集體行動的權利，但憲法第 15 條也規定「任何公務員，均為全體國民服務，非為部分人而服務」，所以《國家公務員法》規定公務員不得罷工，為維持及改善服務條件而組織之公務員團體或聯合會，也沒有締結團體協約之權利。而為了對禁止罷工及無權簽訂團體協約的補償，賦予獨立運作的人事院向內閣及國會建議調整公務員俸給之權。

(一) 結社權

　　日本公務員團體稱「職員團體」，依《國家公務員法》規定，「職員團體」係指以維持及改善其工作條件為目的而組織之團體或聯合體。一般文官得自由加入或組織「職員團體」，職員不因參加職員團體，或意圖組織或加入團體，或在職員團體為正當行為而受不利處分。惟警察、服務於海上保安廳或監獄之職員不得組織或加入團體。

　　此外，「管理職員」不得與其他職員組織同一職員團體。「管理職員」的範圍由人事院決定，一般指涉具有重要決定權的職員（如事務次官、官房長、局長等）；或是能參與重要行政決定的管理職位（如本省部長、參事官、課長等）；以及對職員任免具有直接權限之監督職位（如本省人事擔當課長、總務部長）；和接觸職員任免、身分變更、懲戒、紀律、俸給，或個人職務與作為職員團體成員之誠意與責任有直接衝突之監督性職位（如本省課長補佐、

人事、預算係長等）；以及其他應從權責機關立場，負責職員團體關係之職員（如秘書、人事係員、勞務係員等）。

(二) 協商權

　　依《國家公務員法》規定，職員團體對於職員之俸給、勤務時段、其他服務條件，或附帶之合法活動（如社會或衛生福利事項），向有關當局合法提議交涉時，有關當局應予處理。但職員團體與當局沒有締結團體協約之權利，對於涉及國家事務管理及營運管理事項，不得為交涉之標的。換言之，日本對公務員協商權的規範與我國類似，偏向保守，英美常見的薪資協商，在日本政府並不存在。

(三) 罷工權

　　基於日本憲法認為公務員是為公共利益服務及全體國民之公僕，公務員禁止罷工。依《國家公務員法》規定，公務員應依法執行職務，忠實服從上司職務上的命令，不得對公眾（政府所代表之雇主）進行聯合罷工、怠職及其他爭議行為。如有違反者，自其行為開始，即不得以其依法保有的任命或僱用上之權利對抗國家；換言之，便可能遭受免職處分。

　　總的來說，日本對公務員勞動權的規範與我國類似，相較於英美，都是偏向保守且嚴格的。例如在俸給調整程序上，日本的文官團體雖然沒什麼置喙餘地，但其科學與嚴謹的程度卻遠高於我國，仍值得我們學習。

日本國家公務員勞動三權

		結社權	協商權		罷工權
			交涉	締約	
一般職	一般公務員、外交人員、稅務人員等	有	部分	無	無
	警察、海岸防衛廳職員、監獄職員	無	無	無	無
	特定獨立行政法人職員、國家林務職員	有	有	有	無
特別職	司法人員、國會職員	有	無	無	無
	防衛省職員	無	無	無	無

日本政府對國家公務員的照顧 ─── 以公務員友善工作與家庭制度為例

日本對公務員的家庭照顧上，除了與我國類似的產前休假、產後休假、陪產假、育嬰留職停薪等政策外，還有下列措施：

措施	內涵
育兒短時間勤務	未申請育嬰留職停薪的人員，可在子女就讀小學之前，選擇申請短時間服勤方式，以利照顧子女。其縮短勤務時間方式可按照個人需要進行彈性選擇。
育兒時間	為利公務員短暫之育兒需要，可同意公務員於子女就讀小學之前，得申請每日 2 小時之無給休假。
保育時間	為哺育未滿 1 歲之子女所需，每日得有不超過 2 次，每次 30 分鐘之保育時間。
看護子女休假	為看護生病之學齡前子女，每年可請 5 日之看護子女休假；如有 2 名以上之學齡前子女，1 年可請 10 日之看護子女休假。休假期間仍得照常支給俸給。
彈性工作時間	為利公務員養育照顧學齡前子女，或為因應公務員在就讀小學之子女上下學時接送之所需，可以 1 週至 4 週為單位申請彈性工作時間。時間內每天彈性調整少於正常之 7 小時 45 分，但不得低於 4 小時，另行自我調整工作時間加以補足。惟在 9 時起至 16 時之核心工作時間內，必須至少要有 2 小時以上至 4 小時 30 分以下之工作時間。
彈性上班時間	以「日」為單位之彈性調整上班時間。亦即每天應服勤時數不變（7 小時 45 分鐘），但可以自行調整到勤時間。
限制深夜服勤	公務員如有學齡前子女需要照顧，可申請限制對於深夜（22 時至次日 5 時）服勤。
限制超時勤務	公務員為照顧學齡前子女，可申請限制超勤工作之情況，1 個月限制在 24 小時以內，1 年限制在 150 小時以內。
免除超時勤務	為養育照顧未滿 3 歲之子女，公務員得申請免除超勤工作。但為救災等臨時之勤務除外。

UNIT **6-12**
公務員退休

(一) 退休給付

日本的公務員退休金制度始於明治時期的《文官退休金令》（1884），至於擴及一般民眾則要等到《工人養老金保險法》（1941）。該法於 1944 年擴大適用範圍，並改名為《厚生養老金保險法》，成為了日本厚生養老金保險制度的原型。二戰後，日本制定《公共企業職員互助組合法》（1956）、《國家公務員互助組合法》（1959）及《地方公務員互助組合法》（1962）。至於那些不適用任何養老保險制度的農漁業勞動者、個體經營者等，日本制定了《國民養老保險法》（1959），並於 1961 年開始實施，實現全民養老金的目標。

目前日本公共年金體系之第一層為國民年金保險，以全體國民為參加對象；第二層原本按照職業別而有所區分，一般民間受僱者參加厚生年金保險，公務員則加入共濟組合。後根據 2012 年通過之受僱者年金一元化法案規定，自 2015 年 10 月起將第二層年金整合趨向單一化體制，將公務員的共濟組合併入厚生年金體系，改制後的一般民間受僱者為厚生年金保險之第一類被保險者，國家公務員則為厚生年金保險之第二類被保險者。

(二) 延長退休年限及過渡措施

由於少子化與高齡社會的問題嚴重，日本政府從 2001 年起逐步分階段將退休年金之給付年齡自 60 歲起延後至 65 歲，至 2020 年又延長到 70 歲；而目前 60 歲至 70 歲之間的公務員，退休年齡將先從 60 歲推遲到 65 歲，再逐漸廢止「勤務延長」及「再任用制度」。

日本政府在逐步將公務員退休年金領取年齡延後之同時推動兩項配套的過渡措施，一為「勤務延長」，另一為「再任用制度」。

❶ 勤務延長

原本公務員退休年齡為 60 歲，但在《國家公務員法》訂有勤務延長（延長服務）的配套制度。當公務員至屆齡退休時，若因其退休而導致其任職機關的運作產生困難者，在特殊情形之下，應允許該員在屆齡退休日後，仍繼續在原職務上任職最多 3 年。公務員必須符合下列條件之一者，方得申請延長：

①該員的專業知識、技能與經驗都非常重要，且後人不易習得。

②該員的工作環境極特殊（例如離島地區），不易尋得接任人選。

③該員退休會對業務推動產生極大障礙者（如大型研究計畫之主要成員）。

❷ 再任用制度

對於有意願被再任用之屆齡退休公務員，原則上將盡可能加以任用。然而除了個人意願之外，尚須就有意願者退休前之工作表現、再任用時之身體健康狀況，以及與再任用職務間之適合度等面向加以統籌考量，因此仍然可能產生個人具有意願但未能被再任用之情形。此外，根據國家公務員法之規定，對於勤務表現不佳或有身心障礙不堪任職而被免職之情形者，不得被再任用為國家公務員。

再任用制度的說明

適用對象	● 屆齡退休人員，及勤務延長後退休人員。 ● 屆齡之前先行自願退休人員（任職 25 年以上退休，自退休日之次日起尚未逾 5 年）。
任期	● 原則上再任用時以 1 年內為任期。 ● 任期內如勤務成績良好，得在本人同意下再予 1 年之新任期。
服勤時間	● 全時間勤務：每週勤務 38 小時 45 分鐘。 ● 短時間勤務：以每週工作時間 15 小時 30 分至 31 小時為範圍。
俸給	● 全時間勤務者：依職務種類與職務等級設定單一俸給月額（無俸級之區別）。 ● 短時間勤務者：計算其 1 週之勤務時間占全時間勤務人員 1 週勤務時間之比率，並按其比率計算俸給金額。

「全時間勤務」之再任用人員，其醫療保險及年金保險均係加入共濟工會（為厚生年金保險之第二類被保險人），退休年金則暫停支付。「短時間勤務」人員的勤務時間達到公務員規定勤務時間之 3/4 者，加入厚生年金保險（屬第一類被保險人），其厚生年金會暫停一部或全部之支付；若勤務時間未達公務員規定勤務時間之 3/4 者，加入國民年金保險，不會產生厚生年金停止支付問題。

共濟組合制度

　　日本國家公務員共濟組合係由省廳之職員基於互助宗旨，建立共濟組合制度（相當於互助協會），以照顧國家公務員，救助公務員之疾病、受傷、生產、休職、退職、災害、殘障、死亡，及安定其家屬或遺族之生活。各省廳所屬職員依據《國家公務員共濟組合法》各自組成一個組合（協會），並由各省廳之首長擔任法人代表。組合可設立其事務所，並自訂組織章程，規定其設置目的、名稱、事務所所在地、成員範圍、各項給付、年金繳納、福利事業、資產管理及其他相關事項。各個組合亦可共同組成「連合會」，辦理事業運作。連合會除辦理基金集中運用外，尚可辦理醫院、旅社、購物中心、餐飲及存放款（儲、貸）等服務項目。國家公務員共濟組合之事業分為三大類：

❶ 短期給付事業：相當於民間的醫療給付、育兒停職津貼及休業給付等。即參加共濟組合之職員及其家屬，在發生傷病、生育、死亡、停職、災害等事故時，由共濟組合支給醫療給付、休業給付、喪葬津貼、親屬死亡慰問金及災害給付等。

❷ 長期給付事業：相當於民間受僱者參加厚生年金制度之公共年金保險。即參加共濟組合之公務員退休、殘障或死亡時，由國家公務員共濟組合連合會支給年金，有退職給付、殘障給付及遺族年金等。

❸ 福祉事業：為增進共濟組合人員之福祉，辦理有關醫療院所及住宿設施之營運，經營健康檢查等保健事業，及辦理臨時性的資金借貸業務等福利措施。

| 國家公務員 | → | ❶眾議院共濟組合
❷參議院共濟組合
❸內閣共濟組合
❹總務省共濟組合
❺法務省共濟組合
❻外務省共濟組合
❼財務省共濟組合
❽文部科學省共濟組合
❾厚生勞動省共濟組合
❿農林水產省共濟組合 | ⓫經濟產業省共濟組合
⓬國土交通省共濟組合
⓭裁判所共濟組合
⓮會計檢查院共濟組合
⓯防衛省共濟組合
⓰刑務共濟組合
⓱厚生勞動省第二共濟組合
⓲林野廳共濟組合
⓳日本郵政共濟組合
⓴國家公務員共濟組合連合會職員
　共濟組合 | → | 國家公務員共濟組合連合會 |

第 7 章
中國大陸人事制度

●●●●●●●●●●●●●●●●●●●●●●●● 章節體系架構 ▼

UNIT 7-1　　國情概要

UNIT 7-2　　文官制度概要

UNIT 7-3　　人事主管機關

UNIT 7-4　　公務員體制

UNIT 7-5　　公務員考選與任用

UNIT 7-6　　公務員俸給

UNIT 7-7　　公務員考績

UNIT 7-8　　公務員訓練制度

UNIT 7-9　　公務員懲戒與申訴

UNIT 7-10　公務員服務

UNIT 7-11　公務員退休

UNIT **7-1**
國情概要

　　中國大陸是一個讓人感到既熟悉又陌生的地方；雖與我們有著相同的血緣和語言，但在中國共產黨長期且穩固的執政下，與高度西化的臺灣有著截然不同的政治思想與制度。在臺灣的執政者一貫對中國的政經社會體系「諱莫如深」的情況下，國人對中國大陸的制度概況仍較缺乏瞭解，因此有必要重新梳理一下中國大陸的情形。

　　中國總人口在 2019 年已達 14.1 億，是全球人口最多的國家（第二、三名分別為印度 14 億及美國 3.3 億）。全國分為 34 個一級行政區，包括 23 個省（臺灣也被列入），4 個直轄市（北京、上海、天津、重慶），5 個自治區（內蒙古、西藏、廣西壯族、寧夏回族、新疆維吾爾），以及香港與澳門兩個特別行政區。

　　中國大陸在 1954 年 9 月 20 日頒布《中華人民共和國憲法》，作為其宣稱的「中國特色社會主義法律體系」的基礎。國家元首為「中華人民共和國主席」（簡稱國家主席），由國家最高權力機關，並行使立法權的「全國人民代表大會」（簡稱全國人大）選舉產生。而全國人大代表則由省級人大代表選舉產生，任期 5 年；全國人大每年集會一次，由全國人大常務委員會（簡稱人大常委會）召集。人大常委會代表由全國人大代表中選舉產生；人大常委是專職工作，負責管理全國人大的各委員會。

　　國家主席的任期與全國人大代表相同，且沒有連任的限制，其主要工作為根據全國人大及其常委會決議公布法律、任免國務院總理、特赦、宣布緊急狀態、動員、授勳，並管理對國外事務……等等。現任國家主席為習近平（2012～）。

　　中國最高行政機關為「國務院」，也是全國人大的執行機關，國務院首長稱「總理」，由國家主席提名、全國人大表決後，再由國家主席依表決結果任命。其餘成員包括國務院副總理、國務委員、各部部長、各委員會主任、中國人民銀行行長、審計長、秘書長等，均由總理提名，再由全國人大決定，國家主席任命。國務院總理及上述官員任期均為 5 年，並得連選連任一次。現任國務院總理為李克強（2013～）。

　　中國大陸的政治體制為黨、政、軍一體，三者中又以「黨」為最高領導。中國共產黨的組織結構與政府架構類似，以便於控制。政府機關內部都有黨組織，並實施「以黨領政」和「黨管幹部」，也就是政府的一切政策，都由黨制定，幹部的任用與管理也以黨的命令為依據，形成雙重領導體制，政府部門除了受上級部門或黨組織的領導外，也受同級地方黨委領導。

　　軍事組織的領導亦復如此，黨與軍隊的管理體系交錯，高層幾乎是同一批人馬，也就是黨的領導人（總書記）兼任國家主席，也兼任最高軍事決策機關「中央軍事委員會」（簡稱中央軍委）的主席。1983 年該組織成立後，實際上包括了「中共中央軍事委員會」和「國家中央軍事委員會」，形成「一個機構、兩塊牌子」的情形；中共中央軍事委員會由共產黨中央委員會產生或罷免。國家中央軍事委員會則由全國人大產生或罷免，但二者實際上是同一批人，向軍隊發布命令時則通常以「中華人民共和國中央軍事委員會」的名義發布。

中國共產黨的決策體系

中國共產黨名義上的代表組織為「共產黨全國代表大會」（簡稱黨代表大會），全國共有 1,500 名左右的黨代表，但主要只是一個公布重要政策及人事的橡皮圖章。其次是「共產黨中央委員會」，中央委員會的委員約百餘人，由黨代表大會選出，每年集會稱為「中全會」，一樣只是宣布重要政策；但中央委員會有明確分工，如組織部、宣傳部、統戰部等。更接近權力核心的是「共產黨中央政治局」，只有 20 多人，多由位居重要政治職位者兼任，具有一定的影響力。至於真正的權力核心，則是「中央政治局常務委員會」，由中共「總書記」領導，政治局常委可能是 5 人、7 人或 9 人，每週固定集會，重要決策由此定奪。

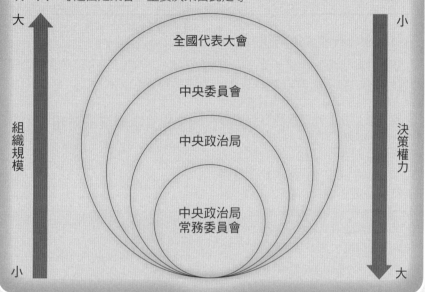

中國大陸的黨政軍機構對照

中國大陸的政治體系是以黨領政、以黨領軍，所以在體制上黨政軍就沒有明顯分際，中國共產黨的領導人（中共總書記）、國家領導人（中國國家主席）與軍事領導人（中國中央軍事委員會主席）常是同一人。

	黨	政		軍
		立法	行政	
國家	中央委員會	全國人大	國務院	中央軍委會
省	省委員會	省人大	省政府	省軍區
市	市委員會	市人大	市政府	軍分區
縣	縣委員會	縣人大	縣政府	武裝部

註：中國大陸還有一個獨特的政治協商組織「中國人民政治協商會議」（簡稱政協），作為其宣稱的「中國共產黨領導的多黨合作和政治協商制度」代表機構。一般所謂的全國「兩會」，就是「全國人大」與「全國政協」兩會。

UNIT 7-2
文官制度概要

中國現今的文官制度，不是建立在西方的功績制度之上，而是建立於源自蘇俄的「幹部制度」，是一種以黨為主的管理制度，直至 1980 年代以後才逐步走上具有現代化意義的文官制度。以下就其發展分為三個時期：

(一) 1960 年代前的幹部制度

中國建立現代化的文官制度，可溯自 1928 年 10 月 20 日國民政府時期公布的《考試院組織法》，下設銓敘部及考選委員會，分別掌理政府官員的考試、任用、銓敘、考績、級俸、退休等事宜。後於 1929 年公布《考試法》，1930 年 1 月考試院及其所屬銓敘部與考選委員會正式成立，並於 1931 年 7 月 15 日舉行第一屆高等考試。

而在中國共產黨於 1949 年建立中華人民共和國以後，並未沿襲國民政府時代之考選制度，改仿蘇聯實行的「幹部制度」。該制度是「以黨代政」，政府機關各類人員均由各級黨部在學校畢業生中擇優選取，或由人際舉薦，或透過黨組織挑選。所謂「幹部」，源自拉丁文 Cadu，有「骨幹」的意思。在臺灣，幹部一般指的是各種組織中擔負一定管理職責的中階層人員。但在 20 世紀中國大陸社會分化程度不高的時代，「幹部」可視為一種職業類別而與「工人」有所區分，並非僅指組織中對某些事務負有推動或管理責任之職務。在中國大陸的黨國體制之下，「幹部」不僅僅是一般所謂的「官員」，而是包括了「黨、國家機關、國有企業、人民團體和軍隊中，擔任公職或從事公務活動的人員」。換言之，「幹部」的意義上包含了整個在中共政權體制中任職的人員，也就是相當於臺灣的「公職」。

(二) 文革時期的破壞

相較於西方著重功績制度的文官體制，中國的幹部制度原本就顯得相對紊亂，到了文革時期（1966-1976）更是被破壞殆盡。文革後大批受到冤假錯案迫害的幹部獲得平反，必須回到幹部隊伍當中，也促使中國政府對幹部體制進行大幅度的改革。

(三) 文官制度的重建

1980 年代是中國建立文官制度的重要年代，在鄧小平的改革開放中，對幹部體制提出了革命化、年輕化、知識化與專業化的「四化」改革目標；1987 年中共總書記趙紫陽則提出「建立國家公務員制度」為幹部人事制度改革的重點，並推動科學化的分類制度。爾後於 1988 年，中國國務院人事部成立，作為專司推動國家公務員制度的機構，並於 1989 年，人事部發布《關於國家行政機關工作人員培訓工作的通知》。至 1992 年，人事部制定《一九九二年至一九九五年國家行政機關工作人事幹部培訓工作綱要》。1993 年 8 月 14 日，中國大陸國務院總理李鵬簽發《國家公務員暫行條例》，同年 10 月 1 日正式實施。自此，中國大陸的國家公務員制度，才正式進入科學化與法制化的階段。至 2006 年，中國廢止《國家公務員暫行條例》，正式施行《中華人民共和國公務員法》（簡稱公務員法），作為中國大陸公務員管理的基礎法律。

中國大陸的「幹部」類型

中國的「幹部」大致可分為四種類別,除了軍隊的幹部制度外,尚有「黨政幹部」、「國有企業幹部」,以及「事業單位幹部」(國務院所屬事業單位如:新華社、中國科學院、中國社會科學院、中國氣象局、中國銀行保險監督管理委員會、中國證券監督管理委員會……等等)。又基於其集體協商的政治體制,還可加上「黨外幹部」,即非屬中共黨員身分,而仍屬國家幹部隊伍中的一員。

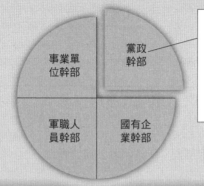

其中包含廣義的公務員、法官與檢察官;也包括工會、共青團、婦女聯合會等人民團體幹部。因此,目前中國大陸的「國家公務員」,即原為「黨政幹部」中的一部分。

國家公務員的範圍

中國所有的公務員都叫做「國家公務員」,事實上並沒有「國家」與「地方」之分。從「幹部」的角度而言,中國大陸的公務員超過 700 萬人!如果以較接近臺灣對公務員的認知來看,扣除國營事業和政黨機關人員,也是一支近 400 萬人的龐大隊伍。依據《公務員法》第 2 條,「本法所稱公務員,是指依法履行公職、納入國家行政編制、由國家財政負擔工資福利的工作人員。公務員是幹部隊伍的重要組成部分,是社會主義事業的中堅力量,是人民的公僕。」該條文對公務員的範圍定義可謂相當模糊;可說是以下八大類型組織中,工勤人員(工友)以外的正式工作人員:

中國共產黨各級機關	● 中央和地方各級黨委、紀律檢查委員會的領導人員,以及工作部門、機構的工作人員。 ● 街道、鄉、鎮黨委機關的工作人員。
各級人民代表大會及常務委員會機關	● 縣級、鄉鎮級人民代表大會主席、副主席。 ● 縣級、鄉鎮級人民代表大會的辦事機構工作人員。
各級行政機關	● 各級人民政府領導人。 ● 各級人民政府工作部門、機構的工作人員。
中國人民政治協商會議各級委員會機關	● 中國人民政治協商會議各級委員會領導人。 ● 中國人民政治協商會議各級委員會工作機構的工作人員。
審判機關	● 各級人民法院的法官、審判輔助人員和行政人員。
監察機關	● 各級監察委員會的監察官及行政人員。
檢察機關	● 各級人民檢察院的檢察官、檢察輔助人員。 ● 各級人民檢察院的司法行政人員。
各民主黨派和工商聯合會的各級機關	● 中國共產黨以外的合法政黨機關中的領導人及工作人員。 ● 各級工商聯合會的領導人及所屬機構的工作人員。

UNIT **7-3**
人事主管機關

中國古代自隋以降，多設有「禮部」主管升學考試與任官考試，而由「吏部」管理全國文職官員的任免、考核、升遷與調動。在國民政府時期，依《中華民國憲法》規定，最高人事主管機關應為「考試院」。但在 1949 年中國大陸國共異幟後，其中央人事機關更迭頻繁，先後有政務院人事局（1949～1950）、中央人事部（1950～1954）、國務院人事局（1954～1969）、內務部政府機關人事局（1959～1969）、民政部政府機關人事局（1978～1980）、國家人事局（1980～1982）、勞動人事部（1982～1988）、人事部（1988～2008）、人力資源和社會保障部下轄之國家公務員局（2008～2018）。

在 2018 年以前，從《公務員法》第 10 條「中央公務員主管部門負責全國公務員的綜合管理工作。縣級以上地方各級公務員主管部門負責本轄區內公務員的綜合管理工作。上級公務員主管部門指導下級公務員主管部門的公務員管理工作。各級公務員主管部門指導同級各機關的公務員管理工作。」來看，人事主管機關十分模糊，於是過去在學術界便有了多種說法，如大陸學者多將「國家公務員局」（National Civil Service Administration）直接視為公務員最高主管機關，但臺灣的許南雄教授認為是「人力資源和社會保障部」，因為「國家公務員局」隸屬於該部，且由部長兼任局長。桂宏誠教授則認為「國家公務員局」只是屬於行政系統內的副部級機關，實際地位和權力偏低。所以，應從《公務員法》第 4 條明定的「堅持黨管幹部原則」來理解，「國家公務員局」的權限，應視黨中央及其組織部授權的程度而定，故公務員的最高主管機關應是中共黨中央及其組織部。

在 2018 年 3 月時，中共中央發布《深化黨和國家機構改革方案》，其中第 10 項為「中央組織部統一管理公務員工作。為更好落實黨管幹部原則，加強黨對公務員隊伍的集中統一領導，更好統籌幹部管理，建立健全統一規範高效的公務員管理體制，將國家公務員局併入中央組織部。中央組織部對外保留國家公務員局牌子。」至同年 7 月，「國家公務員局」整併進入「中國共產黨中央委員會組織部」（簡稱中央組織部），國務院的「人力資源和社會保障部」中再無此一機構。而中共「中央組織部」對外掛起「國家公務員局」的「牌子」（一個機構、兩塊牌子），並由中央組織部副部長傅興國兼任國家公務員局局長一職。自此，中共「中央組織部」具有公務員管理方面的主要職責，包括：統一管理公務員錄用調配、考核獎懲、培訓和工資福利等事務，研究擬定公務員管理政策和法律法規草案並組織實施，指導全國公務員隊伍建設和績效管理，負責國家公務員管理國際交流合作等。對外發布人事相關命令時，以「國家公務員局」名義發布。此一改變，正符合了前述桂宏誠教授的推論，亦即在「以黨領政」的政治體制及「黨管幹部」的原則下，實際的最高人事機關就是「中國共產黨中央組織部」。

總之，用一般西方國家行政中立的文官制度下所謂的「部外制」與「部內制」的分類方法去理解中國的最高人事機關，是不準確也是不切實際的。應該跳脫西方文官制度的概念框架，用「黨管幹部」的政治生態角度去理解中國大陸目前的人事行政機關設置。

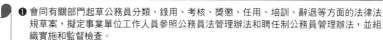

國家公務員局原本的職掌

在 2018 年國家公務員局併入中共中央組織部之前,其職責包括:

❶ 會同有關部門起草公務員分類、錄用、考核、獎懲、任用、培訓、辭退等方面的法律法規草案,擬定事業單位工作人員參照公務員法管理辦法和聘任制公務員管理辦法,並組織實施和監督檢查。

❷ 擬定公務員行為規範、職業道德建設和能力建設政策,擬定公務員職位分類標準和管理辦法,依法對公務員實施監督,負責公務員信息統計管理工作。

❸ 完善公務員考試錄用制度,負責組織中央國家機關公務員、參照公務員法管理單位工作人員的考試錄用工作。

❹ 完善公務員考核制度,擬定公務員培訓規劃、計畫和標準,負責組織中央國家機關公務員培訓工作。

❺ 完善公務員申訴控告制度和聘任制公務員人事爭議仲裁制度,保障公務員合法權益。

❻ 會同有關部門擬定國家榮譽制度、政府獎勵制度草案,審核以國家名義獎勵的人選,指導和協調政府獎勵工作,審核以國務院名義實施的獎勵活動。

❼ 承辦國務院及人力資源社會保障部交辦的其他事項。

為履行上述功能,該局設有綜合司、職位管理司、考試錄用司、考核獎勵司(國家表彰獎勵辦公室),及培訓與監督司等部門。

中共中央組織部的職掌

中共中央組織部是中國共產黨中央委員會主管人事、黨建方面工作的綜合職能部門,是黨中央在黨的組織工作方面的幕僚輔助機構,層級相當於國家「正部級」機關,著名的中共大員毛澤東、陳獨秀、周恩來、胡耀邦等人,均曾出任該部領導人。該部主要職責包括:

組織建設	● 負責在黨的基層組織建設、黨員教育管理、黨員發展、黨費管理、黨的工作制度、黨內生活制度等方面進行指導、組織、管理,提出意見建議。
幹部工作	● 領導團隊和幹部隊伍建設(公務員隊伍建設)的宏觀管理,包括管理體制、政策法規、幹部人事制度改革等方面的規劃、研究、指導等。 ● 對中央管理單位的領導班子換屆、調整、任免等提出建議。
人才工作	● 全國人才工作和人才隊伍建設宏觀管理、政策法規研究制定。 ● 指導協調專項人才工作以及海外高層次人才引進工作。 ● 開展聯繫高級專家工作。
幹部教育培訓	● 全國幹部教育培訓工作的整體規劃、宏觀指導、協調服務、督促檢查、制度規範。 ● 指導分級分類開展幹部教育培訓。 ● 幹部教育培訓國際合作交流。
幹部監督	● 對領導團隊和領導幹部、黨政領導幹部選拔任用工作及有關法規貫徹執行情況進行監督。
老幹部(離退休幹部)工作	● 離退休幹部工作政策的制定和宏觀指導。 ● 落實離退休幹部的政治待遇和生活待遇。 ● 發揮離退休幹部的作用。
公務員管理	● 統一管理公務員錄用調配、考核獎懲、培訓和工資福利等事務。 ● 研究擬定公務員管理政策和法律法規草案並組織實施。 ● 指導全國公務員隊伍建設和績效管理。 ● 國家公務員管理國際交流合作。

UNIT **7-4** 公務員體制

中國大陸目前的公務員體制受中國傳統官僚文化、現代中國共產黨政治體制、中國特色的社會主義思潮，以及 1980 年代改革開放的風氣等因素影響，具有兩個特色，一是傳統的、意識形態的「黨管幹部原則」；另一是現代的、科學管理的「職級與職務並行」。

(一) 黨管幹部原則

基於「以黨領政」的政治體制，2019年新修訂的《公務員法》第 4 條仍然明定，「公務員制度堅持中國共產黨領導，堅持以馬克思列寧主義、毛澤東思想、鄧小平理論、『三個代表』重要思想、科學發展觀、習近平新時代中國特色社會主義思想為指導，貫徹社會主義初級階段的基本路線，貫徹新時代中國共產黨的組織路線，堅持黨管幹部原則。」

該條文同時使用了「公務員」與「幹部」，並揭示二者都在共產黨的領導之下，可見「公務員」依然是「幹部」隊伍中的一部分。臺灣學者桂宏誠指出，中國大陸的黨管幹部原則即在中央及各級黨委組織部統一管理下的「分級分類」（職級與類別）管理；同時基於前揭條文明定「公務員制度堅持中國共產黨領導……貫徹新時代中國共產黨的組織路線」，形同中國共產黨在法律授權下可以另行制定公務員規範；因此，中共中央組織部單獨印發或與國務院共同印發的文件，其重要性尚且高於《公務員法》。而公務員無論是否具有中共黨員身分，皆服從於共產黨領導。

(二) 職級與職務並行

由於以黨領政的性質明確，中國大陸並未採用「政務官」與「事務官」的區別，自《公務員法》實施後，便將公務員依工作性質分為「領導職務」與「非領導職務」。而在 2019 年新修訂的《公務員法》中，將「非領導職務」改稱為「綜合管理類」。此外，尚有「專業技術類」、「行政執法類」、「人民警察」、「法官單獨職務序列」與「檢察官單獨職務序列」等；惟只有「領導職務」與「綜合管理類」屬於一般西方意義上的文官。

此外，為解決升遷困難的問題及幹部轉調問題，2019 年《公務員法》確立了公務員「職務與職級並行制度」。在「公務員級別」上，因為沒有政務官與事務官的區隔，形成從上到下一體適用的級別，從領導職務的最高級「正國級」（1 級）開始，一直往下推演，至「正廳級／正局級」（位列 8 至 13 級）時，便與綜合管理類的最高級「一級巡視員」（位列 8 至 13 級）重疊（詳見右頁）；如此一來，可使沒有領導職務空缺而導致無法升遷的「綜合管理職」人員，也能因職級晉升而獲得相當於「領導職務」的待遇，強化了薪俸的激勵效果。而其他諸如專技人員、警察、法官、檢察官等，在中國大陸黨、政、軍、企一體的體制下，也一併納入此一級別範圍，這種制度設計方便一般的公務員與專業技術類、行政執法類等其他類別公務員之間進行調動交流，甚至軍隊轉業幹部安置到機關綜合管理類職位的，亦可按照其原本的軍隊級別轉職至公務員相對應的職級。

中國大陸的公務員「領導職務」等級

依 2020 年公布的《公務員職務、職級與級別管理辦法》，中國大陸公務員「領導職務」層次與級別的對應關係為：

職務層次	級別範圍	對應職務	臺灣與之相當的職務
國家級正職（正國級）	1 級	總書記、中央政治局常委、國家主席、國務院總理、全國人大常委會委員長、全國政協主席、中央軍委主席	五院院長
國家級副職（副國級）	2 至 4 級	中央政治局委員、全國人大常委會副委員長、國務院副總理、國務委員	五院副院長
省部級正職（正部級／正省級）	4 至 8 級	省、自治區及直轄市黨委書記、常委會委員、省長、自治區政府主席、直轄市長、國務院各部長	直轄市長、各部會首長
省部級副職（副部級／副省級）	6 至 10 級	上列職務的副職、「副省級市」（包含南京、杭州、濟南、廣州、廈門等 15 個市）的黨委書記、市長	縣市長、各部會副首長、簡任 14 職等官職
廳局級正職（正廳級／正局級）	8 至 13 級	國務院各部委及省、直轄市、自治區的局長或廳長的職務，以及地級市黨委書記及市長	中央部會的司處長、直轄市一級機關首長、簡任 12 或 13 職等官職
廳局級副職（副廳級／副局級）	10 至 15 級	上列職務的副職	中央部會的副司處長、縣市一級機關首長、簡任 10 或 11 職等官職
縣處級正職（正處級／正縣級）	12 至 18 級	地級市政府的局長、行政分區的區長，以及縣黨委書記和縣長	中央部會科長、專員、薦任 9 職等到簡任 11 職等官職
縣處級副職（副廳級／副局級）	14 至 20 級	上列職務的副職	中央部會專員、薦任 8 或 9 職等官職
鄉科級正職（正鄉級／正科級）	16 至 22 級	鄉長、地級市局轄下處長、縣級市政府的局長	中央部會專員、地方政府課長、股長、薦任 7 或 8 職等官職
鄉科級副職（副鄉級／副科級）	17 至 24 級	上列職務的副職	中央部會科員、地方政府課員、薦任 6 或 7 等官職

中國大陸的公務員「綜合管理類」等級

中國大陸公務員「綜合管理類」的職級對應的級別為：

(19) 二級科員 (27)	(18) 一級科員 (26)	(18) 四級主任科員 (24)	(17) 三級主任科員 (23)	(16) 二級主任科員 (22)	(15) 一級主任科員 (21)	(14) 四級調研員 (20)	(13) 三級調研員 (19)	(12) 二級調研員 (18)	(11) 一級調研員 (17)	(10) 二級巡視員 (15)	(8) 一級巡視員 (13)

註：各職級之上下括號為級別範圍；如職級為「一級巡視員」，級別範圍是 8 級至 13 級。

UNIT **7-5** 公務員考選與任用

中國大陸的公務員選任機制原本強調政治性與革命性，忽略普遍性、開放性、專業性與知識性，又因文革時期的破壞，造成特權充斥、貪腐盛行。因此中共在 1987 年第 13 屆全國代表大會《決議改革幹部人事制度報告》中指出：「凡進入業務類公務員隊伍者應當通過法定考試、公開競爭。」翌年第 7 屆全國人大通過的《政府工作報告》重申：「各級政府錄用公務員，要按國家公務員條例規定，通過考試，擇優選拔。」爾後又歷經十餘年之研議與嘗試，終至 1993 年 8 月由國務院總理李鵬發布《國家公務員暫行條例》，翌年 6 月「人事部」依前項條例發布《國家公務員錄用暫行規定》。從此中華人民共和國政府機關主任科員以下非領導職務的公務人員開始公開對外甄選。

依據 2019 年 11 月由中共中央組織部（對外稱「國家公務員局」）發布的《公務員錄用規定》（簡稱《錄用規定》），其錄用（即「考試任用」）範圍為「各級機關錄用擔任一級主任科員以下及其他相當職級層次的公務員。」亦即考試的對象僅限「綜合管理類」職位，與西方國家「事務官」考試任用的意義類似。

《錄用規定》第 3 條規定：「國家公務員的錄用原則為：❶黨管幹部；❷公開、平等、競爭、擇優；❸德才兼備、以德為先，五湖四海、任人唯賢；❹事業為上、公道正派，人崗相適、人事相宜；❺依法依規辦事。」第 4 條則是「錄用公務員，採取公開考試、嚴格考察、平等競爭、擇優錄取的辦法。錄用政策和考試內容應當體現分類分級管理要求。」除了第 3 條突顯中國特色的「黨管幹部」原則外，其餘基本上與西方的考選精神類似。

至於考試管理機關，在《錄用規定》中依然僅以「中央公務員主管部門負責全國公務員錄用的綜合管理工作」一句話模糊帶過；惟依現行人事管理機關而言，應為「中共中央組織部」（即「國家公務員局」）。中央多負責訂定規範、指導監督，及辦理中央機關的考選；地方則由省級主管部門負責執行，並繼續指導下級地方政府，必要時，省級公務員主管部門也可以授權設區的市級公務員主管部門組織本轄區內公務員的錄用。而招錄機關要按照主管部門的要求，負責本機關及直屬機構公務員錄用的有關工作。換言之，考試權集中在中央，但可以層層下授，直至招募機關；甚至錄用有關專業性、技術性、事務性工作時，也可以授權或委託考試機構以及其他專業機構承擔。

在中國大陸報考公務員，必須具備的資格條件包括：❶具有中華人民共和國國籍；❷年齡為 18 周歲以上，35 周歲以下（省級以上公務員主管部門批准下可適當調整）；❸擁護中華人民共和國憲法，擁護中國共產黨領導和社會主義制度；❹具有良好的政治素質和道德品行；❺具有正常履行職責的身體條件和心理素質；❻具有符合職位要求的工作能力；❼具有大學專科以上文化程度（省級以上公務員主管部門批准下可適當調整）；❽省級以上公務員主管部門規定的擬任職位所要求的資格條件；❾法律、法規規定的其他條件。而中國大陸的公務員考試難度比之臺灣猶有過之，2021 年中國各省計畫招收的公務員人數約 11 萬，報考者總數卻超過 537 萬，錄取率僅 2%。

中國大陸公務員的任用方式

	意義
選任制	由各種委員會以選舉方式產生，以領導職位為主。
委任制	由權力機關首長或依管理權限任命，適用於副領導職位或助理人員。
錄用制	舉辦考試錄用，適用於「綜合管理類」職位。
聘任制	包括軍職轉業、工農幹部招聘、專家以協議合同聘用等方式。

筆試科目—「公共科目」（多採用行政職業能力測驗）與「專業科目」（申論）

行政職業能力測驗（綜合性智力與性向測驗）	**言語理解與表達：** 測驗運用語言文字進行思考和交流、準確理解和把握文字內涵的能力。題型有閱讀理解、邏輯填空、語句表達等。	
	數量關係： 測試理解量化關係和解決數量問題的能力，涉及數據的分析、推理、判斷、運算等。	
	判斷推理： 測試對各種事物關係的分析能力，包括圖形推理、文義判斷、類比推理、邏輯判斷等。	
	資料分析： 測驗對各種文字、圖表等資料的綜合理解與分析加工能力；通常由統計圖表、數字及文字資料組成。	
	常識判斷： 測驗基本知識、國情理解及分析判斷的能力，涉及政治、經濟、法律、歷史、文化、地理、環境、自然、科技等方面。	
申論	由招考的省級以上公務員主管部門決定，通常是引導式的論文寫作或專業知識的申論題。	

錄用程序

筆試包括公共科目和專業科目；公共科目由中央公務員主管部門統一確定，專業科目由省級以上公務員主管部門根據需要設置。再根據報考者筆試成績的順序選取錄取名額的 3 至 5 倍進入面試。面試應當組成面試考官小組。面試考官小組由具有面試考官資格的人員組成。面試考官資格由省級以上公務員主管部門負責。筆試與面試各占 50%。

招錄機關提出擬錄用名單向社會公示。公示期滿，中央機關擬錄用人員名單應報中央公務員主管部門備案；地方各級招錄機關擬錄用人員名單應當報省級或者設區的市級公務員主管部門審批。

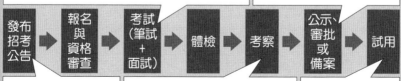

發布招考公告 → 報名與資格審查 → 考試（筆試＋面試） → 體檢 → 考察 → 公示、審批或備案 → 試用

招考公告應載明：❶招錄機關、招考職位、名額和報考資格條件；❷報名方式、時間和地點；❸報考提交的申請材料；❹考試科目、時間和地點；❺其他。

招錄機關根據考試成績等確定考察人選，並進行報考資格複審和考察。資格複審主要是核實報考者是否符合報考資格條件；考察內容主要包括政治素質、道德、能力、心理素質、學習和工作表現、守法、廉潔、職位元匹配度，以及是否需要迴避等。

試用期為 1 年，自報到之日起計算。期間由招錄機關行考核，並進行初任培訓。試用期滿考核合格，按規定予以任職定級。

UNIT **7-6**
公務員俸給

中國大陸公務員的俸給稱為「工資」，與一般企業勞工相同。依《公務員法》第 79 條規定，公務員實行國家統一規定的工資制度。制度雖然統一，但各地的工資卻有明顯的差異。一般來說，經濟發達的省份與直轄市（如北京、上海、廣東、江蘇等）生活成本高，各種津貼也多。當公務員的薪資偏低時，貪污的風氣就容易蔓延，例如政府清廉度為全球第三名、亞洲第一名的新加坡一向以「高薪養廉」自居。有鑑於此，中國國家主席習近平在 2015 年大幅調升公務員待遇，並規定自 2016 年起每 2 年調整一次。只不過，純粹以工資來看，至今公務員在中國社會仍稱不上高薪的行業，而是以其較高的社會地位吸引年輕人爭相報考。

中國大陸的公務員工資計算不採「俸點」，而是直接寫明「俸額」。職級中亦區分「工資檔次」，即臺灣的「俸級」。公務員有 27 個級別，每個級別又有 6 至 14 個「工資檔次」。例如第 11 級的公務員有 12 個工資檔次，從「1 檔」的 1,217 元至「12 檔」2,152 元。一般每 2 年可在所任級別對應的工資標準內晉升一個工資檔次，每 5 年可在所任職務對應的級別內晉升一個級別。公務員的級別達到所任職務對應最高級別後，不再晉升級別，在最高級別工資標準內晉升「級別工資檔次」，即臺灣的「年功俸」。另依《公務員法》第 80 條規定，公務員除了基本工資外，還包括下列法定收入：

(一) 津貼

包括地區附加津貼（如經濟特區的公務員可領取特區津貼）、艱苦邊遠地區津貼（如蒙古、新疆等邊遠地區）、崗位津貼等。

(二) 補貼

依法給予的包括住房、醫療等補貼、補助。實際上各機關給的補貼琳瑯滿目，除了住房與醫療外，還有電話、空調、飲食、交通、出勤……等等；但這些多缺乏制度，各機關的給予並不一致。

(三) 獎金

❶ 定期考核為優秀、稱職的，按照國家規定享受年終獎金。年終獎金相當於臺灣的「考績獎金」，在大陸稱為「第 13 個月工資」，性質上是一次性獎金而非工資。

❷ 公務員如獲得獎勵，也有相對應的獎金。依中共中央組織部頒發的《公務員獎勵規定》，公務員的獎勵分為：嘉獎、記三等功、記二等功、記一等功，以及授予稱號。公務員獎勵的獎金標準由財政部依據國家經濟情形調整，以 2018 年公告的獎金標準來說，「嘉獎獎金」為 1,500 元（人民幣，以下皆同），「記三等功」獎金為 3,000 元，「記二等功」獎金為 6,000 元，「記一等功」獎金為 12,000 元，授予「人民滿意的公務員」等「稱號獎金」為 20,000 元。

從薪資結構來說，公務員的基本工資並不高，得靠各種津貼、補貼、獎金以及「實物補給」（如宿舍、家電）提高收入。可是這些收入來源不僅不固定，也不是每個機關都有，更沒有統一的標準。因此，公務員薪資制度改革已成為近年中國大陸政府改革的重點項目。

公務員基本工資結構 —— 職級工資制

公務員基本工資原為「職務工資」、「級別工資」、「基礎工資」（國家為保障公務員生存而給予一筆全國相同的底薪）和「工齡工資」（國家為獎勵久任而給予的加給）。但自 2006 年國務院頒布《公務員工資制度改革方案》後，採行「職級工資制」，只保留「職務工資」和「級別工資」兩項，取消了「基礎工資」和「工齡工資」。

基本工資（不含津貼、補貼、獎金）

職務工資

體現公務員的工作職責大小。一個職務對應一個工資標準，領導職務和相當職務層次的非領導職務對應不同的工資標準。公務員按所任職務執行相應的職務工資標準。

級別工資

體現公務員的工作實績和資歷。公務員的級別為 27 個，每一職務層次對應若干個級別，每一級別設若干個工資檔次（6 至 14 個）。公務員根據所任職務、德才表現、工作實績和資歷確定級別和級別工資檔次，執行相應的級別工資標準。

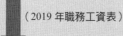

（2019 年職務工資表）

職務	工資標準（人民幣／月）	
	領導職務	非領導職務
國家級正職	4,000	
國家級副職	3,200	
省部級正職	2,510	
省部級副職	1,900	
廳局級正職	1,410	1,290
廳局級副職	1,080	990
縣處級正職	830	760
縣處級副職	640	590
鄉科級正職	510	480
鄉科級副職	430	410
科員		380
辦事員		340

例如一名「正處級」公務員（各廳局轄下的處長），級別假設為 13 級、工資檔次為第 10 檔，則其月收入包括：

❶ 基本工資：「職務工資」830 元、「級別工資」13 級的第 10 檔次為 1,690 元，合計 2,520 元。

❷ 其他津貼、補貼與獎金。

第 **7** 章　中國大陸人事制度

UNIT 7-7 公務員考績

中國大陸公務員的考績制度原稱為「審查」、「考察」或「鑑定」,自1983年起一律稱為「考核」。考核辦法由中共中央組織部負責解釋,但授權各地各部門可結合實際制定具體的實施細則。

(一) 考核原則

依據《公務員法》中的第五章,考核的原則為:

❶ **公務員的考核按照管理權限,全面考核公務員的「德、能、勤、績、廉」**

即公務員的考核以德行、才能、勤惰、績效、廉潔等為重點,兼顧對人與對事的考核。

❷ **重點考核政治素質和工作實績**

在以黨領政的體制下,「政治因素」也是考核重點,與西方國家特別強調「政治中立」可謂南轅北轍。

❸ **考核指標根據不同職位類別、不同層級機關分別設置**

考核權限為首長責任,對「領導職位」的公務員考核,得於必要時進行民主評議或民意測驗。對擔任非領導職務的公務員進行考核時,應先由個人按照職位職責和有關要求進行總結,主管領導在聽取眾人意見後,提出考核等次建議,再由任職機關負責人或者被授權的考核委員會確定考核等次;最後以書面形式通知公務員本人。

(二) 考核方式與結果

公務員的考核分為「平時考核」、「專項考核」和「定期考核」(年度考核)等方式。定期考核以平時考核、專項考核為基礎;此與臺灣區分「平時考績」、「專案考績」與「年終考績」類似。定期考核的結果分為「優秀」、「稱職」、「基本稱職」和「不稱職」4個等次;定期考核的結果則作為調整公務員職位、職務、職級、級別、工資以及公務員獎勵、培訓、辭退的依據。

考核結果認為工作表現突出,有顯著成績和貢獻,或者有其他突出事蹟的公務員或者公務員集體,依法給予獎勵。獎勵包括定期獎勵與及時獎勵、精神獎勵與物質獎勵(以精神獎勵為主)。獎勵內容包括:嘉獎、記三等功、記二等功、記一等功、授予稱號等,以茲表彰,並對受獎勵的個人給予一次性獎金或者其他待遇。而考核結果不佳者,會遭到懲戒處分,留待單元7-9詳述。

此外,公務員主管部門和公務員所在機關應根據考核情況,對公務員進行培訓。新錄用的公務員在試用期內年度考核,不定等次、只寫評語,作為任職、定級的依據。

(三) 其他定期考核規定

❶ 公務員涉嫌違法違紀被立案調查尚未結案的,年度考核不寫評語、不定等次。待結案後,不給予處分或給予警告處分的,再補定等次。

❷ 受處分公務員的年度考核,受警告處分的當年,年度考核不得確定為優秀等次;受記過、記大過、降級、撤職處分的期間,年度考核只寫評語,不定等次。在解除處分的當年及以後,其年度考核不受原處分影響。

公務員考核程序

公務員在定期考核時，按下列程序進行：

組織「考核委員會」	● 由本機關領導成員、公務員管理及其他有關部門人員和公務員代表組成。
被考核者自評報告	● 被考核公務員按照職位職責和有關要求進行總結，並在一定範圍內述職。
考核者提出評語	● 主管領導在聽取群眾和公務員本人意見的基礎上，根據平時考核情況和個人總結，寫出評語，提出考核等次建議和改進提高的要求。
公示	● 對擬定為優秀等次的公務員在本機關範圍內公示。
確定考核結果	● 由本機關負責人或者授權的考核委員會確定考核等次。
書面通知	● 將考核結果以書面形式通知被考核公務員，並由公務員本人簽署意見。

考核結果的影響

❶ 連續 3 年以上為優秀等次，晉升職務時優先考慮。
❷ 當年給予嘉獎；連續 3 年為優秀等次，記三等功。

優秀

❶ 累計 2 年為稱職以上等次，在所定級別對應工資標準內晉升一個工資檔次（相當於臺灣晉俸級一級）。
❷ 累計 5 年為稱職以上等次者，在所任職務對應級別範圍內晉升一個級別。
❸ 稱職以上等次，且符合規定的其他任職資格條件者，具有晉升職務的資格。
❹ 享受年度考核獎金。

稱職

❶ 誡勉談話，限期改進。
❷ 本考核年度不計算為按年度考核結果晉升級別和級別工資檔次的考核年限。
❸ 1 年內不得晉升職務。
❹ 無年度考核獎金。

基本稱職

不稱職

❶ 降低一個職務層次任職。
❷ 本考核年度不計算為按年度考核結果晉升級別和級別工資檔次的考核年限。
❸ 無年度考核獎金。
❹ 連續 2 年年度考核為不稱職等次，予以辭退。

UNIT **7-8**
公務員訓練制度

中國大陸的公務員訓練制度仍為「黨管幹部」原則的延伸，因此稱為「幹部培訓」。培訓的規範在其《公務員法》第 66 條中明定「機關根據公務員工作職責的要求和提高公務員素質的需要，對公務員進行分類分級培訓。」且強調「國家有計畫地加強對優秀年輕公務員的培訓。」儘管十分重視公務員的教育訓練，但與西方國家不同的是，其訓練重點優先在強化「政治素質」，如馬克思主義、中國特色的社會主義、習近平重要講話精神等，並把「對黨絕對忠誠」置於優先，然後才是各種科學技能的培訓。此與一般西方國家強調文官政治中立的專業才能，可謂大異其趣。

(一) 培訓種類

根據《公務員法》第 67 條，公務員培訓可分為五種：

❶ **初任培訓**：機關對新錄用人員應當在試用期內進行。

❷ **任職培訓**：對晉升領導職務的公務員在任職前或者任職後 1 年內進行。

❸ **專門業務培訓**：對從事專項工作的公務員進行。

❹ **在職培訓**：對全體公務員進行，以提高政治素質和工作能力、更新知識。

❺ **專業技術培訓**：對專業技術類公務員進行。

在實際培訓上，依據 2015 年公布的《幹部教育培訓工作條例》中，規定全體幹部都有接受教育培訓的權利和義務。黨政領導幹部應當每 5 年參加黨校、行政學院、幹部學院，以及幹部教育培訓管理部門認可的其他培訓機構累計 3 個月或者 550 個學習小時以上的培訓；其他幹部參加教育培訓的時間，根據有關規定和工作需要，每年累計不可少於 12 天或者 90 個學習小時。

(二) 培訓內容與方式

由於「黨管幹部」的原則，公務員培訓與黨員培訓沒有明確的區分，皆依《幹部教育培訓工作條例》，以理想信念、黨性修養、政治理論、政策法規、道德品行教育培訓為重點，並注重業務知識、科學人文素養等方面教育培訓。

❶ **「政治理論」培訓**

包括馬克思主義、中國共產黨的路線政策、社會主義價值觀、黨史國史、國情形勢等，增強領導改革開放和社會主義現代化的能力。

❷ **「政策法規」培訓**

加強憲法法律和黨內法規教育，開展黨中央關於經濟、政治、文化、社會、生態文明和共產黨的重大決策部署的培訓，提高幹部科學執政、民主執政、依法執政水準；開展總體國家安全觀，增強幹部國家安全意識和推進國家安全建設。

❸ **「業務知識」培訓**

根據幹部職位特點和工作要求，有針對性地開展必備知識的培訓，加強各種新知識、新技能的教育，以提高專業素養和實際工作能力。

❹ **「科學人文素養」培訓**

指哲學、歷史、科技、文學、藝術和軍事、外交、民族、宗教、保密、心理健康等方面的教育培訓。

至於培訓的進行方式，比較特別的是「黨委（黨組）中心組學習」（一種以學習共產黨政治思想為主的學習圈），其他如脫產培訓（需離開工作崗位的全職課程，即 "off job training"）、網路培訓、在職自學等等，皆與西方諸國類似。

兩塊招牌的培訓機構 —— 中共中央黨校（國家行政學院）

以黨校為全體幹部培訓機構時期

1933 年於江西瑞金創辦「馬克思共產主義學校」
1935～1947 年間改稱為「中央黨校」（因中共建政遷移暫時停辦）
1949 年復校稱為「馬克思列寧學院」（簡稱馬列學院）
1955～1966 年改稱為「中央高級黨校」（因文化大革命興起而停辦）
1977 年復校定名為「中央黨校」

黨校與公務員培訓機構並立時期

共產黨員培訓 ——
中央黨校

公務員培訓—國家行政學院
❶ 1987 年中國共產黨第 13 次全國代表大會和 1988 年第 7 屆全國人民代表大會決議籌建國家行政學院。
❷ 1993 年國務院核准成立國家行政學院，為國務院直屬事業單位，以培訓高、中級國家公務員與高層次行政管理及政策研究人才。
❸ 1994 年 9 月正式成立國家行政學院，建構中國大陸黨政並立的培訓模式，公務員的培訓開始法制化。

黨校與公務員培訓機構合併時期

2018 年中共中央公布《深化黨和國家機構改革方案》，將中央黨校和國家行政學院的職責整合，實行「一個機構、兩塊牌子」，作為黨中央直屬事業單位，以落實「黨管幹部」原則。全國幹部教育培訓工作實行在共產黨中央領導下，由中共中央組織部主管，「中央黨校」統籌規劃幹部培訓工作，統籌重大理論研究，指導全國各級黨校工作。

中共將國家公務員培訓機構取名「國家行政學院」，不難看出其培育治國菁英的企圖心。時至今日，中國的「中央黨校」（國家行政學院）與法國的「國家行政學院」一樣，是一個取得政治菁英地位的墊腳石；不只是黨政幹部要員，就連學者專家、商界巨賈，都熱衷於躋身該校培訓行列。而新加坡總理李顯龍、美國前國務卿季辛吉、美國前國防部長倫斯斐、哈佛大學學者傅高義等著名的政經領袖與學者，也曾是中國「國家行政學院」的講座上賓。此外，該校與德國「聯邦公共行政研究院」一樣，亦可頒發正式的碩、博士學位。

第 **7** 章　中國大陸人事制度

UNIT 7-9 公務員懲戒與申訴

在「黨管幹部」的原則下，亦著重對公務員的政治思想審查。《公務員法》中有「監督與懲戒」專章；就監督部分而言，開始便規定「機關應當對公務員的思想政治、履行職責、作風表現、遵紀守法等情況進行監督，開展勤政廉政教育，建立日常管理監督制度」（公務員法第 57 條第 1 項）。

另就懲戒部分而言，同法亦規定「對公務員的懲戒，對公務員監督發現問題的，應當區分不同情況，予以談話提醒、批評教育、責令檢查、誡勉、組織調整、處分」（公務員法第 57 條第 2 項）。從該條文中可以看出，情節相當輕微者，可由主管長官施予談話提醒、批評教育、責令檢查、誡勉、組織調整（調職）等矯正行為；「違紀違法行為情節輕微，經批評教育後改正的，可以免予處分」（公務員法第 61 條）。至於情節嚴重者，方屬「處分」（懲戒）的部分。

(一) 處分種類

中國大陸對公務員的處分依實施處分的機關可分為兩種：「處分」與「政務處分」。前者依據《公務員法》，由公務員用人機關進行懲戒；後者依據《公職人員政務處分法》，由監察機關進行懲戒；二者對同一公務員的同一行為不會重複給予處分。

「處分」或「政務處分」的種類一致，均為：警告、記過、記大過、降級、撤職、開除。公務員在受處分期間不得晉升職務、職級和級別，其中受記過、記大過、降級、撤職處分的，不得晉升工資檔次。受撤職處分的，按照規定降低級別。而獲「開除」處分的要件包括：❶因故意犯罪被判處管制、拘役或者有期徒刑以上刑罰（含宣告緩刑）；❷因過失犯罪被判處有期徒刑，刑期超過 3 年；❸因犯罪被單處或者併處剝奪政治權利；❹因過失犯罪被判處管制、拘役或 3 年以下有期徒刑，一般應當予以開除；但若案件情況特殊，可報請上一級機關批准予以撤職；❺公職人員因犯罪被單處罰金，或者犯罪情節輕微，人民檢察院依法作出不起訴決定或者人民法院依法免予刑事處罰的，予以撤職；造成不良影響的，予以開除。

(二) 申訴

公務員對人事處分不服，可自知道該人事處理之日起 30 日內向原處分機關申請覆核；對覆核結果不服的，可以自接到覆核決定之日起 15 日內，向同級公務員主管部門或者作出該人事處分機關的上一級機關提出申訴；也可以不經覆核，自知道該人事處理之日起 30 日內直接提出申訴。

受理公務員申訴的機關應當組成公務員申訴公正委員會，負責受理和審理公務員的申訴案件。若審查認定人事處分有錯誤，原處分機關應當及時修正。

(三) 中國大陸的監察機關

中國大陸的監察職權原本相當分散，包括監察部、國家預防腐敗局、最高人民檢察院反貪污賄賂總局、瀆職侵權檢察廳、職務犯罪預防廳等；2018 年《國務院機構改革方案》將上述機關全部併入新成立的「國家監察委員會」（簡稱「國家監委」）。根據《監察法》，國家監委履行監督、調查、處置職責。而「國家監委」也與「中國共產黨中央紀律檢查委員會」（簡稱中紀委）實施「合署辦公」，也就是「一個機構、兩塊牌子」的意思。

處分程序

「處分」與「政務處分」的程序雷同，依《公務員法》，公務員因違紀違法應當承擔紀律責任的，依照本法給予處分或者由監察機關依法給予政務處分。茲以政務處分程序說明如下：

進行調查	● 監察機關對涉嫌違法的公職人員進行調查，應當由 2 名以上工作人員進行。
告知	● 作出政務處分決定前，監察機關應當將調查認定的違法事實及擬給予政務處分的依據告知被調查人。
當事人陳述和申辯	● 作出政務處分決定前，監察機關應聽取被調查人的陳述和申辯，並對其陳述的事實、理由和證據進行核實，記錄在案。 ● 被調查人提出的事實、理由和證據成立的，應予採納。不得因被調查人的申辯而加重政務處分。
作成決定	● 確有應受政務處分的違法行為的，根據情節輕重，作出政務處分決定。 ● 違法事實不能成立的，撤銷案件。 ● 符合免予、不予政務處分條件的，作出免予、不予政務處分決定。 ● 被調查人涉嫌其他違法或者犯罪行為的，依法移送主管機關處理。
製作政務處分決定書	● 決定給予政務處分的，應當製作政務處分決定書。 ● 處分決定書應送達被處分人和被處分人所在機關、單位；並書面告知相關的機關、單位。

「處分」與「政務處分」的比較

	處分	政務處分
實施機關	公職人員任免機關、單位作出的懲戒	監察機關作出的懲戒
處分種類	❶ 警告，處分期間：6 個月。 ❷ 記過，處分期間：12 個月。 ❸ 記大過，處分期間：18 個月。 ❹ 降級，處分期間：24 個月。 ❺ 撤職，處分期間：24 個月。 ❻ 開除。	
競合情形	監察機關和公職人員任免機關、單位按照管理權限對違法的公職人員給予政務處分和處分，但是對公職人員的同一違法行為，監察機關已經作出政務處分決定的，公務員所在機關不再給予處分。	

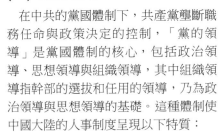

UNIT **7-10** 公務員服務

(一) 黨的領導

在中共的黨國體制下，共產黨壟斷職務任命與政策決定的控制，「黨的領導」是黨國體制的核心，包括政治領導、思想領導與組織領導，其中組織領導指幹部的選拔和任用的領導，乃為政治領導與思想領導的基礎。這種體制使中國大陸的人事制度呈現以下特質：

❶ 黨管幹部：此為中國幹部人事制度的基礎，指「中國共產黨對幹部工作的領導」。有關幹部工作的方針、政策、標準、原則、制度，必須由黨中央統一決定，以保證中共對幹部人事工作的領導權和對重要幹部的管理權。其運作為：①透過「幹部職務名稱表」對幹部的任用進行分級管理；②黨中央掌握政治菁英的甄補與任免，形塑黨所需要的幹部隊伍；③維護黨的領導體制與領導人權威。

❷ 建立「幹部職務名稱表」：「幹部職務名稱表」起源於史達林時期的蘇聯共產黨，是依照資歷排序，並包括各個職務的職責說明的職位列表，只有被納入這個列表的職位才是社會、政治生活中組織活動的重要領導職務。

❸ 黨政交叉任職：指擔任黨職的幹部往往也兼任相關領域的政府職務，以確保中共「以黨領政」的原則。

(二) 人員交流

在「黨管幹部」的原則下，人員交流的概念與其他國家比較不同，例如日本的人員交流是「官民人事交流」，有公、私部門的清楚區分，但中國大陸在《公務員法》第 69 條中的規定，則是「公務員可以在公務員和參照本法管理的工作人員隊伍『內部』交流，也可以與國有企業和不參照本法管理的事業單位中從事公務的人員交流。」換言之，這種交流限於黨、政、國企的公職人員（即「幹部」），稱之為「調任」。依《公務員法》第 70 條規定，國有企業、高等院校和科研院所的人員，可以調入機關擔任領導職務或者 4 級調研員以上及其他相當層次的職級。

(三) 服從

關於公務員服從規定，傾向「陳述意見說」，依《公務員法》第 60 條規定：「公務員執行公務時，認為上級的決定或者命令有錯誤的，可以向上級提出改正或者撤銷該決定或者命令的意見；上級不改變該決定或者命令，或者要求立即執行的，公務員應當執行該決定或者命令，執行的後果由上級負責，公務員不承擔責任；但是，公務員執行明顯違法的決定或者命令的，應當依法承擔相應的責任。」

(四) 保障

依《公務員法》規定，除了公務員的工資、津貼、住房與醫療等補貼、補助、年終獎金、因公傷亡的撫恤和優待外。比較特別的是該法中還有「不得辭退」的規定，即對有下列情形之一的公務員，不得辭退：

❶ 因公致殘，被確認喪失或者部分喪失工作能力。

❷ 患病或者負傷，在規定的醫療期內的。

❸ 女性公務員在孕期、產假、哺乳期內。

❹ 法律、行政法規規定的其他不得辭退的情形。

公務員任用的積極資格與消極資格

積極資格	消極資格（不得錄用為公務員）
❶ 具有中華人民共和國國籍。 ❷ 年滿 18 周歲。 ❸ 擁護中華人民共和國憲法，擁護中國共產黨領導和社會主義制度。 ❹ 具有良好的政治素質和道德品行。 ❺ 具有正常履行職責的身體條件和心理素質。 ❻ 具有符合職位要求的文化程度和工作能力。 ❼ 法律規定的其他條件。	❶ 因犯罪受過刑事處罰。 ❷ 被開除中國共產黨黨籍。 ❸ 被開除公職。 ❹ 被依法列為失信聯合懲戒對象*。 ❺ 有法律規定不得錄用為公務員的其他情形。

* 所謂「失信」，即失去信用，相當於所謂的「信用破產」；「失信聯合懲戒」是指中國大陸採取的「一處失信，處處受限」政策，即個人的生活各種層面都可能因為信用破產而受到限制。原本這種信用審核機制在各國均屬常見，但多用於商業信用審核；惟中國大陸計畫將信用審核機制擴大至政治（主要針對公務員）、社會（針對一般個人行為與公德規範）及司法（針對被執行人的表現），建立全面性的「社會信用評價機制」，區分「紅、黑名單」，且「失信懲戒」亦及於食衣住行等全方位生活層面。

公務員的權利與義務

公務員的權利與義務，均規範於《公務員法》中：

權利	義務
❶ 獲得履行職責應當具有的工作條件。 ❷ 非因法定事由、非經法定程序，不被免職、降職、辭退或者處分。 ❸ 獲得工資報酬，享受福利、保險待遇。 ❹ 參加培訓。 ❺ 對機關工作和領導人員提出批評和建議。 ❻ 提出申訴和控告。 ❼ 申請辭職。 ❽ 法律規定的其他權利。	❶ 忠於憲法，模範遵守、自覺維護憲法和法律，自覺接受中國共產黨領導。 ❷ 忠於國家，維護國家的安全、榮譽和利益。 ❸ 忠於人民，全心全意為人民服務，接受人民監督。 ❹ 忠於職守，勤勉盡責，服從和執行上級依法作出的決定和命令，按照規定的權限和程序履行職責，努力提高工作品質和效率。 ❺ 保守國家祕密和工作祕密。 ❻ 帶頭踐行社會主義核心價值觀，堅守法治，遵守紀律，恪守職業道德，模範遵守社會公德、家庭美德。 ❼ 清正廉潔，公道正派。 ❽ 法律規定的其他義務。

UNIT **7-11**
公務員退休

(一) 退休制度

按《公務員法》第 92 條規定為「屆齡退休」：「公務員達到國家規定的退休年齡或者完全喪失工作能力的，應當退休。」目前規定的幹部退休年齡為男性 60 歲、女性 55 歲，然而中國大陸亦受到少子化與人口高齡化衝擊，人口紅利的優勢逐漸減弱，國務院總理李克強在 2021 年宣布，要漸進鬆綁生育政策，並規劃逐步推行提高法定退休年齡。

此外，亦有「提前退休」的規定，公務員符合下列條件之一，且本人自願提出申請，經任免機關批准，可以提前退休：❶ 工作年限滿 30 年；❷ 距國家規定的退休年齡不足 5 年，且工作年限滿 20 年；❸ 符合國家規定可以提前退休的其他情形。

(二) 退休年金（養老金）

❶ 雙軌退休制

中國大陸的社會保險向有「五險一金」之稱，「五險」是指養老保險、醫療保險、工傷保險、失業保險、生育保險；「一金」是指住房公積金。其中養老保險制度又分為三種，分別為「企業職工基本養老保險」、「城鄉居民基本養老保險」，以及「機關事業單位退休制度」；第一種類似臺灣的勞保退休金，第二種類似臺灣的國民年金制度，第三種則是一般所謂的公務員退休金，個人不用繳納養老金，由國家財政支付，且受益較高，有八成的所得替代率；其餘兩者都需要個人繳付不同比例的保費，受益相對較低；以「企業職工基本養老保險」而言，廣大的農民工群體因為流動率高、工資低落，投保的意

願相對也低，企業更是偏好鑽法律漏洞，導致破產的風險日益增加；「城鄉居民基本養老保險」的給付偏低，尤其是依照地區計算投保金額與給付，形成嚴重的城鄉差距，例如上海市每月養老金給付最低基準超過 900 元、黑龍江省卻只有 90 元，差距高達 10 倍。相較於政府編列預算、穩定性高的「機關事業單位退休制度」，形成「雙軌退休制」的情形。

❷ 2015 年機關事業單位並軌改革

為改變這種令人詬病的「雙軌退休制」，大陸國務院於 2015 年開始推動機關事業單位的養老金「並軌」改革，以實現「公平養老」的政策；首先是分別提高全國城鄉居民基本養老保險基礎養老金最低標準，以及全國企業退休人員基本養老金標準；再將機關事業單位人員新的基本養老金待遇分為兩部分：一是「基礎養老金」，二是「個人帳戶養老金」，使機關事業單位在參加基本養老保險的基礎上，為其工作人員建立職業年金。並軌改革後的機關事業員工與企業職工的養老金模式基本一致，形成單位、個人、政府共擔養老金的新機制，不僅增進社會公平、減輕政府負擔，並有助於在公務員隊伍建立正常的流動機制，促進政府與私企之間的人才流動性。

提高法定退休年齡的支持與反對聲浪

由於人口結構變化，再加上社會保險棄保人數偏高（估計有 3,800 萬人），「中國保險行業協會」於 2020 年底發表《中國養老金第三支柱研究報告》，評估未來 5 至 10 年，中國將出現人民幣 8 兆至 10 兆元的養老金缺口，因此國務院在 2021 年宣布將提高法定退休年齡。但事實上，全國人大在 2012 年就討論過此事，卻因各方阻力太大，8 年來遲遲未定，雙方的立場如下：

	提高法定退休年齡的支持者	提高法定退休年齡的反對者
身分	公部門的員工（幹部）	私部門的員工，特別是工人
理由	依照國際慣例，多數國家在 65 歲退休，甚至更高；當人口紅利逐漸消失後，人力資源短缺現象將會加重，延遲退休有助於緩解人力資源短缺的現象。	提高退休年齡將會排擠年輕人就業機會。

養老金改革新制

從 2014 年 10 月 1 日起對機關事業單位工作人員進行的養老保險制度改革，分為三種對象：

	老人	中人	新人
意義	指改革前已退休的人員。	改革前已進入工作隊伍，改革後退休的人員。	改革後才進入工作隊伍的人員。
退休待遇	原待遇維持不變，並參加今後的待遇調整。	採「逐步過渡」政策： ❶ 在改革前沒有實行個人繳費的工作年限確定為「視同繳費年限」，將來退休在發給基本養老金的同時，再依據視同繳費年限長短等因素發給過渡性養老金。 ❷ 設定一定期限的過渡期，在過渡期內實行養老待遇的新人與老人計算發放的對比，並設計「保低限高」（即樓地板與天花板）的方法。	將來退休時，養老金分為「基礎養老金」與「個人帳戶養老金」兩部分之和，與參加「城鎮職工養老保險」的企業員工基本一致。

並軌改革後的機關事業員工養老金制度

個人帳戶養老金 屬於職業年金，單位按本單位工資總額的 8% 提撥，個人則按本人工資的 4% 提撥。

基礎養老金 屬於基本養老保險，單位負擔工資總額的 20%，個人負擔為工資的 8%，本人繳費工資高於「當地職工平均工資」3 倍的部分不納入繳費基數，低於平均工資 60% 的則以 60% 為基數繳費。

第8章 專題比較

●●●●●●●●●●●●●●●●●●●●●●●●● 章節體系架構 ▼

UNIT 8-1　各國人事主管機關比較

UNIT 8-2　各國高級文官職團

UNIT 8-3　各國公務員考選與任用特色

UNIT 8-4　各國公務員俸給決定原則

UNIT 8-5　各國公務員核心能力訓練

UNIT 8-6　各國公務員的行政倫理規範

UNIT 8-7　各國公務員的退休制度改革

UNIT 8-8　各國揭弊者保護制度比較

UNIT 8-9　韓國文官制度簡介

UNIT 8-10　新加坡文官制度簡介

UNIT **8-1**
各國人事主管機關比較

我國行政學界在觀察各國人事主管機關時，慣以「部內制」、「部外制」與「折衷制」為分類方式。該分類自1940年由張金鑑教授首次提出後，其定義也經歷數次修正，本單元藉由其理論發展的過程，來觀察各國人事主管機關百餘年來的變化。

(一) 以人事主管機關的設置位置分類

一開始的「部內」與「部外」之分，是以「人事機關是否設於各部之內」為區分基礎，「部」是指各行政部門，「部內制」就是在各部會內部設置專責專業的人事單位以掌握人事權，並向各部首長負責，二戰前的法國即如此。「部外制」就是在各部會之外另設獨立超然的人事機關，以避免政治干預，如1883年至1978年設置聯邦文官委員會的美國，以及設置考試院的我國。至於「折衷制」，則指一國同時兼有部內制與部外制的人事機關，以1855年至1968年的英國為代表，除了財政部下設「公職司」擁有人事行政權外，還有專責文官考試的文官委員會。

(二) 以人事權的隸屬關係分類

前述分類方式在二戰後已難涵蓋各國人事機關的變化，故改以「人事權的隸屬關係和是否獨立運作」為區分基礎，如此則必須先區分「獨立制」與「幕僚制」。前者為我國特有的狀態，將人事行政視為非屬行政權管轄的獨立憲政權力，即「考試權」，形成「一條鞭」式的人事制度。而「幕僚制」仍區分為「部內制」、「部外制」與「折衷制」。「部內制」是指行政權體系下設有人事主管機關，受最高行政首長管轄，作為他的人事幕僚機構，從屬於行政首長，而非獨立自主的機關，此為當代較常用的方式，如美國的聯邦人事管理局、英國的內閣辦公室、日本的內閣人事局、法國的行政及文官總局（DGAFP）、德國的聯邦文官委員會等。「部外制」則指行政權體系下雖設有人事主管機關，但依法為獨立自主的機關，而非協助行政首長的幕僚機構，如日本二戰後成立的人事院、美國1978年成立的聯邦功績制保護委員會。至於「折衷制」，以1855年至1968年的英國來看，仍符合兼有部外制與部內制的特性，但自1968年後部外制的文官委員會併入內閣，變成首相的人事幕僚機關，又1998年後人事權大幅下放各部，已使英國走向部內制。

(三) 分類方式的省思

本書單元1-5雖採目前較常用的第二種分類基礎，但不可諱言的，此種方式仍有侷限，即部分國家設置一個以上的人事機關，如美國和日本，但又因實際上美國文官制度決策多以部內制的人事管理局為主，日本的內閣人事局也獲得愈來愈多的權力，故在這些國家究竟是部內制還是折衷制上容易產生爭議。又如我國在1967年於行政院設人事行政局（今人事行政總處），也打破純粹的「獨立制」，但亦難稱之為幕僚制。是故，我國行政學者許道然主張，人事行政機關的分類不應以「國家」為對象，如稱法、德為部內制或美、日為折衷制；而應以「機關本身」為對象（見右頁），則可避免各國在人事行政制度的轉型下形成分類難題。

我國人事行政局設置緣起

行政院人事行政局的出現，與兩岸軍事對峙態勢的轉變密切相關。首先是1954年《中美共同防禦條約》簽訂，美方僅將共同防禦的範圍限縮於臺灣本島，不支持蔣中正總統反攻大陸；1958年10月23日美國總統艾森豪正式提出反對以武力主動反攻大陸；而1964年中共核武試爆成功，美國已將焦點置於越南，更不可能支援蔣中正開闢中國戰場。因此，我國政府也開始推動「軍轉文職」，如1964年公布《國軍退除役官兵輔導條例》，1967年成立「人事行政局」。

構想緣起
- 1963年國民黨中央設計考核委員會亦於此時籌組「人事革新委員會」，由行政學者仲肇湘主持，該會建議行政院應設置人事管理專責機構，辦理行政院有關人事行政業務的幕僚工作。

決策訂定
- 1966年，「國防研究院」主任張其昀率團赴美、加、日、韓等國考察，建議仿效他國於最高行政機關設置幕僚機構，對人事管理負統一規劃與監督之責。總統蔣中正則批示「此案重要，應由行政、考試兩院及有關部會，均指派人員組織小組，切實研究具體辦法，限三個月呈報。又行政院人事組織考核機構之建立，勢難再延」。

制度建立
- 1966年時國民大會修正《動員戡亂時期臨時條款》，授權總統得視需要調整中央政府的行政機構及人事機構。
- 1967年7月，總統核定公布《行政院人事行政局組織規程》；同年9月，人事行政局正式成立。

各國中央人事行政機關的類型

	國家	中央人事機關	部外制	部內制
幕僚制	英國	文官委員會（1855〜1968）	V	
		內閣辦公室		V
	美國	文官委員會（1883〜1978）	V	
		人事管理局		V
		功績制保護委員會	V	
	法國	行政及文官總局（DGAFP）		V
	德國	內政部及聯邦文官委員會		V
	日本	人事院	V	
		內閣人事局		V
	中華民國	行政院人事行政總處		V
獨立制	中華民國	考試院		

UNIT 8-2
各國高級文官職團

由於新公共管理著重授權，先進國家趨向將人事權交由各部掌理；尤其是英國實施政署制後，政署以及行政法人之設計風行全球，英美文官多以各自任職機構或政署為效忠對象，缺乏統一的國家文官精神。因此，愈來愈多的國家仿效美國設置獨立於一般文官體系外的高級文官職團，只是獨立的程度不同。

(一) 完全獨立的高級文官體制

此種體制以英、美為代表，可稱為「職位基礎」（position-based），主要的特色就是將高級文官的職位公開競爭。

❶ 美國

主要由聯邦人事管理局（OPM）統籌負責，將原本屬於各部門的高階管理職位匯入一個統一的人事系統。聯邦各部會遵循 OPM 之標準，指定哪些職位是高級行政職，或是從 OPM 認證過的人員中雇用。2005 年，OPM 進行政府內部全面性的甄選與發展計畫，以培養優秀主管。在進行績效考評時，各機關也必須向 OPM 提出「績效評鑑考核工具」（Performance Appraisal Assessment Tool, PAAT），以進行後續的認證。另 OPM 對高級文官的薪俸定有上限與下限的規定，實際薪俸則由用人機關在薪俸範圍內與任職者商定。

❷ 英國

英國高階文官團（SCS）之組成是混合型，既有資深主管、政治顧問、機關主管，也有透過「快速升遷方案」甄選出來的大學畢業生與有潛力之行政職員。由內閣辦公室中負責 SCS 的任命、升級與發展，而「文官委員會」藉由監督 SCS 選才過程，確保其任命是基於功績制而進行。對於 SCS 的績效管理，則是基於《文官管理守則》，由該部會與機關，依據內閣辦公室所定的參考架構來管理。其薪俸訂定亦由內閣辦公室設專門的委員會管理，詳見單元 2-6。

(二) 半獨立式的高級文官體制

此種體制以法國與德國為代表，可稱為「職涯基礎」（career-based），高階文官職雖多未開放競爭，但亦有特別的人事管理系統。如法國的 A 類文官，由國家行政學院負責考選、任用與訓練，詳見單元 5-4；德國的高等職文官考選由聯邦政府組成「考試委員會」，並特別重視績效管理。1997 年《公務員法制改革法》規定，領導職的高階文官在就任與晉升時，必須先試用 2 年，並開放若干領導職缺的公開徵才。而兩國的高階文官都有機會晉升至更高的政治任命職位。不過由於這種半獨立的體制對高級文官與一般文官的制度區別不甚明顯，有些學者也不認為其具有獨立的高級文官團。

總的來說，無論是職位基礎還是職涯基礎，高級文官團制度的特色包括：

第一，均由中央政府指定的部會或組織負責主管，並有專門的培訓機制。

第二，都重視績效考評，有較高的績效獎金，並由中央監督管理。

第三，有明確的培訓計畫，重視人才養成，且由中央政府機關統一主管，可以統一事權，也可以減少訓練資源之浪費。

韓國與新加坡的文官體制

除了前述的歐美四國外，亞洲也有兩個引進高級文官職團的國家，一是仿效英、美的韓國，另一是建立自身特色的新加坡。

韓國

韓國的公務員分成九級，2006 年韓國實施高級文官職團制度時，將最高的三級定為高級文官職，各部的高級職位中有 20% 為開放競爭，以任用適合的專業人士；並由行政安全部的人事局統一管理甄選及升遷。高級文官的薪酬採「職務成果年俸制」，年俸由「基本年俸」與「成果年俸」構成；基本年俸包括「標準俸給」與「職務俸給」，前者係指在一定範圍內，依個人經歷及先前成果評鑑結果所支之俸給；後者則依職務困難度及職責輕重給予一定數額。成果年俸則按其前一年度成果評鑑結果支給，類似績效獎金，評價不佳者無成果年俸；與一般公務員採用「號俸制」不同（詳見單元 8-9）。

一級：管理官
（職稱通常為次官補或
室長；約相當於「常次」）

> 2006 年實施高級文官制
> 後，通稱為「高級公務
> 員」，不再分級。

二級：理事官
（職稱常為局長）

五級以上為
「主管級公務員」
（管理職）

三級：副理事官
（職稱通常為局長或
副局長、審議官）

四級：書記官
（職稱通常為課長）

五級：事務官
（職稱通常為係長）

**六到九級：主事、主事補、
書記、書記補**

新加坡

新加坡的高級文官稱行政官職（Administrative Officer, AO），即等級在「超級 G」（Superscale Grade G）以上人員，類似英國與美國的高級文官團，全國僅 230 人左右，擔任助理司處長以上的職務，其多半來自國家長期培養。新加坡公共服務委員會（Public Service Commission, PSC）的「儲備幹部計畫」（Management Associate Programme, MAP）招募優秀的大學畢業生成為「行政助理官」，在經歷 4 年左右的訓練與實習後，績優人員即由公共服務委員會直接任命為 AO，其餘未經評選通過的人員，則循一般徑升遷發展，與英國的「快速升遷制度」類似（參考單元 2-5）。

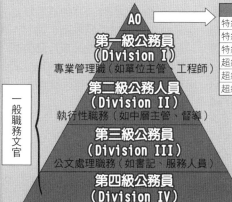

AO

**第一級公務員
（Division I）**
專業管理職（如單位主管、工程師）

一般職務文官

**第二級公務人員
（Division II）**
執行性職務（如中層主管、督導）

**第三級公務員
（Division III）**
公文處理職務（如書記、服務人員）

**第四級公務員
（Division IV）**
事務性職務（如打字員、工友員）

行政官職等級		職稱
特級 IV 級、V 級	MR1	非常資深常任秘書
特級 III-II 級	MR2-3	
特級 I 級	MR4	資深常任秘書
超級 B 級	SR5	常任秘書
超級 C-E 級	SR6-8	超級職行政官
超級 G 級	SR9	初階行政官

UNIT 8-3
各國公務員考選與任用特色

考選是任用的第一關，各國政府無不重視，而考試制度與題目設計也會影響考選的效果。我國著重傳統的專業筆試，強調的是公平與防弊，卻未見得合乎選才的效能。反之，先進國家多在中央規定考試原則的前提下，將考試權力下放各機關，並重視職能口試，以掌握應試者的心理素質，讓各機關能針對自身需求招募合適人才，中央僅負監督認可之責。

美國政府機關的用人有很大的自主性，考試選才亦復如此。各部在「功績制」原則下可以自辦考試、可以採用聯邦人事管理局（OPM）提供的 ACWA 考試，也可以透過政治任命的方式（除外職位），只要符合「公開競爭原則」，並遵循「優惠雇用行動」即可。另針對高級文官職（SES），OPM 提供兩種人才培育計畫，一是「SES 候選者發展計畫」（Senior Executive Service Candidate Development Programs, SESCDPs），對象是聯邦政府內外 GS-14/15 或相當層級之職員，由各機關依功績制來選出參訓者，進行為期 18 至 24 個月，依機關需求而量身定做的培訓，結訓後經過 OPM 主持的「資格審查會議」認證，該員即可擔任任何非競爭性任命之 SES 職位。另一種計畫是「SES 聯邦主管候選者發展計畫」（the Senior Executive Service Federal Candidate Development Program, Fed CDP），對象是聯邦政府內部、有 1 年以上主管經驗之 GS-15 層級官員，或是有相當經歷者。此計畫之目的是協助聯邦機構達成其接班人計畫，並創造出高品質的 SES 主管人才庫。受訓者接受為期 1 年的主管核心能力訓練，包含課程與實習，結訓後可獲得「SES 資格審

查合格證書」，能夠直接被選任為聯邦政府中的任何 SES 職位。

英國是新公共管理改革的創始國，在著重績效責任的前提下，對一般文官的考試權下放十分澈底，內閣辦公室的文官委員會僅監督考選過程是否符合公平、公開、功績等三大原則。但是高級文官（SCS）的考選則仍由中央負責，無論是內部升遷還是開放競爭，都由內閣辦公室組織「遴選委員會」（SASC）主持。另一種 SCS 的主要來源是英國的「快速升遷制度」，也是由內閣辦公室負責組織相關的委員會主持考選，詳見單元 2-5。

德國與法國的考選制度類似，除了最高層級的文官由專責機構負責外，其餘都由用人機關自行辦理。德國的「高等職」考選由聯邦政府組成「考試委員會」統一舉辦；法國的「A 類」文官則由著名的國家行政學院（ENA）負責；二者都需要經過冗長而嚴謹的實習培訓過程，並經過多次考試及格方可成為正式文官。

日本與韓國的考選制度也較為相似，首先是兩國的公務員考試都分成第一試的基礎科目與第二試的專業科目，且第二試多重視口試的表現。其次，考試權原則上都屬於中央人事行政機關，即日本的人事院與韓國的行政安全部，不過較低層次的考試可以授權由用人機關辦理。

新加坡的考選用人比較特別，核心的「行政官職」透過從民間選拔人才長期培訓觀察而產生，基層的「一般職位」由用人機關自行以資格審查及口試甄選。

總之，我國與先進諸國的做法可謂各有利弊，宜衡諸國情加以改良，而非囫圇吞棗地照抄。

二階段考試

先進國家的公務員考試多採分階段考試，即先以第一試的基礎科目甄別出程度較高者，再進行第二試的專業測驗。以第一試成本較低的測驗題篩選過後，可保留較多的經費用於申論批改和口試，整體來説考選的效率與效能都比較高。各國考選方式如下：

國家	考試類型	第一試	第二試
美國	ACWA	邏輯推理能力＋文字能力＋數字能力＋個人成就紀錄問卷	口試
英國	一般文官	語言推理＋數量推理＋情境判斷測驗	口試
日本綜合職考試	研究所畢	基礎能力考試（多重選擇題）＋專業考試（含多重選擇題及申論）	政策課題討論＋口試
	大學畢		政策課題論文＋口試
韓國	5 級（高）	政策辯論、資料分析、情況判斷、英文、韓國史	團體討論＋公職價值與個性評價面試＋口試
	7 級（中）	國語、英語、韓國史、憲法、行政法、刑事訴訟法、會計學、物理學概論	集體討論＋個別面試＋簡報＋口試
	9 級（低）	共同科目（韓語、英語、歷史）＋選試共同科目（社會、數學、科學擇一）＋選試專業科目	簡報＋情境問題＋口試
中國大陸	綜合管理類	公共科目（行政職業能力測驗）＋專業科目（申論）	口試

新加坡政府的海外招募

新加坡政府以其全英語的環境和舉世聞名的高薪政策，向全世界招募各種人才，從社會低階的勞工，中階的老師、技術人員，到高階的行政官職公務員與各行各業的經理人才。

上圖為 2018 年時，新加坡內政部透過該國的保全公司與人力仲介公司來臺招募輔警（Auxiliary Police）的徵才廣告。臺灣經常有老師或技術人員透過人力仲介公司前往新加坡任職，筆者於臺灣師範大學就讀時的學弟妹中就有畢業後前往新加坡的小學任教。

不過，新加坡政府的高薪不是白拿的，大多數工作任務繁重，績效要求嚴格，尤其對外來工作者而言，頗具挑戰性。

註：圖片來源為《中國時報》2017/12/26。https://www.chinatimes.com/realtimenews/20171226003010-260405?chdtv。

UNIT **8-4**
各國公務員俸給決定原則

公務員俸給是一個影響國家財政與人力資源的重要議題，觀乎先進國家的公務員俸給決定原則，或有仿效企業的勞資協商，或由政府以嚴謹的公式決定。

(一) 以協商方式決定

英國多數的公務員採用的是集體協議制，中央各部會與政署採「分權式集體協議」，即各機關自行與工會進行集體協議；地方政府公務員多採「集權式集體協議制」，由代表各地方政府的「地方政府管理委員會」與代表公務員的地方政府公務員工會進行集體協議。少數的特定公務員，如高級文官（SCS）或政務官採「獨立薪俸評鑑制」，由專門的「薪俸評鑑委員會」負責審議，但工會仍可提出意見；還有警消人員是以公式計算的「指數連結制」，隨特定的民間薪資水準連動，詳見單元 2-6。

法國政府原則上會參考「生活費用指數」計算俸給數額，但最終決策者仍是代表政府與公務員工會協商的最高機制「最高人事協議委員會」；內閣在決定俸給與各項加給之前，循例會先聽取「最高人事協議委員會」的意見，而政府各部門的「人事協議委員會」亦可提出建議。所以法國主要還是透過集體協議來決定公務員俸給，詳見單元 5-6。

(二) 以公式計算決定

美國除了高級文官職（SES）採開放式架構外，其餘公務員待遇依循「比較原則」，按「用人費指數」及「地域性俸給」核算，詳見單元 3-6。此外，依據 1990 年《聯邦公務人員俸給比較法》，除非總統特別提案，只要用人費指數（ECI）變化比例超過 0.5%，就會自動根據其間的差距比例調整。所以美國聯邦公務員的待遇調整雖然工會可以提出建議，但主要還是依一定的指數自動調整。

德國聯邦公務員的俸給是依《聯邦俸給法》給予，由內政部核算，工會不得參與、公務員也無權要求提高待遇。依該法規定，公務員的待遇應與企業員工相當。目前基層公務員的月俸約 1,400 歐元，到中階以上的管理職位則有數千歐元，每年發 13 個月工資（聖誕節多發 1 個月）。雖然如此待遇不見得比一般企業員工多，但公務員不用另繳社會保險和養老保險，津貼也更多，女性公務員有 6 至 8 周的產假、3 年的留職停薪及育嬰補助，還有「公務員信貸聯盟」為公務員提供各種低利貸款，可謂充分實現「照顧原則」。

日本國家公務員的俸給調整決定因素係來自於民間薪資水準、標準生計費與物價指數。民間薪資水準是主要因素，決定公務員待遇當年度調整幅度，由人事院進行調查；標準生計費則來自厚生勞動省的「國民營養調查」，內含成人伙食費、服裝費、醫療費、交際費等；物價指數則是依據總理府統計之物價指數及家庭消費支出情形，作為調整給與之參考。此外，依《國家公務員法》第 86 條，公務員仍保有向人事院要求改善給與之權。

韓國與新加坡也是依公式計算，將在右頁中說明。

綜觀上述先進國家，若非由機關在自負財務責任的前提下自行與員工協商決定，就是依法以嚴謹的公式計算。反觀我國的執政者經常是看民意輿論的「風向」來決定公務員調薪與否，甚至將調薪淪為選舉工具來操作，實在令人汗顏。

韓國公務員定俸原則

韓國設有類似美國的高級文官團制度，他們各自的俸給結構詳見於單元 8-9。其俸給決定的四大原則明定於《韓國國家公務員法》第 46 條：

- 與私部門薪資水準取得平衡 | **外部衡平** **職級別** | 考量職務本身的困難度及職責程度
- 在永業制與非永業制公務員間的薪資取得平衡 | **內部衡平** **生計水準** | 考量國內的基本生活費及物價水準波動情形

依上述四大原則進行調整的程序如下：

進行「產官薪資水準實情調查」，得出目前公務員與民間企業勞工的薪資差異

由企業、學界、公務員工會代表組成「產官薪資審議委員會」會商審議

提出次年薪資調漲率等薪資調整提案

由「人事革新處」依提案制定公務員薪資改善計畫

相關機關召開副首長會議及國務會議，考量民間工資漲幅、物價波動及政府財政狀況，討論決定薪資調整方案

交由國會審議並通過預算，再由人事革新處修訂相關法規、薪資表、津貼支付率與支付額度

新加坡公務員定俸原則

新加坡公務員的待遇包含「固定薪」與「變動薪」兩部分，透過占比極高的「變動薪」，讓公務員的待遇與經濟成長連動，一直是新加坡政府追求的績效待遇制度的核心原則，詳見單元 8-10。而在代表高級文官的「行政官職」中，非常重視與民間企業的薪資比較，並採取標竿（benchmark）的方式訂定，其標準由國會通過，交由公共服務署訂定對照原則：

設定層級	國會選定的標竿對象
特級 I 級（MR4）	銀行家中薪資最高的前 10 名平均薪資。
	銀行家、會計師、工程師、律師、本國製造業、跨國公司、石油公司、建築師、醫師等九種專業領域中，薪資最高前 4 名的平均薪資。
	銀行家、會計師、工程師、律師、本國製造業、跨國公司等六種專業領域中，薪資最高前 4 名的平均薪資。
超級 G 級（SR9）	銀行家、會計師、工程師、律師、本國製造業、跨國公司等六種專業領域，所有年齡為 32 歲的受僱者中，薪資排名「第 15 位」的薪資水準。

UNIT **8-5** 各國公務員核心能力訓練

由於當代新公共管理興起,各國公務人力的訓練著重於「人力資本」的培養(參見單元 1-8),因而「核心能力」(core competency)已成為各國高階文官訓練的重點。各國政府對高階文官在核心能力上的訓練重點如下:

(一) 英國

英國的「政府專業技能」(Professional Skills for Government, PSG)訓練包括:
❶ **領導**:政府設定「領導參考架構」(leadership framework),內容包括:提供商業成果、建立能力、設定方向、個人領導技巧之改善等。其中尚指定有效的領導應包含 4 個 P:
　①速度(pace):迅速回應問題與提出長期解決方案。
　②熱情(passion):對提供高品質公共服務,保持熱誠。
　③驕傲(pride):對所做所為感到驕傲,並確保國家以文官為傲。
　④專業(profession):在政策形成與服務遞送上有專業素養。
❷ **核心技能**:人員管理、財務管理、計畫管理、分析與使用證據、策略性思考、溝通與市場調查。
❸ **專業知識**:與擔任高級行政職(SCS)工作有關之專門知識。
❹ **更廣泛的工作經驗**:指公職以外的其他工作歷練。

(二) 美國

美國對高級行政職(SES)的訓練強調「行政核心資格」(Executive Core Qualifications, ECQ)養成,內容包括:變革領導(Leading Change)、成員領導(Leading People)、成果導向(Results Driven)、業務敏銳(Business Acumen),及建立聯盟與策略夥伴(Building Coalitions)。

(三) 法國

法國國家行政學院(ENA)專業訓練的核心課程包含三大類,包括關於歐洲體制、政府間合作與國際事務的「歐洲事務課程」、關於地方治理及行政管理的「地方行政課程」,以及促進公共服務及行政效能的「公共管理課程」。

(四) 德國

德國在高階文官的培訓課程中有「能力架構」(competency framework),指的就是擔任高階行政職的「關鍵資格」;根據德國對高階文官績效評鑑之標準,其被考評之能力包括:理解與做出適切判斷之能力、決策能力與維護自身主張之能力、抽象思考力、口語與書面表達能力、團隊領導、壓力忍受,及組織技巧等。

(五) 日本

日本的「行政研修」以培育行政核心之人才為對象,研修內容以政策規劃、方案設計等為主,並啟發長期性、多面向的國家政策課題。

(六) 中國大陸

培訓的重點包括著重中國共產黨路線與社會主義價值觀的「政治理論」、著重憲法法律和黨內法規教育的「政策法規」、提高專業素養和工作能力的「業務知識」,以及國家社會各方面的「科學人文素養」教育。

名詞解釋：核心能力

美國哈佛大學教授麥克里蘭（McClelland）發現智力並不是決定工作績效好壞的唯一要素，更應該注重實際影響學習績效的能力（competency），也就是帶來卓越績效行為背後的因素，包括態度、認知，以及個人特質等；麥克里蘭以五種型態來描述，分別是動機、特質、自我概念、知識與技術、認知與行為技巧。所以，「核心能力」就是用以執行特定工作時所需具備的關鍵能力，透過對關鍵因素的掌握，可協助組織降低成本與提升價值，進而形成組織的競爭優勢。核心能力的特性包括：❶是一種累積學習的結果；❷是一種獨特的競爭優勢；❸是一種整合的綜效；❹必須具備可應用性。

職能要素	意涵
動機	指潛在的需求或思考模式，驅使個人選擇或指引個人的行為，例如：成就感。
特質	因個人的某種傾向而導致某些行為表現，例如：自信、抗壓性。
自我概念	從測驗中可以瞭解個人對事件或事物所抱持的態度或價值觀為何。
知識與技術	包括處理的程序、專業的技能或人際處理方式。
認知與行為技巧	包括潛藏的或可觀察到的，例如：演繹或歸納能力、傾聽能力等。

在文官的遴用、培訓、升遷及考核上，核心能力的作用包括兩個層面：❶個人層面—創造個人的獨特性，讓每個人都有一定的價值，使自己不易被取代；❷組織層面—由具備核心能力的人來落實組織願景，當組織願景達成時，政府績效與整體競爭力也會隨之提升。

美國高級文官的核心能力要求

變革領導	成員領導	成果導向	業務敏銳	建立聯盟與策略夥伴
● 創造與創新 ● 覺察外在環境變化 ● 接受變革的彈性 ● 對抗壓力的韌性 ● 策略思考 ● 擘劃願景及遠見	● 衝突管理 ● 調和多元差異 ● 激發他人潛能 ● 團隊建立	● 課責 ● 顧客服務 ● 決斷力 ● 積極進取精神 ● 問題解決 ● 技術專業	● 財務管理 ● 人力資源管理 ● 科技管理	● 建立聯盟夥伴並形成合作網絡 ● 洞察組織與政策 ● 影響、說服與協商

UNIT **8-6**
各國公務員的行政倫理規範

一般認為，落實行政倫理，必須採取法制化的手段，也就是「行政倫理法典化」。因此先進國家多透過立法與成立專責機關，以維護行政倫理。

若以現代功績制考試的防弊性而言，英國自然是近代文官發展史上第一個強調公務倫理的國家，其「常次體制」的設計對行政中立的維護也至關重要。而在 1980 年代新公共管理興起後，衝擊傳統的官體制，民眾開始質疑公務員的倫理操守。1993 年時，首相梅傑（John Major）為重振民眾對政府的信任，發起「道德回歸」運動，翌年並任命上議院議員諾蘭勛爵（Lord Nolan）組成「公職生涯行為標準委員會」（Committee on Standards in Public Life），簡稱「諾蘭委員會」，直接隸屬於內閣辦公室。該委員會於 1995 年揭櫫「公職七項守則」（The Seven Principles of Public Life）；並在該會的努力下，英國政府陸續公布了重要的倫理規範，如 1996 年的《文官服務守則》（Civil Service Code）與《文官管理法典》（Civil Service Management Code）；此外，除了獨立的「文官委員會」負責監督文官體系的中立、廉潔，及確保文官倫理原則的落實外，並於 2010 年通過《反賄賂法》（Bribery Act of 2010），是相當嚴格的反貪污法律。

美國對行政倫理的重視與高度法制化源於對 1970 年代尼克森總統「水門案」的反省，因此在 1978 年首次通過《政府倫理法》（Ethics in Government Act of 1978），迄今已有多次修正。此外，同年的《文官改革法》、1989 年的《倫理改革法》與《揭弊者保護法》，也是赫赫有名的法規。至於機構的設置，本來 1978 年的《政府倫理法》只是在人事管理局（OPM）內設置一個政府倫理辦公室，但在 1989 年的《倫理改革法》中即獨立出來成為「政府倫理局」（OGE），除定期檢討各機關所實施的倫理計畫外，同時提供倫理訓練、改善倫理方案、退休旋轉門的建議等，並在主要的政府部門設置「倫理辦公室」。此外，功績制保護委員會（MSPB）與特別檢察官辦公室（OSC）等，亦對行政倫理的維護相當重要，詳見單元 3-3。

日本在 1990 年代接連爆發多起重大官僚貪瀆案，使國民對日本一向引以為傲的官僚系統喪失信心，內閣於 1996 年頒布「恢復國民對政府與公務員信賴之新措施」作為各省廳制定倫理規程之依據。然 1998 年仍爆發轟動的「大藏省」集體貪污事件；於是 1999 年再訂頒《國家公務員倫理法》，並在各機關中設置「倫理監督官」，人事院也依該法設置獨立行使職權的「國家公務員倫理審查會」，並於 2007 年修法訂定更嚴格的「旋轉門」條款，詳見單元 6-10。

新加坡是亞洲清廉度最高的國家，文官的效能與形象傲視全球。但在該國 1959 年獨立之前，官員貪腐的情形非常嚴重。1959 年李光耀執政後，便在隔年訂定《防止貪污法》，又於 1963 年任命一批優秀的文官重組「貪污調查局」（Corrupt Practices Investigation Bureau, CPIB），並直接隸屬於總理公署，其肅貪績效至今與香港 1974 年成立的廉政公署（Independent Commission Against Corruption, ICAC）在華人世界並駕齊驅。此外，該國的高薪養廉政策，也讓公務員知道一旦觸法，不僅將面對嚴厲的法律制裁，也會喪失優渥的待遇及福利，絕對得不償失。

英國「公職七項守則」的內容

守則	意義
去私（selflessness）	官員只能出於為公眾謀利益做出決定，而不能為自己、家庭或親友謀利益。
正直（integrity）	不應向那些可能影響自己履行職務義務者發生經濟上的往來。
客觀（objectivity）	掌權者在任命官員和招標時，要根據實際優劣做出選擇。
負責（accountability）	掌權者要對自己的決定負責。
公開（openness）	掌權者在決策和推行政策時要盡可能公開，只有在符合公眾利益的情況下才能對資訊保密。
誠信（honesty）	掌權者應申報自己與公務有關的所有個人利益，並對非法所得進行處理，以保護公眾的利益。
領導力（leadership）	掌權者要以身作則，支持這些原則。

第 8 章 專題比較

新加坡公務員的廉政規範

接受餽贈即視為貪污	禁止接受金錢或任何物品、貸款、酬謝、佣金、有價證券或其他任何形式之財產或財產性利益，而且無論是動產或不動產。
	禁止接受任何職位、就業或契約。
	禁止接受任何貸款、義務或其他責任的償付、放棄、免除或取消。
	禁止接受任何服務、恩惠或好處，包括使處罰或剝奪得以免除或免受發覺，或免於紀律處分或刑事訴訟，並包括任何權力、職權或職責執行的適用或避免。
	公務人員不得接受餽贈（無職務關係的私人社交禮儀不在此限），如不得不接受的話，應將接受餽贈的物品陳報主管，並交付機關專人處理；若收而不報，無論其價值均構成犯罪。一般處理原則為定期公開拍賣，拍賣底價相當於該物品市價的 60%，接受餽贈者有優先承購權，可以底價購入，否則由其他人公開競購，拍賣所得作為福利基金。
不可私自參加應酬	官員不可接受下級人員或民眾的邀請出席活動或飲宴。
	公務員接受與業務有關人士之邀宴，須由服務單位核定可否參加；凡參加飲宴應酬，要依式填具時間、地點與原因。
限制商業投機	公務員只得購買上市股票或公開掛牌的股票以及國有企業股票，且必須經過服務單位批准。
行為與兼職之規範	公務員不可賭博或進出酒吧等不當場所，CPIB 有權祕密偵查公務員的私生活是否正常。
	未經批准的情況下不得兼職。
職權與私人事務之間的界線	公務人員不得利用職位或訊息，以迅速處理、拖延辦理、隱匿不辦或阻撓受理等，藉機索取報酬。
	不得利用職務關係幫助任何人優先簽訂企業合約或阻止簽訂。
	不得利用職權，或允許他人利用自己之名義，為自己的企業或民間團體牟利，亦不得參加各種團體的廣告和出版物的活動。

UNIT **8-7**
各國公務員的退休制度改革

圖解各國人事制度

　　先進國家基本上都有人口結構老化的問題，因此延後退休與改革退休金制度，幾乎成了各國通例。此外，退休年金制度也在這波改革中興起，年金（pension annuity）是指一種定期性、持續性的現金長期支付模式，其目的在於滿足社會安全中連續性之經濟及預防經濟生活可能發生之危險。年金能夠減輕個人對於老年生活的憂慮，又能舒緩政府的財政負擔，並建構整體社會安全網，因而成為多數國家在退休制度改革上的選擇。

　　英國已將退休年齡從 60 歲延長至 66 歲，且未來會逐步延長至 70 歲。退休給與也從確定給付制加入了確定提撥制（合夥型計畫），以分擔政府的財務風險。

　　美國聯邦公務員可退休年齡較早，在「聯邦部門受僱者退休制度」（FERS）下，任職 20 年且年滿 62 歲即可申領退休金，但確定給付（DB）的金額大幅減少，因此再補充確定提撥（DC）的「聯邦節約儲蓄計畫」（FTSP）。現制下聯邦公務員的退休俸包括「FERS 的退休俸」、「FTSP 的年金」，及「社會安全金」。

　　德國採漸進式的退休改革，退休年齡由 65 歲延長為 67 歲，但仍謹守「照顧原則」，成為先進國家中少數仍以確定給付（DB）的退休俸為主的國家，但已從完全的政府「恩給制」轉變成向公務員徵收極少部分薪俸（約 0.2%），形成「部分提存制」（見右頁），不過仍以全民皆可加入的 Riester 年金加以補充。

　　重視勞動權的法國對公務員的退休年齡採多樣的彈性規定，並鼓勵延後退休，退休金也同時兼有確定給付與確定提撥制。但法國政府於 2019 年推出了退休制度改革計畫，將把現行的四十二種退休制度逐步合一，建立一個全民統一積分體系，以實現社會公平，並縮減養老金體系的赤字。然而，法國有多個工會以罷工行動反對此一改革方案，因此改革結果尚需觀察。

　　超高齡社會的日本，退休年齡已延長至 70 歲，並於 2015 年將公務員的共濟組合年金納入國民厚生年金體系，方便人才流動並落實社會公平。

　　過去由政府完全擔負公務員養老金的中國大陸，也在少子化的壓力及社會公平的考量下，於 2015 年開始推動機關事業單位的養老金「並軌改革」，除了原本的國家「基礎養老金」給付外，也開始建立公務員個人退休帳戶，從俸給中提撥一定比例的養老金。

　　韓國的公務員養老基金在 2001 年破產，靠政府預算補貼支撐，但此舉引起社會不滿，因此在 2009 年底組成「公務員年金制度發展委員會」，廣納各方利害關係人參與決策後，將年金所得替代率上限由 76% 降為 62.7%，並提高提撥率、將退休年齡從 60 歲延至 65 歲。儘管如此，政府仍舊每年補貼數百億新臺幣，但韓國政府預算充裕（不到年度預算 1%），尚不以為意。至於新加坡則是全民皆採用單一的「中央公積金制度」，本文囿於篇幅便不再贅述。

　　綜觀各國的退休改革，共同點包括：延長提撥期間、提高提撥率、縮減退休給付、提高退休年齡、彈性退休設計及降低高所得退休人員的退休給付等，基本上與我國年改類似；惟政府介入補貼的程度有異，我國應可截長補短而用之。

什麼是「退休金」？

私人企業多將退休金視為一種福利；可是就公部門而言，學理上有各種不同的看法，這些看法的差異往往就釀成了社會上對於軍公教退休給與的爭議。

社會保險論：國家應提供生活保障，其費用由雇主和勞動者分擔。

維持適當生活論：退休俸額應足以維持其與退休前相當之生活，故應考量所得替代率。

延付薪資論：退休給與本來就是薪俸的一部分，只是在退離職時才支付而已，所以退休金是政府對公務員負擔的公法上的債務。

人力折舊論：人力是一種資源，組織在計算生產成本時，應將員工退休金納入，使其年老時取得替代薪資，有助於勞動關係和諧。

功績報償論：公務員獻身公務，自有其功績，除在職給與俸給，退職後亦應給與報償。

人事機能論：建立退休給與制度，能鼓勵年長者適時退休，促進組織新陳代謝。

退休給與的意涵

第 8 章 專題比較

退休金的籌措與給付制度

	制度類型	意涵
籌措	隨收隨付制（pay as you go）	由當年度的收入來支應當年度的退休金，如有不足則由政府預算支應或調高下一年度的保費。政府僅僅扮演一個中介者，此為多數西方工業國家在二戰後的政策；但隨著人口老化與少子化，支領退休金的人數持續上升，此制便難以為繼。
	完全準備制（fully funded）	個人未來的退休給付皆為工作期間逐期提繳部分所得，透過基金操作產生孳息，等同個人為老年經濟生活進行儲蓄。通常採用「平準保險費率」（Level premium rate），將風險打散到各年齡層計算保費，保費不會隨年齡增長，較具有穩定性。此制常見的運作方式有「個人帳戶」（僅個人的存提，如我國勞退新制專戶）、「社會保險帳戶」（強制參加）及「私人保險帳戶」（自願參加）。
	部分提存制（partial funding）	以提存準備為前提，同時以隨收隨付為輔，也就是基金保有一定水準的責任準備金，若基金出現不足，則以隨收隨付制方式彌補。如我國目前的公務人員退撫基金及國民年金。
給付	確定給付制（Defined Benefit Plan, DB）	指雇主承諾員工於退休時，按約定退休辦法支付一定數額之退休金。支付金額與提撥多寡並無必然關係，而與薪資水準及服務年資有關。對雇主而言屬於長期承諾，且退休金之計算為估計值，較不確定，因此雇主易有實質財務風險，也容易發生世代轉移的爭議。
	確定提撥制（Defined Contribution Plan, DC）	指員工退休金額係由雇主及員工共同提撥之資金和運用孳息給付，退休金決定於提撥多寡及運用孳息，不保證退休金給付之數額。此制無須複雜的精算技術，並具有較高的可攜性以便於工作轉換，但員工卻須承擔較高的基金投資風險。

UNIT 8-8
各國揭弊者保護制度比較

揭弊者保護是全球反貪運動的重要趨勢，二十工業國集團（簡稱 G20）早在 2010 年《首爾宣言》中即支持各國立法保護揭弊者。OECD 則在 2012 年提出實踐揭弊者保護立法的六項原則：訂立專法、揭弊限於真實並合理懷疑之貪腐、保護揭弊者、明定檢舉程序、申訴專責機關、教育訓練等。就各國對揭弊者保護法制化的發展來看，可分為「公部門與私部門分立」（如：美、澳）與「公部門與私部門合流」（如：英、日）兩種途徑。前者著眼於「公私差異」的本質，認為政府與企業原有之揭弊責任、主管機關、受理程序、調查程序，乃至處罰或獎勵的觀念與制度皆不相同，因此以加強原有之揭弊制度方式處理。後者則為避免產生公、私部門揭弊者權益之落差，乃以統一的專法一併規範，進而建構貪污零容忍的社會氛圍。

公部門與私部門分立的揭弊者保護制度以美國為代表，請見單元 3-10；本單元以介紹公部門與私部門合流的揭弊者保護制度為主，即英國與日本。

(一) 英國的揭弊者保護制度

英國為公、私部門合併立法的典範，其揭弊保護制度來自於由公益人士於 1993 年組成非營利之「職場公共問題關懷組織」（Public Concern at Work）鼓勵職場揭弊開始，從而促使國會於 1998 年通過公益揭發法（Public Interest Disclosure Act of 1998, PIDA），為公、私部門一體適用之揭弊保護專法。

在保護範圍方面，雖以勞工職場揭弊為出發點，但特別明定政府部門受僱者亦得納入保障範圍。只要受僱者出於合理相信其為已經、正在或可能發生之犯罪行為、違反任何法定義務之行為、危及個人健康與安全之行為、造成環境破壞之行為，及可能故意隱瞞前述不法行為者，均屬「公益揭發」的範圍。但工作受僱者不得以違法的方式揭弊，否則亦將失去保護。該法所列舉之合法揭發方式為「先內後外」的程序，亦即揭弊者必須先在組織內部進行揭發，若不能成功再向指定的管制機構揭發；若再不成功，才能向外部公眾揭發。這種程序規定在公私一體的揭弊設計中很常見，主要是為了「家醜不外揚」，在企業失去商譽之前先在內部解決問題，以免醜聞爆發使企業倒閉，而導致其他無辜的員工失業。

(二) 日本的揭弊者保護制度

日本傳統上鼓勵對組織忠誠，至少也要善盡保密義務。因此日本政府為鼓勵主動吹哨行為，在 2002 年設立「公益通報者保護制度檢討會」，由學者、司法人員、勞工團體代表、社會團體代表、企業代表等共 15 人組成，該會建議政府應儘速建立公益揭發保護制度，國會乃於 2004 年參考英國法例，立法通過公、私部門一體適用之《公益通報者保護法》。該法所定義之「公益通報行為」，係指勞動者針對其所屬單位中之主管人員、其他勞工或代理人等，所為之已經、正在或即將發生之不法情事，向該勞務受領者或其預先指定對象、有權就該通報事實進行處分或建議之行政機關，或為防止該通報事實發生或阻止損害擴大而認為有必要之對象，以非基於獲得不正利益、加損害於他人，或任何其他不正當之目的所為之通報行為。其通報行為之順序與英國相同，皆以內部管道為優先。

英國的合法揭發弊端程序

內部揭發

揭弊者向雇主、雇主授權的人員或具有受理不法情事職責之人員為揭發。只要揭弊者合理相信有不法情事，想要讓不法問題被糾正處理，即受法律保護。

管制揭發

揭弊者向該業務領域中被指定的管制機構或人員為揭發，如稅務局、關稅局、環保局等機構。揭弊者要合理相信不法情事為該機構之職責範圍，且相關資訊或內容要為真實方受保護。

外部揭發

揭弊者向警察、媒體、民代或前述以外之人員揭發。揭發者除合理相信指控內容為真實外，還要非為個人利益及符合四項條件之一：❶合理相信內部揭發將受到損害；❷無內部揭發管道或合理相信不法證據將被銷毀；❸已先向內部或指定之人員揭發但無效果；❹問題異常嚴重。

日本的合法揭發弊端程序

內部管道

指勞務受領者與其預先指定對象，前者包括：僱傭單位、要派單位，以及僱傭或要派單位之交易相對人；後者則係指組織事先設置之通報窗口，包括母公司、外部之法律顧問，或職業公會等。

行政機關

指有權就該通報事實進行處分或建議的行政機關，然若勞工誤向無處分或建議權之行政機關為通報，該行政機關負有教示義務，應告知公益通報者正確之行政機關。惟勞工對行政機關進行通報時，除客觀上應具有急迫性（即該通報事實係正在或即將發生）外，勞工主觀上亦須符合「有相當理由相信」之要件，有足以支持其陳述之證據或資料。

其他

指「為防止該通報事實發生或阻止損害擴大而認為有必要之對象」，包括該通報事實之被害人，或媒體新聞業者等。此外，除有相當理由相信該通報事實係正在或即將發生外，尚須符合下列規定：❶有相當理由相信若為前兩種通報行為，將受解僱或其他不利益待遇；❷有相當理由相信若為第一種通報行為，相關之證據將有被隱匿、湮滅、偽造或變造之虞；❸勞務受領者，無正當理由要求不得為前兩種通報行為；❹以書面為第一種通報行為後 20 日，未為調查該通報事實之通知，或無正當理由而不為調查者；❺有相當理由相信，已對個人之生命、身體造成危害，或將有發生之急迫危險者。

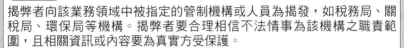

UNIT **8-9** 韓國文官制度簡介

韓國於 2021 年 7 月 2 日獲「聯合國貿易發展會議」（UNCTAD）認定為「已開發國家」，是自 1964 年以來聯合國首次將發展中國家升格為已開發國家。臺灣的經濟發展在 30 年前還領先韓國，而今卻大幅落後，其中諸多原因固非本書範圍所及，惟可就其文官制度加以觀摩學習。

韓國人事主管機關自 2008 年整併後，由行政安全部轄下的人事局負責擬定人事行政基本政策及法規、辦理公務員考試及任用、高級文官的任用審核、績效管理、薪給、退休金、福利、訓練、申訴及複審等，以收事權統一之效。

公務員考試分第一次考試及第二次考試，第一次考試是共同科目，第二次是專業科目。考試由低層至高層主要有 9 級、7 級、5 級公開錄用考試，沒有學歷和年齡限制，由行政安全部舉辦。6 級以下公職考試可委由行政機關自行辦理。5 級公務人員需經 1 年試用期間，6 級或以下人員則需試用半年，試用期滿成績合格，即任命為永業職的公務人員。公務員職級高低詳見單元 8-2。

公務員係依照進用類型及職級，適用不同的薪資體制，政務職、高級公務員、1 級至 5 級課長以上公務員（高級公務員除外）分別適用不同的「年俸制」；一般公務員則適用「號俸制」。此外，公務員有多種津貼，如依個人勤務表現支給的全勤獎金、績效獎金、超勤津貼等；也有依勤務特性支給的特殊偏僻地區津貼、假日值勤津貼、夜間勤務津貼等；另有依職務本身特性支給的研究津貼、管理責任津貼、工作等級津貼等；還有視生活條件支給之家庭津貼、育嬰留職停薪津貼、子女教育津貼等；以及普遍發給之伙食津貼、傳統節日津貼等。

韓國政府高度重視績效評估，並將工作成績與晉升、獎勵等緊密連結，以激發公務員的能力與潛力。績效評估制度依評定對象不同，可分為 4 級以上公務員適用的「目標管理制」，以及 5 級以下公務員適用的「工作績效評估制」。同時政府引進「360 度績效評估制度」，由 7 至 15 人組成評估小組，對被評估者進行多面評估，包括能力評估（包含工作態度）以及工作績效評估，經由多面向評估找出被評估者能力上的不足，從而進行培訓。

歸納韓國 21 世紀以來效法美國的人事改革，有下列值得關注之處：

❶ 落實平等就業政策，增進代表性及公平性，優先錄用女性、身心障礙者、科技專家及地方人才等。

❷ 推動高級公務員制度，提升決策階層能力，促進人事交流。

❸ 改革考試制度，重視職能素養而非學科專業知識。

❹ 加強績效管理制度，並配合教育訓練之創新，強調客製化訓練，建構符合機關特性的人力開發系統，並要求所有公務員至少每 5 年接受一次正規培訓，培訓成績作為晉升評估的標準之一。

❺ 建立現代化人力資源管理系統，包括嚴謹的職務分析、電子化管理系統、建構國際人才資料庫等。

❻ 推動總額人事費制度，擴大各部會對內部編制員額、職等調整等人力資源管理的權限，中央僅控管各部會的人事預算總額與編制限額，而各部會則在人事預算範圍內，擁有職等編制、人事費分配的自律性，並對結果負全部責任。

公務員俸給類型

俸給類型		適用對象	俸給結構	
	固定年俸制	總統、總理、部會首長等政務職人員	年俸為公告之固定數額。	
年俸制	職務成果年俸制	1 級至 2 級的高級公務員	基本年俸： ❶ 標準俸給：在一定範圍內，依個人經歷及先前成果評鑑所支俸給。 ❷ 職務俸給：依職務困難度及職責輕重，分為甲、乙兩類。	成果年俸： 按前一年度成果評鑑結果，在一定金額上限範圍內支給，被評價為 C 者，不可領取成果年俸。
	成果年俸制	1 級至 5 級課長以上的公務員	基本年俸： 依職務等級支給。	成果年俸： 規定與「職務成果年俸制」相同，惟金額較少，約 1/3。
	號俸制	5 級（不含 5 級課長）至 9 級基層公務員	❶ 底薪：依職務性質對應不同薪資表內所定的職等與號俸數額。隨年資及職務調整而成長，是主要俸給來源。 ❷ 津貼：底薪以外，各種全勤津貼、家庭津貼、超勤津貼、伙食津貼等。 ❸ 績效獎金：依「勤務成效評鑑」評定等第而支付，類似我國考績獎金制度。	

公務員績效評估制度（成果評鑑）

	適用對象	評定時機	評定人與確認人	評估方式
目標管理制	4 級以上一般職位及特定職位公務員	每年定期評估，以 12 月 31 日為基準。	評定人為受評者的直屬長官，確認人為評定人的長官。二人必須評估受評者每個目標的完成度，並根據目標的重要性及難度來評分。	每年 2 月底前，受評者與評定人共同商定業務目標和成果目標，並以 1 年為單位，評估目標達成度。評估時，目標特性占 40%，目標達成度占 60%。
工作績效評估制	5 級以下公務員	**定期評估：** 分上下兩個半年評估，年終評估結果為兩個半年評估結果的總和。 **隨時評估：** 用於升遷候補人名冊調整，以升遷候補人名冊的調整日為基準日。	由任用負責人從受評估者的直屬上級、上位監督人，或次上級、次上位監督人中，指定評定人；再從評定人的直屬上級、上位監督人，或次上級、次上位監督人中指定確認人。	每半年評估一次，評估開始前，任用負責人、評定人和確認人共同設定受評者成果目標，並制定成果計畫書。評定分為兩類，一般各占 50%，包括： ❶ 工作績效評定：含任務難易程度、業務量、完成情況、時間進度等 4 個面向。 ❷ 工作能力評定：含對組織的貢獻能力、計畫和業務創新能力、業務專業能力等 3 個面向。

UNIT **8-10** 新加坡文官制度簡介

小而強的新加坡是世界上「管理型國家」的代表，不標榜歐美模式的民主人權，而用高度的政府治理能力贏得國民認同，並在國際上爭得一席之地。新加坡的文官制度受英國影響甚多，然其文官的高效與清廉更是青出於藍，頗值一探。

新加坡具文官身分者約 6.6 萬人，比例為總人口的 1.36%（我國約為 1.49%）。人事主管機關有「公共服務委員會」（Public Service Commission, PSC）、隸屬於總理公署下的「公共服務署」（Public Service Division, PSD），以及各級「人事委員會」（Personnel Boards）負責各級公務人員之甄選任用。PSC 係依新加坡憲法設立，設主席 1 人，委員 5 至 14 人，由社會賢達組成，類似英國的「文官委員會」，強調獨立超然的地位，不僅關注公務員的服務水準，也代表民間對政府的監督，同時避免政治勢力介入，其職責主要在行政官職和審計官的選任、公務員調職，以及作為公務人員升遷的申訴案件最終的上訴機構。PSD 隸屬於總理公署，作為總理的人事幕僚機構，負責人力資源管理效能的提升，下轄著名的新加坡文官學院（Civil Service College）。至於各級「人事委員會」則掌理該級公務員的任用與遷調（見右頁）。

新加坡公務人員大致分為二大區塊，首先是相當於高級文官職的「行政官職」（Administrative Officer, AO），「行政官職」人員多半來自國家長期培養。公共服務委員會每年提供 60 個獎學金名額給高中畢業生，得主選送至國內外大學就讀，暑假期間則安排至各部會見習，並於畢業後在政府部門服務一定年限。另外也仿效英國快速升遷方案，提出儲備幹部計畫（Management Associate Programm, MAP），選才來源包括前述的政府獎學金得主以及一般大學畢業生，成為行政助理官，在 4 年的實習與學習後，績優者由公共服務委員會直接任命為 AO。至於其他的「一般職務」人員多授權由高級人事委員會及一般部會人事委員會，依實際需要擬定進用計畫，經公共服務委員會與公共服務署同意後，於政府公報、報紙及網路上公告，公開招募，僅經過資格審查及面試，並無筆試程序。

新加坡公務員以「高薪養廉」聞名，待遇結構分為「固定薪」及「變動薪」，而後者占全薪 30% 至 40%，顯現重視「績效俸」的精神。固定薪包含 12 個月的「固定工資」及第 13 個月的「額外工資」，額外工資不與個人績效連結，其額度為 1 個月工資，於 12 月底發給，讓公務員準備過年，相當於企業員工領年終的概念。變動薪種類繁多且沒有定額，詳見右頁。

綜觀新加坡的公共人力資源發展，有下列特色值得我們省思：

❶ 人事管理權責從中央政府下放到各個部會，符合人力資源管理的發展潮流。

❷ 長遠儲備式的人才培育制度，把有潛力的青年作為官員的人才儲備，可在長期的考察中，根據個人的特質，為其提供最適合的職務與發展機會。

❸ 全球化的人才取用，到英國、美國、中國等名校招聘，以其優渥待遇吸引各方人才，這種開放政策與菁英主義，使政府維持高度國際化，並降低少子化壓力。

❹ 菁英式的官職設計，政府對公務員設「潛力門檻」（Potential Threshold），如公務員在一定年齡前未晉升至應有的職位，會建議其離職或轉調，以加速文官的新陳代謝。同時政府給予每人每年 100 小時的訓練，是公務員的權利也是義務。

各級人事委員會

類型	位置	成員	職掌
特級人事委員會（Special Personnel Board）	全國最高等級。	由總統依總理建議任命，包括公共服務委員會主席、常任秘書、總理辦公室常任秘書及其他部會常任秘書3位。	所有超級職公務人員之任用遷調。
高級人事委員會（Senior Personnel Board）	由數個部會共組，屬員眾多之部會也可單獨設置。	由總統依總理之建議任命，由1位受任命的常任秘書擔任主席，成員包括各部會的常任秘書或其他高級文官。	各該相關部會第1級公務人員之任用遷調。
一般部會人事委員會（Personnel Board）	各部會均有設置。	由總理辦公室任命，包括該部會的超級職文官及1位公共服務署代表。	❶ 甄聘與委任大學學歷以下的公務人員。 ❷ 該部會第2、3、4級公務人員的任用遷調。

變動薪俸的內容

類型	意義	給與方式
年度變動薪（Annual Variable Component, AVC）	視國家經濟情況發給。	當全年經濟達到預期成長率時，每位公務員可獲2個月變動工資。其中0.5個月在7月初支領；剩下的1.5個月在12月底發放。
增長紅利（Growth Bonus）	國家有特別經濟表現時一次發給。	當實際經濟成長率明顯超過預定經濟成長率時，內閣會衡酌發給所有政府員工特別紅利。是公務人員AVC之外的獎勵，部長和議員均可獲取。
表現紅利（Performance Bonus）	與國家整體經濟情勢良窳無關。員工按其年終考績等級支領，相當於我國的考績獎金。	公務人員年終考績等級分為A、B、C、D、E五級，由公共服務署撥付給各機關，不另增加人事經費。各機關視其經費總額及考績評估等級，決定表現紅利數額，通常「一般職務」考列A級發給1個月工資；考列B級發給0.75個月工資；考列C級發給0.5個月工資；考列D、E等級不發。「行政官職」的表現紅利額度通常高出數倍；政務職人員的紅利則由內閣決定。

王俊卿等（2008），《英國、法國高級文官考選制度參訪報告》，考選部出國報告。

王儷玲（2009），《先進國家公務人員退撫制度之研究》，銓敘部委託專案研究計畫。

合田秀樹（2013），〈日本國家公務員招募考試制度〉，收於《2013 公務人員考選制度國際暨兩岸學術研討會論文輯》，頁 7-19。

伍錦霖等（2015），《104 年度考試院法國、比利時、歐盟參訪報告》，臺北：考試院。

行政院人事行政局（2011），《英、美、荷、韓等國高階主管之核心能力及績效考核制度》，行政院人事行政局 100 年度各國人事制度主題性編譯報告。

汪正洋（2017），《行政院組織改造之研究—歷史制度主義的觀點》，國立臺灣師範大學政治學研究所未出版博士論文。

周秋玲、呂明泰（2009），《銓敘部赴日考察報告》，臺北：銓敘部。

李俊達（2014），〈英國文官快速升遷甄選機制實務之研究〉，《國家菁英季刊》，10（4）：27-45。

李國雄（2005），《比較政府與政治》，臺北：三民書局。

李嵩賢（2003），〈評鑑中心法的基本概念及其在公務人力發展的應用〉，《T & D 飛訊》，14：1-23。

沈建中（2008），〈論中國大陸公務人員公務人力資源培訓策略—從公務人員培訓法制研析〉，《展望與探索》，6（7）：23-41。

沈建中（2014），〈論中國大陸對公務員的規範—從社會主義政治文明論述〉，《展望與探索》，12（7）：100-116。

余凌雲、海娃（2013），〈中國大陸公務員考試錄用制度〉，收於《2013 公務人員考選制度國際暨兩岸學術研討會論文輯》，頁 71-79。

林文淵等（2015），《日本抑制國家公務員人數策略考察報告》，臺北：行政院人事行政總處。

林明煌（2011），〈英、美、日本、中國大陸與我國中高階文官訓練制度之探討比較〉，《通識論叢》，11：33-58。

林明鏘（2011），〈德國公務員制度之最新變革：兼論我國文官制度的危機〉，《臺大法學論叢》，40（4）：2037-2085。

林鍾沂（2020），《行政學：理論的解讀》，臺北：三民書局。

施能傑、曾瑞泰、蔡秀涓（2009），〈美國、英國和日本中央政府初任文官的甄補制度介紹〉，《國家菁英季刊》，5（1）：13-34。

范燕燕等（2016），《法國政府體制與人事制度》，行政院人事行政總處出國考察報告。

高明見等（2014），《日本北海道人事制度考察參訪報告》，考試院國外考察報告。

許南雄（2018），《各國人事制度—比較人事制度（18 版）》，臺北：商鼎文化。

許舒翔等（2017），《日本公務人員考試相關制度考察報告》，考選部出國考察報告。

許道然、林文燦（2020），《考銓制度》，臺北：五南出版。

焦興鎧等著（2008），《公部門勞動關係》，國立空中大學出版。

陳清秀（2009），《新加坡政府人力資源管理制度考察報告》，行政院及所屬各機關出國報告。

陳慈陽（2019），《考試院108年度考銓業務國外考察：韓國考察報告》，臺北：考試院出版。

陳碧蓮（2015），〈1997-2010年英國布萊爾與布朗政府之文官訓練制度〉，《淡江國際與區域研究半年刊》，3（2）：33-64。

陳碧蓮（2016），《全球化衝擊下英國文官訓練制度之變革》，臺北：僑務委員會。

陳淞山（2006），《赴法國研習及參訪報告》，公務人員保障暨培訓委員會出國報告。

黃國材等（2007），《德國公務人力資源發展與管理新趨勢─考選、訓練、任用之實務運作策略》，考選部出國報告。

黃朝盟、謝麗秋（2005），〈擴大公務人員協會協商權之探討〉，《公務人員月刊》，112：4-16。

黃榮源（2008），〈全球化下的英國文官制度變革：彈性多元或價值淪喪？〉，「民主行政與官僚體制」國際學術研討會論文，臺北：中國行政學會。

黃榮源（2009），〈英國文官制度改革的彈性化策略：一個歷史制度途徑的分析〉，《文官制度季刊》，1（2）：57-90。

張五岳等（2019），《中國大陸研究》，新北：新文京出版。

張世賢、陳恆鈞（2018），《比較政府》，臺北：五南出版。

張明貴（1995），《美國政府與政治》，臺北：桂冠出版。

詹中原等（2010），《考試院99年度考銓業務國外考察日本、韓國考察團考察報告》，考試院出國報告。

詹中原等（2020），《公共人力資源管理：理論與實務》，臺北：五南出版。

彭錦鵬（2000），〈英國政署之組織設計與運作成效〉，《歐美研究》，30（3）：89-141。

彭錦鵬（2003），〈英國公部門薪俸制度改革的經驗與檢討〉，《政治科學論叢》，18：71-100。

彭錦鵬（2007），〈高級文官團制度之聚合趨勢〉，《歐美研究》，37（4）：635-679。

彭錦鵬（2009），〈OECD國家高級文官團之經驗〉，「98年度高級文官培訓制度國際學術研討會」論文，臺北：行政院人事行政局、國家政策研究基金會。

彭錦鵬（2012），〈從歐美等國經驗分析我國高級文官團之創設與甄選機制〉，《公務人員月刊》，197：13-21。

彭錦鵬（2014），〈英國文官制度的創新成果與展望〉，《人事月刊》，56（1）：9-18。

彭錦鵬（2016），〈從國際經驗檢視我國公務人巷員考選流程和方法之改革─分階段考試的規劃〉，《國家菁英季刊》，12（1）：19-35。

彭錦鵬、李俊達（2018），〈公務人員考選制度關鍵技術之國際啟示〉，《文官制度季刊》，10（3）：29-54。

董祥開（2018），《公務人力高齡化的人力資源管理對策》，臺北：考試院。

銓敘部（2004），《美加英法德等五國公務人員退休撫卹制度彙編》，臺北：銓敘部。

葉俊榮（2003），〈獨立機關的制度重建〉，收於《邁向「小而能」的政府：「彈性精簡的行政組織」相關決議暨政策報告集》，頁191-220。

楊戊龍（2015），《公益揭發：揭弊保護法制比較研究》，臺北：翰蘆圖書。

葛傳宇（2017），〈全球揭弊者法制之比較研究〉，《軍法專刊》，63（4）：84-104。

蔡良文（1998），〈比較行政中立相關法制分析〉，《行政管理學報》，2：57-85。

蔡芝玉等（2011），《日本廉政機構及公務倫理法制規範之研究》，臺北：監察院。

蔡秀涓（2002），〈政府部門人力資本理論與應用〉，《東吳政治學報》，14：135-166。

鄭明政（2013），〈日本公務員空降民間企業與旋轉門條款之問題〉，《新社會政策雙月刊》，31：10-12。

劉厚金（2010），《中外公務員制度概論》，北京：北京大學出版。

劉慧娥（2013），〈英國政府快速升遷制度之介紹及分析：我國人才甄選可參考借鏡之處〉，《國家菁英季刊》，9（2）：163-209。

劉慧娥（2015），〈由美國聯邦政府被禁止人事行為申訴及救濟制度反思我國公務人員保障制度〉，《文官制度季刊》，7（3）：67-121。

賴維堯（2015），〈英國文官發展「諾斯科特—崔維廉報告」內涵解析〉，《空大學訊》，528：66-73。

衛民（2014），《集體勞資關係—法律、實務與案例》，國立空中大學出版。

顏秋來等（2013），《102年度赴德國及捷克友好互訪報告》，臺北：行政院人事行政總處。

顏秋來等（2014），《赴新加坡、韓國考察政府員額管理及高階文官管理》，行政院及所屬各機關出國報告。

顏惠玲等（2015），《大陸公務員錄用考試制度參訪報告》，考選部出國報告。

韓保中（2012），〈美國文官制度的演變：功績制興起之研究〉，《國家與社會》，12：199-257。

關中等（2014），《103年度考試院韓國年金制度考察報告》，臺北：考試院。

蘇俊斌（2011），〈淺談日本公務員之待遇爭議〉，《新社會政策雙月刊》，17：42-45。

圖解各國人事制度

國家圖書館出版品預行編目資料

圖解各國人事制度 / 汪正洋著.
--初版.--臺北市：五南圖書出版股份有限公司,
　　2021.09
　　　　面；　公分.
ISBN 978-986-522-983-2 (平裝)
1.人事制度
572.4　　　　　　　　　　110011876

1PN9

圖解各國人事制度

作　　　者 ― 汪正洋(54.4)

發 行 人 ― 楊榮川

總 經 理 ― 楊士清

總 編 輯 ― 楊秀麗

副總編輯 ― 劉靜芬

責任編輯 ― 呂伊真

封面設計 ― 王麗娟

出 版 者 ― 五南圖書出版股份有限公司

地　　　址：106 台北市大安區和平東路二段339號4樓

電　　　話：(02)2705-5066　　傳　　　真：(02)2706-6100

網　　　址：https://www.wunan.com.tw

電子郵件：wunan@wunan.com.tw

劃撥帳號：０１０６８９５３

戶　　　名：五南圖書出版股份有限公司

法律顧問　林勝安律師事務所　林勝安律師

出版日期　2021 年 9 月初版一刷

定　　　價　新臺幣 320 元

經典永恆・名著常在

五十週年的獻禮——經典名著文庫

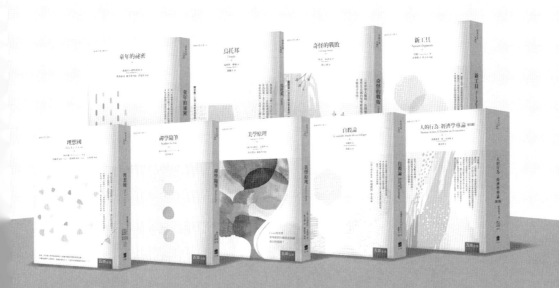

五南，五十年了，半個世紀，人生旅程的一大半，走過來了。

思索著，邁向百年的未來歷程，能為知識界、文化學術界作些什麼？

在速食文化的生態下，有什麼值得讓人雋永品味的？

歷代經典・當今名著，經過時間的洗禮，千錘百鍊，流傳至今，光芒耀人；

不僅使我們能領悟前人的智慧，同時也增深加廣我們思考的深度與視野。

我們決心投入巨資，有計畫的系統梳選，成立「經典名著文庫」，

希望收入古今中外思想性的、充滿睿智與獨見的經典、名著。

這是一項理想性的、永續性的巨大出版工程。

不在意讀者的眾寡，只考慮它的學術價值，力求完整展現先哲思想的軌跡；

為知識界開啟一片智慧之窗，營造一座百花綻放的世界文明公園，

任君遨遊、取菁吸蜜、嘉惠學子！